일의 정도

일의 정도 正道

최고의 인재를 위한 50가지 지혜

서정락 지음

21세기북스

성공 열망이 간절한 사람에게 권하고 싶은 책

『일의 정도』는 성공을 향해 달려가는 모든 이에게 보내는 응원의 편지다. 다른 이의 말과 지식이 아닌, 무에서 유를 일궈낸 기업가인 그가 회사를 키우는 과정에서 직접 피땀 흘려 캐낸 보석과 같은 이야기들을 담아냈기에 더욱 빛이 난다. 여기서 말하는 성공은 단지 세속적인 부와 명예를 소유하는 것과는 다르다. 삶에 대한 존중과 바른 태도, 이를 바탕으로 성실하게 자신의 꿈을 이뤄나가며 세상을 이롭게 하는 삶이야말로 저자가 말하고자 하는 진정한 '성공'의 의미다.

이 책을 단순히 자기계발서 혹은 경영학 관련 교양서로 규정짓긴 힘들다. 기업 운영을 넘어 '성공적인 인생'이라는 거대 담론에 대한 저자의 철학과 가치관이 깊이 배여 있기 때문이다. 원고를 읽으며 기업을 이끌어가는 CEO로서 그가 겪은 고뇌와 고통에 대해 깊이 공감했고, 한편으로는 위로를 받았다. 무엇보다 건강한 조직의 기본 요건은 원활한 소통이라는 사실과, 경영 현장은 요행僥倖이 아닌 고진감래苦盡甘來의 진리가 통하는 곳임을 다시 한 번 깨닫게 되었기 때문이다. 또한 태도보다 능력을 우선시하는 이른바 스펙 중심 시대에 그가 던지는 메시지는 깊은 울림을 남긴다. 냉정한 잣대로 스스로를 끊임없이 돌아보는 발전적 자기반성과 타인에 대한 공정함으로 쌓아올린 신뢰성. 이를 바탕으로 상하좌우 가리지 않고 유기적인 소통이 가능한 사람. 이러한 인재야말로 모시고 싶은 상사이자 곁에 두고 싶은 직원의 전형이 아닐까 싶다.

성공을 향한 열망이 간절한 사람이라면 정독을 추천한다. 치열한 경쟁의 최전선에서 싸우고 있는 기업가와 직장인에게는 실전 병법서로서 이를 통해 마음가짐, 처세술, 리더십 등 필승 전략을 배울 수 있을 것이다. 특히 사회에 첫발을 내딛는 청년들은 저자의 열정과 긍정적 사고, 삶을 대하는 진지한 태도를 본받길 적극 권한다.

– 한국제지연합회 회장·한솔제지 대표이사 **이상훈**

자신을 돌아보고 미래를 그리게 되는 '일의 정도'

다른 사람에게 책을 추천하는 일은 결코 쉬운 일이 아닙니다. 책을 받은 사람에게 부담이 될 수 있기 때문입니다. 남의 추천해준 책을 읽지 않을 수도 없고, 책을 읽는 일은 시간과 인내가 필요하기 때문입니다. 더군다나 애써 시간 내서 읽고 있는데 추천받은 책이 '별로'라면 추천한 사람까지 좋지 않은 평가를 받게 됩니다. 하지만, 이 책은 다릅니다. 많은 사람에게 추천하고 싶은 마음이 절로 생기는 책입니다.

이유가 있습니다. 첫 번째, 저자 자신의 이야기입니다. 26년 이상 한 가지 분야에서 사업을 해오면서 경험한 이야기를 모티브로 삼았습니다. 이야기가 생생해서 마음에 쏙 들어옵니다. 두 번째, 실천의 이야기입니다. 관념적인 이야기가 아니라 당장 실행에 옮길 수 있는 이야기들이어서 좋습니다. 세 번째, 반성의 글입니다. 내가 이만큼 이루었다는 이야기가 아닙니다. 겸손과 반성을 바탕으로 합니다. 그래서 공감하게 됩니다.

많은 사람들이 이제는 개천에서 용이 나는 경우가 없다고 말합니다. 집안에서 서포팅을 잘 해주어야 사회생활을 잘할 수 있다고 말합니다. 그러나 모두 맞는 말은 아닙니다. 어쩌면 도전하지 않는 사람들이 만든 핑계인지도 모릅니다. 저자처럼 아무것도 가진 게 없는 상황에서 도전을 통해 큰 결과를 일구는 사람들이 있습니다. 저자는 말합니다.

'도전해서 겪는 어려움보다 도전하지 않아서 겪는 마음의 고통이 훨씬 크다.'

저는 이 말에 크게 공감했습니다. 나는 저자처럼 진정으로 반성하고 도전하는 삶을 살았던가? 이런저런 이유를 대면서 도전을 미루지는 않았던가? 진심으로 반성하며 제 자신을 되돌아보게 되었습니다.

이 책은 이와 같은 이야기로 가득합니다. 근래 보기 드문 책을 만났습니다. 가능하면 많은 사람들에게 이 책을 권하고 싶습니다.

― 포스코 대표이사 사장 오인환

성공과 실패를 가르는 차이, 1퍼센트

사람은 태어나면서부터 경쟁을 시작합니다. 누가 더 먼저 걷는지, 누가 더 많이 밥을 먹는지, 누가 더 빨리 언어를 습득하고 깨치는 지……. 자연스레 타인과 나 자신을 견주고 비교하며 성장합니다. 경쟁이 싫어도 생존을 위해서는 다른 사람보다 좀 더 높고, 나은 위치에 있어야 합니다. 어쩌면 이것은 생존 법칙의 당연한 과정이라고 볼 수 있습니다. 총성만 없을 뿐 사실상 전쟁이나 다름없습니다.

사회생활을 하는 모든 사람들이 자신이 일하는 분야에서 최고가 되기 위해 노력합니다. 실제로 '최고'라는 소리를 들으려면 단순한 노력만으로는 부족합니다. 프로페셔널리즘, 소위 말하는 '프로정신'으로 무장해야 합니다. 실력은 기본이고, 간절한 마음가짐과 흔들리지 않는 정신이 뒷받침되어야 합니다. 하루 24시간 긴장감을 놓지 않는 사람이 최고 소리를 듣습니다.

주변을 살펴보면, 실력이 뛰어남에도 성공의 길로 가지 못한 사람들이 종종 있습니다. 빼어난 실력을 갖추고도 실패를 거듭하니 안쓰럽기까지 합니다. 반대로, 실력이 뚜렷하게 빼어난 것도 아닌데 성공하는 사람들이 있습니다. 무엇이 다를까요? 저는 그 차이가 '마음가짐'에 있다고 봅니다. 마음가짐이 크게 다르다는 이야기가 아닙니다. **1퍼센트의 아주 작은 마음가짐 차이가 성공과 실패를 좌우한다는 뜻입니다.**

인생을 주도하는 사람이 있고, 삶에 끌려다니는 사람이 있습니다. 참 희한합니다. 한번 인생을 주도한 사람은 계속 인생을 주도하고, 한번 끌려다니기 시작한 사람은 계속 끌려다닙니다. 삶에 끌려다니는 사람들은 돈 문제를 비롯해서 운이 없다, 타이밍이 좋지 않았다, 억울한 일이 많다 등등 이런저런 이유를 대곤 합니다. 저는 그렇게 생각하지 않습니다. 시간에 끌려다니지 않고 그 앞에 서서 시간을 이끌려면 대차고 과감한 실천력이 필요합니다. 그러나 전세를 뒤집을 용기가 없기 때문에 삶에 끌려다니는 거라고 생각합니다. 전세를 뒤집을 수 있는 용기, 이것만 있으면 되는데 말입니다. 그 용기가 바로 1퍼센트의 마음입니다.

저는 태어나서 20여 년간 패배자로 살았습니다. 부모를 탓하고 세상을 원망하고 자신을 불신했습니다. 하다못해 군 생활도 엉망이었습니다. '어떻게 하면 훈련을 빠질 수 있을까?' 하는 생각만 머릿속에 있었습니다. 그러던 어느 날, 이런 생각이 문득 들었습니다.

'내가 왜 패배 의식에 젖은 채 살아야 하지?'

주변에는 힘든 훈련도 묵묵히 받는 사람들이 있었습니다. 그들의 모습에 새삼 깊은 인상을 받은 저는 '나는 왜 저렇게 못하는 거지?' 밤새 고민했습니다. 그리고 고민 끝에 '나도 지금 이 순간부터는 핑계를 대지 말고 적극적으로 살아야겠다!' 다짐하게 되었습니다. 그 마음을 하루하루 실천하며 나아가기 시작했습니다.

이후 삶은 백팔십도 바뀌었습니다. 아무리 힘든 훈련도 힘들지 않았습니다. 마음먹은 대로 모든 것이 잘되었습니다. 주변으로부터 칭찬을 받았습니다. 이 기운은 사회에 나와서도 이어졌습니다. '내 삶은 내가 주도하겠어!' 이 마음 하나가 지금 저를 만들어놓았습니다.

사업을 시작하려면 '창업의 3요소'가 필요합니다. 사람, 자본, 기술 세 가지입니다. 하지만 이것은 눈에 보이는 요소일 뿐입니다. 그보다 더 중요한 것은 기업가 정신, 즉 마음입니다. 성공을 이룬 사람들은 이 세 가지를 뛰어넘은 능력을 가지고 있습니다. 반드시 성과를 만들어내겠다는 절박한 마음입니다. 이 마음을 지닌 사람은 99퍼센트를 100퍼센트로 만들어냅니다. 99퍼센트는 성공이 아닙니다. 100퍼센트가 완전한 성공입니다. 99퍼센트에서 100퍼센트로 가는 길, 바로 여기에서 마음 1퍼센트의 차이가 생기는 것입니다.

현실이 어렵다고 패배 의식을 가질 필요가 없습니다. 실력이 부족하다고 실의에 빠져 있을 필요도 없습니다. 굳은 마음가짐은 불가능을 가능으로 만들 수 있습니다. 당신을 전혀 다른 사람으로 만들 수 있습니다. 파산 직전에 몰린 기업도 우량 기업으로 만들 수 있습니다. 죽음에 임박하여 모든 희망을 내려놓은 사람이 삶에 대한 끈을 단단히 붙들 수도 있습니다.

굳은 마음가짐이 갖춰졌다면, 삶의 기준을 정해야 합니다. 유명인 가운데에는 손바닥 뒤집듯 한순간에 태세를 전환해버리는 사람들이 있습니다. 특히 정치인 중에 많습니다. 아무리 권력이 좋다지만, 이런 모습은 보기에 좋지 않습니다. 삶에 대한 일정한 기준 없이 눈앞의 기회만 노리기 때문입니다. 그러나 자기 삶의 가치를 생각하며 살아가는 사람들은 자신만의 기준을 정할 줄 압니다. 그 기준이 만들어져야 주변 유혹에 흔들리지 않고, 위기가 찾아와도 자신과 가정을 지켜낼 수 있습니다.

세상을 살다 보면 종종 '기회'가 찾아옵니다. 그로 인해 회사를 옮기기도 하고, 사업을 시작하기도 하고, 투자를 하기도 합니다. 이렇게 인생에서 중요한 결정을 할 때 자기만의 확고한 기준이 필요합니다. 기준이 없으면 잘못된 선택을 하게 되고 인생이 안 좋은 방향으로 흘러갑니다. '기회'가 '유혹'이 되고 맙니다.

자기 기준을 만드는 것은, 집 짓는 일에 비유하자면 기둥과 골조를 세우는 과정입니다. 골조와 기둥이 잘 세워져야 좋은 집이 만들어지겠지요. 그 골조나 기둥이 튼튼하지 못하면, 아무리 열심히 집을 지으려 해도 계속 허물어지길 반복합니다.

사람들은 모두 인생이라는 길을 걸어갑니다. 지그재그로 갈 수도, 곧게 갈 수도 있습니다. 각자가 정한 삶의 기준과 선택에 따라 '어떤 길을 가느냐'가 서로 달라집니다. 인생이라는 길은 앞이 훤히 보이지도, 수월하지도 않습니다. 가끔은 어둑한 밤길처럼 깜깜하고 막막하기도 합니다. 한 발 한 발 걸어가는 과정은 힘들지만 걷고 있는 길을 믿고, 목적지에 도달할 수 있다는 확신이 있으면, 설사 그 길이 좁고 험난해도 한 걸음 더 앞으로 내디딜 수 있습니다. 하지만 '이 길이 아닐 수도 있다'고 생각하기 시작하면 중간에 포기하고 다른 길을 찾게 됩니다. 이 차이를 만드는 게 바로 기준입니다.

혹시 지금 자신의 삶이 고난 속에 있다고 생각되나요? 자신의 인생이 불쌍하고 처절하게 여겨지나요? 강한 바람에 이리저리 흔들리고 있나요? 그렇다면 자기 삶의 기준을 명확하게 세워보기를 제안하고 싶습니다. 이것만 할 수 있다면 일어설 수 있습니다.

자신을 냉정하게 바라보세요. 기존의 인간관계, 경제적인 관계, 놓친 기회에 대한 아쉬움 등 모든 미련을 내려놓고 오로지 자신만 바라보세요. 그래야 비로소 자기 기준이 만들어집니다.

지난 26년간 사업하면서 많은 시련을 겪었습니다. 그러나 제가 정한 기준에서 벗어나거나 흔들리지 않고 굳건히 살았습니다. 일을 수주하고 나면 크든 작든, 좋든 나쁘든 당장의 이익만을 셈하거나 작은 성과에 연연하지 않았습니다. 그저 늘 같은 마음으로 열심히 일했을 뿐입니다.

우리가 살아가는 세상은 매우 빠른 속도로 변하고 있습니다. 모두들 변화를 추구하고 적응하려고 하지만 그 속도에 발맞추어 따라가기란 쉽지 않습니다. 지치고 포기하는 일도 생깁니다. 그러나 자신이 만든 기준을 믿고, 그걸 지키면서 산다면 '첨단'이라 불리는 변화에 힘들게 따라갈 이유도 사라집니다. 중요한 것은 자기 기준을 만드는 것이니까요.

저는 대단한 사람이 아닙니다. 그러나 이것 하나는 분명합니다. 다른 사람들의 기준이나 삶을 빌려오지 않았고 오로지 제가 정한 기준대로 살았습니다. 그 기준이 설사 험난한 길로 유도했다고 할지라도 아무런 후회도 없습니다.

지금 방황을 하고 있거나 자신의 삶이 끝이 보이지 않는 터널 속에 갇혀 있다고 여겨진다면, '이것도 현실이야' '여기서부터 다시 시작하자' 이런 마음으로 삶을 바라보기를 바랍니다. 기준을 정하고 다시 걸어보길 바랍니다. 점점 가까이 터널의 출구가 보이기 시작할 것입니다.

이 책은 제가 경험하고 극복한 이야기를 주로 적었습니다. 대체로 마음가짐에 관한 이야기입니다. 살아갈 용기를 잃고 실의에 빠져 있는 분들, 삶이라는 길을 찾고 있는 분들에게 작은 길잡이가 되길 희망합니다.

1장

일의 시작

인생을 바꾸는 세 가지 질문

●

삶의 방향은 외부 자극으로 정해지기도 하고,

삶 스스로 깨우쳐 나아가기도 한다.

후자가 훨씬 강력하다.

●

사람은 태어나는 순간부터 '살아가는 법'을 배운다. 처음에는 가정에서, 그다음엔 학교에서, 또 그다음에는 사회에서 배운다. 계속 배우다 보면 이런 생각이 드는 날이 온다.

'그냥 사는 게 아니라, 잘 살 수 있는 방법은 무엇일까?'

단순히 살아가는 방법을 넘어 '잘 사는 방법'을 알고 싶어지는 것이다. 책을 읽고 강연을 듣고 외국에 나가서 공부하는 이유가 모두 그 까닭이다. 그런데 계속 배움을 익히고 알아가지만 궁극적인 갈증은 사라지지 않는다. 아무리 공부해도 잘 사는 방법을 알지 못하겠다고 말하기도 한다. 이유가 무엇일까?

배움을 자기 것으로 체화시키지 못했기 때문이다. 이 세상 수많은 사람들이 경험하고 설파한 '잘 사는 방법'이 내 것이 되기 위해서는 체화 과정이 필요하다. 인지와 인식의 단계를 거쳐야 하고, 스스로 변화할 수 있는 동기를 만들어야 한다. 동기는 실천을 유도하는 강력한 매개체다. 동기가 만들어지면 변화가 시작된다.

그런데 동기는 그냥 만들어지는 것이 아니다. 본능적으로 사람은 관성대로 살고자 하는 경향이 있다. 본능적으로 변화를 꺼려하는 것이다. 그래서 동기가 잘 만들어지지 않는다.

이때 사람에게는 '계기'가 필요하다. 예상치 못한 상황에 놓여 삶을 반성하고 깨닫는 순간이 계기가 될 수도 있고, 가까운 사람으로부터 자극을 받아 성공에 대한 열망이 생긴 것이 계기가 될 수도 있다.

성공에 대한 열망은 누구나 가지고 있다. 표출되는 시기가 다를 뿐이다. 만일 지금까지 그 열망이 표출되지 않고 있다면, 그건 열망이 없는 게 아니라 잠자고 있어서다. 그렇다면, 어떤 자극을 받아 동기가 부여되고, 그 열망을 구체화시켜야 할 때 우리에게 필요한 건 무엇일까?

나는 '스스로 묻고 답하는 과정'이 필요하다고 생각한다. 내게도 그런 순간이 있었다. 태어나서 스물 몇 해를 사는 동안 내 인생은 그야말로 사막이었다. 패배 의식에 빠져 '어떤 일도 해낼 수 없다'는 생각이 가득했다. 용기도 없었고 자신감도 부족했으며 날마다 우울감에 젖어 지냈다. 군 복무 시절, 죽고 싶을 만큼 감정이 바닥에 떨어져 있던 어느 날 나 자신에게 질문을 던졌다.

'**어떻게 살아야 하는가?**'

지나온 삶이 크게 잘못돼 있다는 사실을 깨닫게 된 시기였다. 그래서 스스로에게 질문을 던졌지만 답은 이내 떠오르지 않았다. 추상적인 단어들이 머릿속에 뒤엉킨 채 맴돌았다. 다시 마음속으로 질문을 던졌다.

'**나에게 무엇이 필요한가?**'

그러자 비로소 고민이 구체화되기 시작했다. '앞으로 무슨 일을 하면서 살아가야 하는가?' '어떤 직장에 들어갈 것인가?' '나는 무엇을 가지고 있는가?' '무엇이 부족한가?' 등등 질문이 꼬리에 꼬리를 물고 이어졌다. 나 자신을 손바닥에 올려놓고 냉정하게 바라보았다. 냉정함이란 자신의 역량과 한계가 어디까지인지 있는 그대로 바라보는 것이다. 무조건적인 비판이 아니라 비평이다. 부정이 아니라 긍정이다. 그 시절 나는 너무 많이 부족했다. 학력도, 경력도, 인맥도, 경제력도, 심지어 노력과 의지조차 부족했다. 내 자신이 너무 초라하게 느껴졌다. 그래서 또 한 번 질문을 던졌다.

'**무엇을 바꿔야 하는가?**'

실천해야 할 것들이 하나둘 떠올랐다. 당시 나는 사회성이 부족한 인간이었다. 사람을 만나면 주눅이 들어 일상적인 대화도 힘들어했다. 심지어 상대와 눈을 제대로 마주치지도 못했다. 자기 관리도 엉망이었다. 과체중에 담배를 입에 달고 살았다. '무엇을 바꿔야 하는가?' 이 질문에 답하는 과정 속에서 '잘못 들인 습관을 바꾸는 게 변화의 시작'이라는 사실을 깨닫게 되었다.

과거에 집착하다 보면 마음만 더 아프다. '지나간 것은 지나간 대로 의미가 있다'는 어느 노랫말처럼, 과거는 과거 나름의 의미가 있다고 생각하고 대범하게 넘길 줄 알아야 한다. 내려놓아야 한다. 그래야 앞으로 나아갈 수 있다. 나 역시 과거를 내려놓자 실천 의지가 샘솟았다. 하나부터 열까지 모든 습관을 바꾸기로 하고 곧바로 실천에 옮겼다.

마음가짐부터 바꾸었다. '소극적'인 사람에서 '적극적'인 사람으로 변하고자 했다. 다른 사람이 시키기 전에 알아서 일을 처리했다. 자발적으로 살다 보니 귀찮을 것도 없었다. 일하면서 힘이 생겼다. 희망을 놓치기 싫어서 아침 눈뜬 이후부터 저녁 잠자기 전까지 '할 수 있다' '잘될 수 있다' 마치 독실한 종교인이 기도문을 외는 것처럼 자기암시성 주문을 외면서 습관을 고쳐나갔다. 절실해서인지 영혼까지 함께 움직이는 것 같았다. 내 삶은 그렇게 바뀌기 시작했다. 당시 경험은 지금 생각해도 뭉클하다.

사람들은 실천에 대한 용기를 너무 크게 생각한다. 성공을 꿈꾸면서도, 혹시 모를 실패에 대한 두려움과 걱정이 이어지기 때문이다. 그래서일까, 지금 살아가는 모습도 나쁘지 않다고 자위하며 현실에 적당히 안주하려고 한다. 그러나 변화하지 않으면 결국 서서히 퇴화할 뿐이다. 한 걸음 한 걸음 실천하여 앞으로 향하지 않으면 언젠가 외부에 의해 변화당할 순간을 맞이하고 만다.

실천은 그리 어려운 게 아니다. '못할 것 같다'에서 '할 수 있다'로 마음을 전환시키고 작은 것부터 하나씩 행동에 옮기면 된다. 그러다 보면 어느새 실천하는 사람이 된다. 물론 처음에는 결과물도 볼품없고 주변으로부터 야유도 받을 수 있다. 하지만 그 모든 게 과정이다. 과정이 쌓여야 결과가 나온다. 성공이라는 것도 그렇게 다가온다. 자신에게 솔직하게 물어보자.

'한 번이라도 스스로 결정하고 실천한 적이 있는가?'

'삶의 습관을 바꾸고 싶은 마음은 있지만 실천이 쉽지 않다'고 말하는 사람들이 적지 않다. 충분히 이해할 수 있다. 그러나 확실하게 들려줄 수 있는 이야기가 있다. **성공을 위해 노력할 때 겪는 어려움보다 실천하지 않아서 얻게 되는 '안주의 고통'이 훨씬 크다는 사실이다.**

실천은 노력 대비 경제적 효과도 크다. 실천하지 못해서 갈등할 때 이 사실을 떠올리면 도움이 된다. 성공과 실패를 가르는 것은 대단한 게 아니다. '실천하느냐, 못하느냐'에 달려 있다.

많은 사람들이 자신에게 관대하다. 스스로 괜찮은 사람이라고 생각하고, 자신이 하는 일은 아무 문제가 없다고 판단한다. 그러나 이 세상에 문제없는 사람은 없다. 자신에게 문제가 있다는 사실을 인정할 때, 비로소 새로운 인생이 시작된다.

내 삶의 가치관을 만들어주고 기준을 정해준 세 가지 질문, '어떻게 살아야 하는가?' '나에게 무엇이 필요한가?' '무엇을 바꿔야 하는가?'를 지금 자신에게 던져보자. 이제, 내 마음속 이야기에 찬찬히 귀 기울일 시간이다.

일의 자세

●

생각하는 대로 일하지 않으면
일하는 대로 생각하게 된다.

●

하나의 직장, 같은 공간, 그 안에서 똑같이 일하지만 사람마다 결과물은 다 다르다. 왜 그럴까? 일을 대하는 자세가 다르기 때문이다. 생각하고 일하는 사람과 생각 없이 관성적으로 일하는 사람이 만드는 결과물이 다를 수밖에 없다. 일에 대해 고민하지 않는 사람은 왜 일을 해야 하는지, 무엇 때문에 해야 하는지, 어떤 방법으로 해야 하는지에 대해 평생 일해도 제대로 깨닫지 못한다. 그러니 결과물이 늘 거기서 거기, 비슷한 수준에 머무른다.

일은 공부와 비슷하다. 성적이 오르지 않는 학생들은 '공부를 왜 하는지, 무엇 때문에 하는지, 어떤 방법으로 해야 하는지' 고민하지 않는다. 책상 앞에 앉아 기계적으로 교재를 읽고 문제를 푼다.

다음 날도, 그다음 날도 똑같이 시간을 보낸다. 성적은 매번 제자리다. 이것을 진정 공부라고 말할 수 있을까? 공부를 제대로 했다면 자신에게 부족한 부분을 알았을 테고, 방법을 바꾸어 더 깊게 공부했을 것이다. 생각 없이 공부하는 학생과 생각하면서 공부하는 학생의 성적은 완전히 다를 수밖에 없다.

평소 자기 일에 대해 고민하는 직원인지 아닌지는 '문제가 터졌을 때' 이내 파악이 된다. 평소 생각하면서 일해온 직원은 해결책을 알고 바로 작업에 착수하지만, 형식적으로 일해온 직원은 우왕좌왕 정신이 없다. 어떤 방법으로 해결을 해야 하는지, 무엇 때문에 해결을 해야 하는지, 심지어 왜 해결해야 하는지 인식조차 못한다. 그러니 허둥댈 수밖에 없다.

관성에 젖어 일하는 사람은 일이 두렵지만, 스스로 생각하며 일하는 사람은 일이 즐겁다. 새로운 일이 주어지면 스스로 고민하고 어떻게 진행해야 하는지 로드맵을 만든다. 일이 즐겁다. 이게 진짜 일하는 모습이다.

사업을 수주하려면 회사가 실적을 비롯해 일정한 자격을 갖추고 있어야 한다. 그때 기준이 되는 게 발주사가 내놓은 '평가표'다. 수주 시 가능한 매출, 인력, 이력 수준을 평가표에 맞게 제시해야 한다. 이러한 평가표가 어느 정도 객관성을 확보하고 있지만 절대적으로 완벽하게 공정하다고 말할 수는 없다. 항목 비중에 따라 손쉽게 사업을 수주할 수 있는 회사가 생길 수도 있고, 능력 있는 업체가 참여조차 할 수 없는 상황이 벌어질 수 있다.

몇 해 전에 있었던 일이다. 꼭 참여하고 싶었던 사업이 있었으나 우리 회사 자격이 해당 기준에 못 미쳤다. 참여를 포기하려던 차에 한 직원이 이렇게 말했다.

"A항목을 중시하는 고객사 평가표 기준에 따르면 우리 회사는 참여 자격이 없습니다. 그러나 B항목 비중을 높이면 상황이 달라집니다. 이 사업은 B항목 비중에 높아야 한다고 생각합니다. 제 생각을 고객사에 전달하려고 합니다."

그의 말에는 타당성이 있었다. 고객사의 평가표대로 진행하면 기존 업체가 유리한 반면, 우리처럼 새롭게 프로젝트에 진입하려는 신규 업체는 사업 참여 자체가 어려웠다. 그러나 B항목의 비중을 높이면 발주사는 손해 볼 것이 없고, 우리 회사를 포함해 새로운 기업도 사업에 참여할 수 있었다. 대안을 제시한 그 직원에게 한번 도전해보라고 힘을 실어주었다. 그 직원은 고객사에 선정 기준의 문제점을 지적한 것은 물론이고 새로운 기준까지 제안했다. 고객사는 그 의견을 받아들였고, 결국 우리 회사가 그 사업을 진행하게 되었다.

세상 일이 이미 다 정해져 있는 것 같지만, 절대 그렇지 않다. 이미 다 정해져 있다면 큰 기업이 세상 모든 일을 다 가져가야 한다. 그러나 대기업이라고 모두 이익을 많이 내는 것은 아니다. 운영을 제대로 하지 못해 존폐 위기에 처하기도 하고 신생 기업이 대기업 위치로 올라가기도 한다. 누군가는 문제점을 찾아내고, 바꾸려고 노력하기 때문에 세상이 변화하고 발전하는 것이다.

이런 사람이 따로 정해져 있는 게 아니다. 합리적인 명분과 의지만 있다면 누구든지 그 역할을 해낼 수 있다. 발주사 평가 기준을 바꾼 직원을 통해 알 수 있듯, 평소에 고민하고 스스로 문제를 풀어보고자 노력하는 사람은 다가올 일이 무엇이든 간에 당황하지 않고 성심껏 준비하여 해결할 수 있다.

자신이 일하는 분야에서 성공하려면 이 정도 자세는 가지고 있어야 한다. 시키는 일만 하는 게 아니라 스스로 생각하면서 일할 줄 아는 습관, 이게 '일의 자세'다. 일의 자세를 갖추려면 무엇이 필요할까?

가장 중요한 것은 자신이 하는 일에 대한 '관심'이다. 관심이 있어야 애정이 생기고, 애정이 생겨야 능동적으로 일하게 된다.

여기에 전제되어야 할 것이 있다. 기본적으로 자신이 하고 싶은 분야에서 일을 해야 한다는 점이다. 적성에 맞지 않는 일을 하고 있거나 상황에 이끌려 억지로 일하고 있는 등 자아실현이 어려운 상황에서 하는 일에 대해 애정이 생길 리 만무하다. 멀리 보면, 당장의 연봉이나 직장 이미지, 명성 같은 게 중요하지 않다.

다음으로 필요한 것은 일에 몰입하는 습관이다. 업무 시간에는 일과 관련 없는 것을 모두 차단하고 일에 몰두해야 한다. 시계 볼 시간도 없이 일해야 한다. 오직 일에만 집중해도 부족하다. 일할 수 있는 시간은 한정돼 있다. 동료와 커피 마시며 사사로운 이야기 나눌 시간 같은 것은 애초에 없다. 동료와 잡담을 나누다가 책상에 앉아보라. 서류를 들춰본다고 이내 업무가 시작되지 않는다. 일에 몰입하는 데까지 시간이 필요하다.

회사라는 조직에서 성공하는 방법은 간단하다. 회사를 믿고 자기에게 주어진 일부터 처리하면 된다. 다른 일이 오면 또 열심히 처리하고, 그러다 힘에 부쳐 지치면 잠시 숨을 고르면서 다가올 일을 미리미리 준비하면서 완급을 조절하면서 일하게 된다.

성공의 기회는 멀리 있는 특별한 무엇이 아니라 본인이 지금 하고 있는 일에 있다. 사업하는 사람들은 흔히 "직원들은 의지력이 부족하다"고 말한다. 조직의 생존에 관심이 없고, 간절함도 부족해서 조직이 비상사태에 내몰려도 문제를 해결하려 하지 않는다고도 말한다. 본질은 피해가면서 형식적으로 일한다는 말이다.

직장인들에게 묻고 싶다. 정말 열심히 일하고 있는데, 이런 말까지 들으니 억울하지 않은가? 아니면, 정말 형식적으로 일하고 있는가?

사람이 세상을 살아가려면 어느 곳에서 어떤 일이든 해야 한다. 직업을 갖고 돈을 벌고 생존을 해야 한다. 어차피 해야 할 일이라면 스스로 일을 주도하면서 하고 싶지 않은가? 그렇게 해야 일이 즐겁고 인생도 풍요로워진다. 이것이 바로 세상이 바라는 '일의 자세'다. 영원히 지시만 받으면서 일할 수는 없다. 언젠가는 자신이 일을 주도해야 하는 위치에 올라서게 된다. 조직을 떠나 사업을 시작하게 될 때는 더 말할 필요도 없다. 스스로 하지 않으면 그 누구도 도와주지 않는 상황에 처하는 것이다. 그때 수동적으로 일하는 자세가 몸에 배어 있다면 큰 낭패를 당할 수밖에 없다.

단언컨대, 성공을 향한 가장 좋은 기본기는 '스스로 생각하고 일하는 자세'다.

도전 투혼

•

결과는 나중 문제.

도전이 먼저다.

•

'어떻게 살 것인가?'

인생을 살아가면서 가장 많이, 그리고 가장 오래 하는 고민이다. 워낙 중요한 질문이어서 고민의 시간이 길 수밖에 없다. 이러한 고민은 길어도 나쁠 게 없다.

다만 고민에 대한 답을 얻었다면, 이후에는 지체하지 않고 움직여야 한다. 준비가 부족하더라도, 안목이 부족하더라도 밀어붙어야 할 때는 과감하게 앞으로 나아가야 한다. 까짓것 잘되어도 내 탓, 못되어도 내 탓이라는 생각으로 운명에 맡기면서 말이다.

고민 끝에 얻은 답을 실천할 때는 자신이 가지고 있는 모든 것과 더불어 잠재력, 가능성까지 전부 걸어야 한다. 멀리 볼 것도 없다.

지금 자기 앞에 주어진 일부터 혼신을 다해 해결하는 것이다. 그리고 앞으로 주어지는 모든 일을 자신의 인생이 걸린 일이라는 생각으로 밀어붙여야 한다. 결과는 나중에 따지도록 하자. 결과를 미리 생각하면 두려움이 생기고, 안정과 불안의 굴레에서 멈칫하기 시작한다. 한번 주춤하면 다시 제자리로 돌아가고 싶은 마음이 드는 게 인지상정이다.

평생 멈칫거리며 살 수는 없다. 결과는 좋을 수도 있지만 그렇지 않을 수도 있다. 중요한 것은 모든 걸 걸고 실천했다는 사실이다. 설사 실패를 했더라도 용기만 잃지 않는다면 중요한 자산이 될 것이다. 그 실천한 용기, 모든 것을 걸어본 경험이 새로운 인생을 만들어줄 것이다.

나는 늦은 나이에 여러 학위에 도전했다. 원래 또래보다 대학도 늦게 갔고, 대학원 진학도 늦었다. 부족한 부분을 채우고자 늦게나마 공부에 매진했다. 그중에서도 박사 과정은 특히 너무나 힘들었다. 공부의 깊이가 달랐고, 학위를 받는 데까지 시간도 너무 오래 걸렸다. 끝이 보이지 않아서 중간에 포기할 생각도 여러 번 했다. 고생한 만큼 열매가 달다고 했던가? 어려운 과정을 거치고 논문까지 완성하고 나니 더할 나위 없이 기뻤다. 나에게 박사 과정은 투혼이 필요한 도전이었다.

도전에는 단점이 없다. 장점만 있다. 어떤 일에 한번 도전하고 나면 그다음 해야 할 일은 굳이 찾지 않아도 된다. '실천의 연쇄 반응'으로 해야 할 일이 저절로 떠오르기 때문이다. 첫 번째 도전에 성공했다면 더 높은 목표를 세우게 되고, 만일 실패했다면 부족한 점을 개선하는 게 두 번째 목표가 된다.

한 번 안 된다고 포기하거나 자격지심에 빠지지 말자. 모든 성공에는 과정이 필요하다. 담백하게 인정하고 다시 도전하면 된다. 같은 실수를 반복하지 않는다면 다음 도전은 분명히 결과가 다를 것이다.

목표를 정하고 도전하는 과정은 분명 어렵다. 예상하지 못했던 장애물을 수없이 만난다. 도무지 넘을 수 없는 벽을 만날 때도 있다. 이 상황에 이르면 포기하고 싶고 모든 게 두렵다. 스스로 해결할 수 없다고 생각해 누군가 도와주길 바라기도 한다. 그러나 도움은 한계가 있다. 근본적인 부분까지 도와주는 사람은 없다. 도전을 끝까지 책임져야 하는 것은 자신뿐이다.

본인이 시작한 도전을 스스로 마무리하는 것은 힘든 만큼 중요하다. 이 과정을 극복한 자만이 자신도 한 단계씩 성장하고 결국 높은 성취감을 맛볼 수 있다.

군 복무를 마치고 사회에 처음 발을 들여놓았을 때, 나는 가진게 아무것도 없었다. 김해 공군부대에서 일하던 육촌형에게 빌린 단돈 몇만 원으로 한국전쟁 피난민들이 모여 살던 부산 전포동 피난민 판자촌에 방을 얻었다. 그곳은 무척이나 가난한 동네였다. 화장실 있는 집이 없었다. 주민들이 모두 마을 어귀 공동화장실을 이용했으니, 아침마다 화장실 이용하는 게 곤욕이었다. 생활하기에 말할 수 없이 불편했지만, 그 힘겹고 부족한 일상이 나의 열정을 불태우는 동기가 되었다. 돈이 생기면 조금도 헛되게 쓰지 않았고, 아무리 적은 돈일지라도 값지고 귀하게 여겼다. 그렇게 한 발짝 한 발짝 걸어 올라가다 보니 지금 이 자리까지 오게 되었다.

성공한 사람 중에 '과정이 순탄했다'고 말하는 사람은 없다. 다들 큰 장애물 앞에서 벌벌 떨었던 순간이 있었다. 대신 포기하지 않고 용기를 내 어려움을 극복해냈다. 한계를 극복해낸 사람들이다. 만일 큰 어려움 없이 성공을 이야기하는 사람이 있다면 믿어서는 안 된다. 애초에 정한 종착점이 '목표' 수준도 아니었을 테다.

어려움에 직면했을 때 어떻게든 극복하려는 사람이 있는 반면, 쉽게 패배를 인정하는 사람들도 있다. 그렇게 포기할 것이었으면 애초에 도전하지 말았어야 했다. 성공으로 가는 과정은 험난한 게 당연하기 때문이다.

인생은 어머니 배 속에서 세상으로 나오는 순간부터 도전의 시작이다. 인생 앞에는 무수히 많은 장애물이 놓여 있고, 차례차례 장애물을 넘어서야 한다. 뛰어넘는 게 힘들다면, 옆으로 돌아가든 땅을 파고 돌진하든 어떤 방법을 동원해서라도 통과해야 한다. 이도 저도 아니면 장애물을 완전히 파괴해서라도, 앞으로 나아가야 한다. 이러한 치열함이 모여야 인생이 된다. 이것이 바로 자생력이고, 자생력을 갖춘 삶이 진짜 인생이다.

어떤 사람들은 실패를 하거나 어려움이 있을 때, 주변의 도움을 간절히 바라거나 우울하게 시간을 보내다 결국 포기해버린다. 나도 사업을 하면서 어려움을 수도 없이 경험했다. 그때마다 깊은 고민을 했다. 그러나 고민 끝에 얻게 되는 깨달음은 명료했다. 다른 누구의 도움이 아니라 내가 노력하고, 스스로 의사를 결정해야 해결할 수 있다는 하나의 분명한 사실이었다. 그러자 다시 힘을 내서 일을 시작할 수 있었다.

도전하는 사람은 인생을 주도하고, 도전하지 않는 사람은 삶에 끌려간다. 노력하는 사람은 변화가 즐겁고, 노력하지 않는 사람은 변화를 스트레스로 인식한다. 적당히 일하고 적당히 놀고 적당히 시간 보내기를 원하는가? 그러면서 좋은 결과를 원하는가? 미안하지만 세상에 그런 삶은 없다.

어릴 적 친구 중 한 명은 하던 일이 잘되어 40대 중반에 경제적으로 안정을 얻었다. 그러자 그 친구는 친척에게 일을 맡기고 노는 데만 열중했다. "인생 살아봐야 얼마나 산다고 그렇게 아등바등하나?"라는 이야기도 자주 했다. 반면에 나는 늘 간절한 마음으로 반성하고 고민하고 도전하면서 살아왔다. 그 결과, 지금 친구와 나의 삶은 많이 다르다.

적당히 일하고, 적당히 노력하고, 적당히 사는 버릇은 과감히 버려야 한다. 평범함이 삶의 기준이 된 사람들이 그렇게 산다. **평범함을 기준 삼으면 그 삶은 평범함보다 못할 수밖에 없다.** 치열한 삶을 기준 삼아야 겨우 평범함을 얻는 게 현실 속 진실이다. 자신의 삶에 대한 간절함이 있어야 한다. 그래야 도전할 수 있고 성취할 수 있다.

요즘 많은 사람들에게는 간절함이 부족한 것 같다. 세상을 두려워하고, 결과를 두려워한다. 어려움이 닥치면 금세 주저앉는다. 이건 아니다. 목이 마르면 우물을 찾아야 하고 몸이 아프면 약초를 찾아야 한다. **어려움은 피할수록 거대한 괴물이 되지만 해결하려고 덤비면 순한 양이 된다. 겁먹고 도망가는 게 문제다.**

성공을 원한다면 '간절한 마음'으로 살아야 한다. 문제를 해결하려고 몸부림쳐야 한다. 누구든 찾아가서 협조를 구하든지, 용서를 구하든지, 다른 아이디어를 내보든지 끝까지 달려야 한다. 실천하는 용기에 끝까지 도전하는 열정까지 더해지면 자신이 기대하는 목표에 다다를 수 있다.

아직도 머뭇거리고 있는가? 이제 움직이고 싶은 마음이 생기지 않았는가?

도전하라. 투혼을 발휘하라.

일의 범위

●

조직의 모든 일이 내 일이려니!

●

회사라는 조직 안에서 나는 무슨 일을 하고, 어떤 역할을 해야 할까? 업무 일지에 적힌 일을 하는 것만이 전부가 아니다. 조직이 원활하게 돌아가려면 주어진 일 말고도 알아서 챙겨야 할 일이 있다. '내 것', '네 것' 딱 떨어지는 게 아니라 교집합처럼 걸쳐 있는 일들이 있다. 이런 일은 대체 누가 해야 할까?

사실 고민할 필요가 없다. 그러한 생각을 하는 당사자, 바로 본인이 하면 된다. 혹여 자기가 하지 않아도 되는 일이라고, 자기 책임 안에 있는 일이 아니라고 관여하지 않는 사람이라면, 이기적이고 개인만 생각하는 사람이다. 분명 같은 입장에 있는 다른 누군가가 그 일을 하고 있을 테니까. 함께 사용하는 복사기 용지나 정수기

물통 한번 교체하지 않고 사용만 한다? 본인은 아무렇지 않게 사용하면서 그게 누군가 다른 사람 일이지 '자기 일'이 아니라고 생각하는 것만큼 보기 싫은 것도 없다.

지난해 퇴사한 어느 직원 이야기다. 그는 일을 참 열심히 했다. 늘 부지런했고 회사 일을 자기 일처럼 챙겼다. 누구도 하기 귀찮아하는 일까지 무척 잘 챙겼다. 회사 동료를 본인 가족처럼 아꼈다. 나는 그가 우리 회사에 더 머물기를 바랐으나 그는 본인 사정을 이야기하며 회사를 떠났다. 든 사람은 몰라도 난 사람은 안다고, 그와 함께한 시간들이 행복이었다는 사실을 지금도 깨닫고 있다.

회사라는 조직은 살아 있는 생명체와 같다. 몸속의 피가 잘 흘러야 건강하듯 조직도 일이 잘 흘러가야 한다. 어디 한 부분이 막히면 조직도 건강을 잃는다. 자기 것만 챙겨서 조직의 흐름을 방해하는 조직원, 문제가 생기면 나 몰라라 뒤로 빠지는 조직원들이 동맥경화를 일으킨다. 반대로, 조직 전체를 보고 일하는 희생적인 조직원이 기업이라는 생명체에 맑은 피를 돌게 해준다.

지금은 인력을 대체하는 장비가 많이 생겼지만, 예전 농촌에서는 대부분 사람 손으로 농사를 지었다. 그러다 보니 농번기가 되면 '죽은 사람도 일어나 일해야 한다'는 말이 있을 정도로 일손이 모자랐다. 가용할 수 있는 모든 수단을 동원해 밤낮 없이 일했다. 기업도 그럴 때가 있다. 대기업에 비해 적은 비용으로 더 많은 일을 해야 하는 중소기업에서 이런 일이 잦다. 인력이 늘 부족하기 때문이다. 특히 회사가 급성장하는 시기, 새로운 사업으로 정신없이 돌아갈 때는 사람 한 명이 아쉽다. 바로 이럴 때 속내를 드러내는 직원들이 있다. "아무래도 그만두어야겠어요" "일이 많아서 힘들어요" 이렇게 말하면서 인건비를 올려달라고 한다. 인건비 부담으로 쉽게 직원을 채용할 수도 없다는 점을 이용하는 것이다. 자신이 몸담고 있는 회사 목을 조르는 것이다. 회사는 울며 겨자 먹기 식으로 이런 요구를 받아들인다. 그러다 바쁜 시기가 지나가고 회사가 안정기에 접어들면 그들은 태세를 전환한다. 회사에 불평불만을 이야기하려고 하지 않는다. 자세를 바짝 낮추고 조용히 생활한다.

조직을 생각하는 사람이라면 반대로 행동해야 한다. 회사가 바쁘게 돌아갈 때 스스로 신이 나서 일하고, 회사가 안정기에 접어들었을 때 바짝 엎드리는 게 아니라 새로운 일을 만들어 본인의 역량을 실험해야 한다. 부족한 부분이 생기면 메꾸려고 노력하고, 성과를 만들어서 회사에 어필해야 한다.

일의 '범위'를 한정해서 일하는 선임이 있는 조직에서 이런 상황이 많이 벌어진다. 선임이 먼저 자신을 희생하는 모습을 보여야 그 조직이 활기차게 돌아갈 텐데, 윗사람이 먼저 일을 피하고 있으니 제대로 돌아갈 리 없다.

내가 나고 자란 고향에는 '소는 자기 주인을 닮는다'는 말이 있었다. 게으른 농부가 모처럼 소를 몰고 일터를 나오면 평소 일하지 않는 버릇이 든 소가 일하기 싫어 이리 뛰고 저리 날뛰며 거친 행동을 한다. 게으른 주인을 닮아 소도 농사를 그르친다. 반대로 부지런한 농부의 소는 언제든지 일할 자세를 가지고 있다.

기업에도 '분위기'라는 게 있다. 기업의 리더가 열심히 일하는 사람이면 사원들도 열심히 일한다. 조직 관리는 자연스럽게 이루어진다. 열심히 일하는 게 몸에 배지 않은 사람들도 그런 기업에 가면 열심히 일하는 사람으로 바뀐다.

일을 게을리하는 직원은 부지런한 리더를 만나면 본색을 드러낸다. 습관을 고치려 하지 않고 리더의 의견에 반해서 행동하거나 불평, 불만, 원망만 늘어놓는다. 이런 사람들은 결국 조직을 떠나게 된다. 조직원 입장에서 보면 처음부터 섬세하고 엄격한 관리자 아래에서 일을 제대로 배워야 한다. 설렁설렁 일하고 좋은 말만 하는 사람 밑에 있으면 일은 배우지 못하고, 본인도 그런 사람이 된다. 편안한 상사가 당장은 편할지 몰라도 분명 원망하는 순간이 찾아온다.

나도 길지는 않지만 직장 생활을 한 적이 있다. 처음 입사한 회사에는 행정 업무를 잘 이해하고 체계적으로 일하는 부서장이 한 분 계셨다. 그는 직원이 작성한 문서에 조금이라도 오류가 있으면 그냥 넘어가지 않았다. 내가 처음 작성한 서류는 네 번이나 바닥에 내동댕이쳐졌고, 그때마다 큰 좌절감을 느꼈다. 당연히 원망도 많이 했다. 그러나 마음 한 편에 '내가 부족해서 생긴 일'이라는 자각도 일었다. 그리고 그게 사실이었을 것이다. 왜냐하면 그와 함께 일할수록 나의 업무 능력이 늘었기 때문이다. 지금 생각해보면 그는 정말 고마운 선임이었다. 그 이후로 수십 년이 지난 지금까지 서류 하나만큼은 꼼꼼하게 챙기는 습관이 있다.

이렇듯 정말 일을 제대로 하려는 사람이라면 마음이 아프더라도 조직원들에게 본인의 생각보다 더 강하게 일을 시켜야 한다. 사실 조직원을 가르치는 일은 만만치 않은 정성을 요한다. 가르치는 당사자도 무척 고되다. 그러나 그런 사람이 바로 자신의 역할과 일의 범위를 깨닫고 일하는 사람이다.

한번은 회사 사무실의 분위기를 바꾸자고 했다. 전체적으로 책상, 테이블, 사무집기 등등을 재배치하고 변경하기로 했다. 그런데 많은 직원들이 어찌할 바를 모르고 우왕좌왕하고 있었다. 이유가 있었다. 책상 위치만 따졌지, 다른 집기 위치는 제대로 신경 쓰지 않아서 문제가 생긴 것이다. 각자 자기 책상만 신경 썼을 뿐 전체적인 공간을 보려고 한 사람이 없었다. 옮기기 전에 누구 하나 종합적인 검토도 하지 않았던 것이다. 책상 위치를 변경하는 게 이렇게 어려운 일인지 그날 처음 알았다. 다들 자기 일이라고 생각하지 않아서 일어난 사태였다.

어떤 일이든지, 그게 설사 책상 위치를 바꾸는 일이라 할지라도 사전에 충분한 계획이 있어야 하고 방법론이 마련되어야 한다. 그래야 각자 임무와 역할을 정하고 일사분란하게 움직일 수 있으며, 시간을 아깝게 낭비하지 않는다. 그 일을 누가 해야 하는가에 대해 고민할 필요 없다. 내가 하면 된다. 다들 '누가 해주겠지' 숫자만 채우고 적당히 묻어가려는 습성을 가지고 있으니 작은 일도 우왕좌왕하는 것이다. 더욱 큰 문제는, 이런 사람들이 자신의 행동이나 습관이 남에게 피해를 준다는 사실조차 인지하지 못한다는 데 있다. 이기적으로 일하는 사람은 결국 팀워크를 해치게 된다. 회사도 운동 팀처럼 유기적으로 움직여야 경쟁력이 생기는 '조직'이다. 서로 도움을 주고받아야 시너지 효과가 생긴다.

'내 일은 어디까지인가?'

자신에게 질문을 던져 보자. 적당히 월급만 받으려고 회사에 들어오지 않았다면, 꿈이 있고 그 꿈을 이루려 회사에 들어왔다면, 회사 일을 자기 일처럼 해야 한다. 그래야 무슨 일을 해도 즐거울 것이고, 실력도 늘고 인정도 받을 수 있다.

왜 일을 피하려고 하는가? 지금 당신이 하고 있는 일이 당신을 살리는 일이다.

내가 일하는 바로 그곳, 소속감

●

직장인은 무엇으로 인정받는가?
손실을 줄이고 생산성을 높이는 성과, 이것이 거의 전부다.

●

회사에서 관리하는 어느 현장에서 있었던 일이다. 그 현장은 많은 지게차와 사람들이 투입된 규모 있는 곳이었다. 당연히 수익도 충분하게 나올 수 있었다. 그런데 '적자가 났다'는 보고가 올라왔다. 예상 밖의 일이라 상세한 내용을 보고하라고 지시했다.

보고서를 바탕으로 내용을 분석해보니 사업비 가운데 장비 임차료가 지나치게 높았다. 현장 관리자에게 직접 연락해서 '장비 임차료 줄이는 방법을 찾'으라고 했다. 그랬더니 이 관리자는 '몇 번 이야기했지만 고객사에서 장비 교체는 안 된다고 한다'는 말만 되풀이했다. 이건 또 무슨 반응인가 싶어, 나는 당황한 기색을 감출 수 없었다. 지게차는 브랜드별로 임대료 차이가 있다. 그러나 브랜드 가치가 낮다고 성능이 떨어지는 것은 아니다. 도급 비용을 빡빡하게 받아서 적자까지 나고 있는데 높은 브랜드만을 고수하는 것은 이치에 맞지 않는다. 이내 '우리 회사에서 월급 받아가는 사람이 고객사 원성을 듣고 있는 것 아닌가?'라는 생각부터 들었다.

문제를 더 들여다보니 현장 관리자가 아니라 본사 담당직원 문제였다. 그는 맹물처럼 순하기만 해서 상대에게 불편한 말을 못하는 성격이었다. 고객사에 '장비 임차료를 줄여야 한다'는 협조 요청을 못하고 그저 고객사 지시대로 일을 해온 것이다. 이 담당자도 문제지만, 그 말만 듣고 나에게 보고한 현장 관리자가 더 한심하게 여겨졌다.

관리자를 불러서 단호하게 말했다. "당신이 직접 고객사를 찾아가서 '우리 회사가 적자를 보고 있으니 대여료가 저렴한 브랜드로 장비를 교체하겠다'고 협조를 구하시오"라고 강력하게 지시했다. 그 관리자는 그제야 심각성을 깨닫고 '손수' 움직였다. 고객사에서는 "사업장 관리자 재량이라 업무에 차질이 없다면 우리는 상관없습니다"라고 답변했다.

이 세상에 일을 하겠다는데 주변으로부터 협조받지 못할 일은 없다. 협조를 못 받았다면, 협조를 구하려는 노력을 안 해봤기 때문이다. 그럼, 고객사에서 일을 받아 사업을 진행하는 대표자, 나라는 사람은 무엇인가? 직원들 의견에 따라 당연히 손해만 감수하는 사람인가? 이건 아니다. 본인이 속한 '회사 일'을 '남의 일'로 생각하고 일하다 보니 이런 일이 벌어지는 것이다. 장비 대여료는 브랜드에 따라 차량 한 대당 대략 300만 원 차이가 난다. 100대면 단순 계산해도 수억 원이다.

본인이 몸담고 있는 회사 재산을 쉽게 생각하는 사람들이 있다. 오너는 A4 용지 한 장이라도 아껴서 사용하는데 이런 사람들은 회사 용품을 아낌없이 사용한다. 자기 돈은 조금이라도 아까워하면서 회사 돈은 아무리 커도 아까워하지 않고 쓴다. 회사를 위해 비용을 절감하는 건 너무 당연한 일이다. 그러나 그런 지시를 내리면 오히려 불편하게 생각하는 사람들이 있다. 이들은 고객사를 설득하려 하지 않고 본인 회사를 설득하려고 한다. 이 정도면 소속감은 둘째치고 자신의 본분조차 잊고 있는 것이다.

비행기를 타면 마일리지가 생긴다. 과거에는 그 마일리지가 자동 적립되었지만, 언젠가부터 탑승자가 항공사에 적립을 요구해야 마일리지가 쌓인다. 자동 적립이 법적 의무조항이 아니라는 사실을 알고 항공사에서 그조차도 줄이려고 노력하는 것이다. 큰 항공사도 이런 노력을 하고 있는데 하물며 중소기업에서 비용 절감 노력을 하지 않는다는 게 말이 되는가?

생산 현장 책임자는 무엇으로 인정받는가? 손실을 줄이고 생산성을 높이는 것이다. 이게 거의 전부다. 일반 기업도 마찬가지다. 기업은 이익 집단이지 봉사 단체가 아니다.

건설사는 발주처에 견적을 넣어 합당한 가격에 공사를 수주한다. 그리고 공사를 마치고 난 후 공사비 집행 내역을 발주처에 제출한다. 건설사는 인건비, 자재비, 재료비, 안전 관리 유지비, 기밀비, 일반 관리비 등 한정된 예산 내에서 최대한 적절한 인력과 재료를 사용하면서 공사를 진행하고 수익을 창출한다. 그 내용이 건설사의 노하우고 역량이다. 그런데 집행 내용 중 기밀비 등 건설사 노력으로 절감한 내용을 그대로 제출하는 회사는 세상 어디에도 없다. 건설사가 노력해서 만들어낸 절감 내용까지 보고하면 수익의 상당 부분이 날아가기 때문이다. 이게 현실이다. 발주사에 곧이 곧대로 모두 보고하는 직원을 잘한다고 말할 수 없다. 회사의 이익에 반하는 행동을 하는 직원들은 소속감이 없는 직원일 뿐이다. 기본적으로 회사에 애정이 없는 사람들이다.

우리 회사가 수년간 도급을 맡아 일해온 외국 기업 현장 이야기다. 그 회사가 새롭게 입찰을 진행하는 바람에 우리도 그쪽 규정에 맞춰 입찰에 참여하게 되었다. 그런데 그들이 내세운 입찰 기준이 우리 현실과 너무 맞지 않았다. 자국의 기준을 반영한 인건비, 직원 수, 노사 문제, 생산 품질에 맞추다 보면 입찰에 참여해서 일을 가져온다고 해도 수익을 만들 수가 없었다.

우리 회사는 외국 기업 일을 많이 경험했다. 대체로 외국 기업이 내놓은 입찰 규정은 너무 비현실적이었다. 그래서 우리는 우리 현실에 맞게 입찰 규정을 역으로 제안했고, 그 제안이 받아들여질 때가 많았다. 우리가 경험이 많으니 그들이 유연하게 받아들인 것이다.

그런데 이번에는 우리 담당 직원이 입찰 규정을 수정하는 제안을 하지 않았다. 우리 제안을 받아들이고 아니고는 그 기업 결정에 달려 있겠지만, 최소한 우리 회사에 소속감을 갖춘 직원이라면 그 외국 기업에 비현실적인 입찰 규정에 대한 의견부터 전달하는 것이 맞았다. 자신이 속한 회사 입장을 발주사에 전달하고 이해를 구하는 것은 담당자가 당연히 해야 할 일이고, 그 노력에 따라 결과가 확연하게 갈린다. 그 과정이 없었다.

결과가 좋을 리 없었다. 참 답답했다. 회사의 판단이 본인 생각과 다를 수도 있다. 또, 회사의 판단이 잘못된 것일 수도 있다. 그러나 설사 회사의 행보가 잘못돼 있다는 생각이 들더라도, 이해가 되는 수준까지는 따라가는 게 소속감이다. 어떻게든 일을 만들기 위해 노력하고 좋든 나쁘든 결과물이 나왔을 때 할 말이라도 있는 것이다. 그 결과를 도저히 용납할 수 없을 때 저항을 하든 회사를 그만두든 결정하면 된다. 결과를 보기도 전에 일을 망치니, 소속감이라는 단어를 이야기하기도 부끄럽다.

도시에서 생활하다가 귀농한 사람이 한 텔레비전 프로그램에 나와 이런 이야기를 했다. "도시에서 과일이나 채소를 사먹을 때는 전혀 생각하지 못했는데 농사를 지어보니 벌레 먹은 과일, 허드레 채소 하나라도 마음 아파서 버리지 못하겠어요."라고 말이다. 상품성이 떨어져 팔지는 못하지만 키운 정성이 아까워서 버릴 수도 없다는 이야기다. 이것이 작물을 직접 키우고 거둬드린 농부의 마음이다.

왜 이런 감동을 농부를 통해서만 얻어야 하는가? 우리가 지금 하고 있는 일, 우리가 만드는 결과물도 농부의 농산물과 다르지 않다. 회사를 생각하고 회사를 아끼는 마음으로 결과물을 만들어내는 일. 이게 조직에서 일하는 사람의 기본 중의 기본 자세다.

성취감

●

달면 삼키고 쓰면 뱉는 식으로 일해서

얻을 수 있는 것은 없다.

●

당신은 왜 일을 하는가?

생존 때문에? 돈을 많이 벌려고? 재미있어서? 성장하려고? 승부욕 때문에? 도전하고 싶어서? 소속이 필요해서? 사회에서 인정받으려고? 주변에 과시하려고?

사람마다 다르겠지만 분명 앞서 나열한 내용 안에 일하는 이유가 들어 있을 것이다. 그런데 가만히 들여다보면, 아무리 우리가 사는 세상이 경쟁 사회라고 해도 비인간적이거나 현실적인 이유가 대부분이다. 사실 우리가 처음 가졌던 직업에 대한 태도는 이와 달랐을 것이다. '행복을 찾고 싶어서' '사회에 도움이 되고 싶어서' '일 자체에서 행복을 느끼고 싶어서' 등의 이유로 직업을 가진 건 아니었을까?

사회생활을 하게 되면서 점차 현실적으로 바뀌었을 것이다. 그래도 마음속 깊이 간직하고 있는 게 있다. 그리고 영원히 변하지 않는 게 있다. 우리가 직업을 얻고 열심히 일하는 것은 두말할 것 없이 '행복'하기 위해서다.

아이러니하게도 일하는 순간이 행복하다고 말하는 사람은 많지 않다. 행복하게 살려고 일하는 게 아니라, 일하는 순간이 행복해야 진정 행복하게 사는 것 아닐까?

방법은 있다. 일하는 과정에서 행복을 느끼는 순간을 많이 만드는 것이다. 일하는 과정에서 얻을 수 있는 행복 중 가장 큰 것은 성취감이다. 일을 하나하나 이루어갈 때 느끼는 행복은 참으로 크다. 그런데 불행히도 많은 사람들이 일에서 얻는 성취감과 이후 얻어지는 행복을 믿지 않는다. 그건 아직 느껴보지 못했기 때문이리라.

명절을 앞둔 물류 터미널은 전쟁터다. 약 30일 정도는 평소보다 물량이 몇 배 이상 몰린다. 그러니 현장이 전쟁터처럼 정신없이 돌아간다. 이 전쟁을 치르려면 평소의 배 이상 인원이 필요하다. 평소 현장 인원이 200명이면 200명을 더 고용해야 한다. 그런데 모든 물류 현장 상황이 다 비슷하다 보니 그 시기에 인원을 채용하는 게 여간 힘든 게 아니다. 어쩔 수 없이 본사에 있는 직원까지 현장에 투입하는 경우도 생긴다.

이처럼 수많은 사람들이 며칠 밤을 새면서 득달같이 일하는 데는 이유가 있다. 물류는 전국 여러 현장과 연결이 되어 있기 때문에 한 현장이 멈춰 서면 물류 전체에 악영향을 미치고, 이내 걷잡을 수 없는 대란으로 이어진다.

　창업하고 약 5년째 되던 해에 있었던 일이다. 경기도 A사의 택배 물류 터미널 현장. A사의 도급을 맡은 회사 직원들이 늘어난 명절의 물량을 처리하다 지쳐 새벽 1시에 현장을 버리고 떠나버렸다. 사업주가 아무리 설득을 해도 돌아오지 않았다. 다음 날 아침 10시, 우리 회사에 협조 요청이 왔다. 폭주하는 물량을 처리하기 위해 이전에 폐쇄시킨 다른 현장을 복원시키는 내용이었다. 당시 우리 회사는 경남에서 소규모 물류 현장을 관리 운영하고 있었다. 현장 경험도 부족했고 우리 현장도 인력이 부족한 상황에서 경기도에 있는 현장을 운영한다는 건 불가능에 가까운 일이었다. 그래도 도전하기로 했다. 일하고 싶은 열망이 엄청나던 시절이어서 그런 선택을 했다. 동원할 수 있는 인원은 최대 70명 정도였다. 그 인원 안에는 나도 있었고, 여직원들도 있었다. 지금도 가까운 거리는 아니지만 그때는 경남에서 경기도 모처까지 쉽게 오갈 수 있는 거리가 더더욱 아니었다.

　점심에 출발해서 현장에 도착하니 저녁이었다. 우리는 기나긴 여정에 지쳐 있었지만 도착하자마자 짐을 운반하기 시작했다. 당시는 현장 장비도 열악해서 거의 몸으로 날랐다. 그렇게 쉴 새 없이 일하다 보니 새벽이 되었다. 너무 지쳐서 서 있기도 힘든 지경이 되었다. 다들 그야말로 한계를 넘어서 일하고 있었다. 그래도 밀려오는 화물 트럭을 보니 움직이지 않을 수 없었다. 우리는 잠깐 쉬고 물건 나르는 작업을 계속했다. 그렇게 2주간 밤잠 안 자며 일했고, 그제야 현장은 안정되었다. 그렇게 불가능해 보이던 일이 마무리

되었다.

지금 생각해도 불가능한 일을 해냈다. 몸을 움직여 일을 하는데도 졸음이 쏟아졌다. 정신력으로 버텼다. 평소 야간작업을 하지 않던 사람들이 며칠 밤을 새워가며 반복적으로 짐을 나른다고 생각해보자. 누구든 도망가고 싶은 마음이 들 수밖에 없다. 그러나 불가능해 보이는 일을, 그 한계를 극복하면 한층 성장한다. 그 맛에 도전하고 그 맛에 일하는 것이다. 불가능한 것을 해냈을 때 찾아오는 충만감, 그 누구도 해내기 힘든 일을 해냈다는 자부심, 단 하나의 사고도 없었다는 완벽한 결말이 나를 행복하게 해주었다. 그때 나는 희열을 느끼며 속으로 외쳤다.

'이런 맛에 일하는 것이다!'

순수한 열정이 가져다준 열매는 컸다. 그 일로 A사는 우리에게 크게 만족했고 이후 더 큰일을 맡겼다. 뿐만 아니라 우리 회사 명성이 물류업계 전체에 알려졌다.

당시 도급 비용을 넉넉히 받은 것도 아니다. 고생한 것을 생각하면 오히려 부족했다. 돈을 계산했다면 아마 일에 덤벼들지 않았을 것이다. 그럼에도 일을 한 것은 상대 회사가 우리 회사에 간절하게 협조를 구했다는 사실 하나였다. 성취감을 얻으려면 일을 가려서 하면 안 된다. '달면 삼키고 쓰면 뱉는' 식으로 일해서는 오히려 질 좋은 일이 찾아오지 않는다. 손해 보듯 일하는 것이 오히려 기회가 될 수 있다. 이것이 손해의 경제학이다. 개인적으론, 나의 기업가 정신이기도 하다.

일을 하면서 감사할 줄 아는 사람은 긍정적인 사람이다. 긍정은 좋은 기운을 부르고 더 좋은 일을 만들어낸다. 좋은 일이 있어도 행복을 느끼지 못하는 사람에게는 앞으로 더 좋은 일이 생길 가능성이 점점 줄어든다. 그러므로 가능한 지금 하는 일에 감사하며 일해야 한다.

성취감은 일하는 곳곳에서 느낄 수 있다. 새로운 사업에 참여하기 위해 제안서를 만들고, 그 제안서가 선정되어 사업을 수주하고, 사업을 성공적으로 진행해서 더 나은 사업을 가져오는, 그 모든 과정에서 느낄 수 있다.

"결과에 대한 성취감은 오너에게나 있지, 직원들이 느낄 수 있는 게 아니다."

이렇게 말하는 사람들이 많다는 것을 알고 있다. 너무 패배적인 생각 아닌가. 조직 안에서 일하면서 성취감을 얻기 힘들다고 생각하는 사람이라면 하루 빨리 조직을 떠나 개인 사업을 하라고 권하고 싶다. 성취감은 다른 사람이 만들어주는 것이 아니라 본인 스스로 만들어가는 것이다. 정상적인 회사라면 일에 대한 보상이 이어질 테고, 직접적인 보상이 없더라도 간접적인 보상이 주어질 것이다. 그 보상을 통해 더 큰 기회를 만들 수 있다. 그렇게 한 발 한 발 나아가겠다고 생각한다면 순간순간 성취감이 찾아오지 않을 리 없다.

박항서 축구 감독은 한국에서도 유능했지만 베트남 축구 감독으로 명성을 떨치고 있다. 아세아축구연맹 U-23 챔피언십에서 베트남이 준우승을 하면서 박항서 감독은 그야말로 '베트남 영웅'이 되었다. 동남아시아 축구 역사상 가장 좋은 성적을 내며 베트남 온 국민에게 '우리도 할 수 있다'는 에너지를 심어주었다. 그는 베트남

정부로부터 훈장을 받고 포상금도 많이 받았다.

중요한 것은 포상만이 아니다. 나는 박항서 감독의 눈물을 보았다. 진정으로 뭔가 해냈음을 온몸으로 느낄 때 나오는 환희에 찬 눈물이었다. 바로 성취감이다. 한국에서는 주변 여건 때문에 기회를 못 가졌을 뿐, 내재된 에너지는 나이가 예순이 되었어도 여전히 뜨겁게 끓고 있었던 것이다. 그 간절함과 절실한 의지가 성공을 만들어준 셈이다.

성취감을 갖기 위해 특별한 일, 다른 일을 찾지 말자. 지금 바로 자신에게 주어진 일부터 완벽하게 처리한다면 성취감을 얻고 감동을 느낄 수 있다. 그것이야말로 하루하루 행복하게 일하는 가장 좋은 방법 아닐까.

지식을 뛰어넘는 감동, 지혜

●

문제가 생겼을 때 '책 속 지식'만 앞세우는 사람은
도움이 되지 않는다. 문제를 푸는 것은
'경험을 적용할 줄 아는' 사람이다.

●

'지혜'의 사전적 정의는 '사물의 이치를 빨리 깨닫고 사물을 정확하게 처리하는 정신적 능력'이다. 지혜는 지식과 다르다. 공부를 통해 얻을 수 있는 게 아니다. 학창 시절에는 지식을 얻으려고 노력하지만, 살다 보면 교과서에서 얻은 지식보다 삶에서 깨달은 지혜가 더 필요하다고 느낄 때가 있다.

사업 초기, 발목을 다쳐 3년 가까이 고생했던 적이 있다. 일 때문에 치료에 집중하지 못하다 보니 시간이 지나도 원래 상태로 회복되지 않았다. 어쩔 수 없이 목발에 의지한 채 현장을 돌아다녔다. 이런 내 모습이 안쓰러웠는지 한 선배가 침술이 뛰어나다는 대구의 한 암자를 소개해주었다.

암자의 스님은 특별했다. 어려운 집안 형편 때문에 중학교를 졸업하고 더는 학업을 이어갈 수 없었지만, 꾸준히 혼자서 공부를 하여 웬만한 의사보다 사람 몸에 대한 이해가 깊었다. 그 스님이 좋아서 정기적으로 찾아뵙곤 했다. 점차 가까워진 우리는 이런저런 일상의 이야기도 나누는 사이가 되었다. 스님은 젊은 사람이 열심히 사업하는 것을 대견하게 생각했고, 마음에 남을 만한 이야기를 많이 해주었다. 스님이 들려준 이야기 중 가장 기억에 남는 것은 "지식을 뛰어넘는 것이 지혜입니다!"라는 말이었다. 그 말 자체가 지혜로 다가왔다. 나는 어려울 때마다 스님의 조언대로 지혜를 얻으려고 몸부림쳤다.

사업을 하면서 수시로 어려움을 겪어왔고 지금도 겪고 있다. 기본적으로 사업이라는 게 어려움의 연속인지도 모르겠다. 그렇다고 익숙해지는 것도 아니다. 어려움이 올 때마다 한없이 허물어지는 나 자신을 발견했으며, 어떻게 해야 할지 몰라 온몸이 너덜너덜해지는 느낌도 수없이 겪었다. 그 고비에 서 있을 때 책에서 얻은 지식, 지인들이 알려준 조언 등이 도움 되기도 하였으나 실질적인 해결책이 되지는 않았다. 오히려 '내 지혜가 부족해서 이런 고생을 하는구나!' 이렇게 생각하고 지혜를 찾았던 게 큰 도움이 되었다.

산업 현장에서는 사고가 빈번하게 발생한다. 특히 강렬한 불꽃이 주변으로 튀는 용접 작업에서 화재 사고가 잦다. 주로 오피스 상가에서 설비 개보수 인테리어 작업을 할 때 발생하는데, 신축 빌딩보다 주변에 인화성 물질이 존재할 가능성이 크기 때문이다. 가끔은 용접 불꽃 때문에 뉴스에 날 만큼 큰 화재 사고가 일어나기도 한다. 인명 피해와 엄청난 재산 손실로 졸지에 법정에 서게 되고, 재정 능력이 되지 않아 회사는 일순간에 문을 닫기도 한다.

용접으로 인한 화재 사고는 주로 방화벽 설치나 스프링클러 활성화 여부 등 기본적인 안전 수칙을 지키지 않았을 때 일어난다. 현장 근로자들이 종종 일에 방해가 된다는 이유로 안전 수칙을 지키지 않는데, 그때 사고가 찾아온다. 안전 수칙은 현장 책임자가 아무리 강조해도 현장 인부들이 지키지 않으면 소용이 없다.

어느 날 밤, 휴대폰이 울렸다. 수도권에 있는 한 현장의 관리자였다. 밤에 현장에서 걸려오는 전화는 다급한 문제인 경우가 대부분이다. 아니나 다를까, 현장에서 화재 사고가 발생해 소방차가 오고 난리가 났다는 내용이었다. 나는 깜짝 놀라 옷도 제대로 갖춰 입지 못하고 서둘러 집을 나와 현장으로 달려갔다. 얼마나 급하게 갔는지 평소 소요 시간의 절반도 안 걸렸던 것 같다.

그런데 이게 어찌된 일인가? 현장에 가니 이미 화재는 진압돼 있었다. 현장 관리자에게 자초지종을 물었다. 상가 입주자나 왕래하는 사람이 없는 시간을 이용해서 야간에 이루어지는 인테리어 작업이었는데, 용접 중 부주의로 일어난 화재 사고였다. 그 현장 관리자는 "평소 철저한 시설물 안전점검을 하고 준비해둔 순서대로 잘 진행이 되어 화재가 초기에 진압이 되었습니다"라고 답했다. 화재를 진압한 소방관도 "자체에 철저한 안전 관리가 안 되었으면 건물 전체로 번질 뻔했습니다"라고 말했다.

공사 현장에서는 예기치 못한 사고가 종종 발생한다. 그 현장 관리자는 건물 내부 공사가 진행된 이후 화재 가능성을 염두에 두고 늘 긴장한 채 현장을 관찰했다. 사람이 하는 일이다 보니 사고를 예상하는 것은 거의 불가능하다. 사고에 대처할 수 있는 가장 좋은 방법 중 하나가 현장을 실시간으로 관찰하는 일이다. 그 관리자는 그 방법을 택했다.

현장에서 문제가 생겼을 때 '책 속 지식'만 앞세우는 사람은 그다지 도움이 되지 않는다. 결국 문제를 푸는 것은 '지식을 현장에 적용'할 줄 아는 사람이다. 산업 현장은 전쟁터다. 시간은 촉박하고 여건은 척박하다. 아무리 준비해도 부족한 부분이 생긴다. 그러나 여건이 안 된다고 무작정 넋 놓고 있으면 안 된다. 관리자가 지혜를 발휘해서 현장 작업을 진행해야 한다. 그 지혜가 한 기업을 살릴 수도 있다. 그 화재 현장의 관리자는 매일 밤 실시간 관찰하는 방법을 스스로 찾고 실천해서 큰 화를 막은 것이다. 아무리 말해도 현장 인부가 일하는 습성을 바꾸지 않는데 어떻게 하겠는가? 이 또한 지혜인 것이다.

공부를 많이 한다고 해서 지혜를 당연하게 얻을 수 없다는 말은, 지식이 부족해도 지혜를 충분히 얻을 수 있다는 말도 된다. 그럼 지혜를 얻기 위해 필요한 것은 무엇인가? 바로 일에 대한 애정이고, 본질을 향한 시선이다. 그게 있으면 수많은 경험과 지식이 지혜가 된다.

대한민국의 대표 기업을 만들어낸 창업주들은 대부분 유명 대학에서 관련 학과를 전공한 사람들이 아니다. 그러나 수십 년 동안 그들이 발휘한 지혜는 그 누구도 따라가기 힘들다. 목표를 달성하기 위해 당면한 문제를 해결하려는 노력과 의지가 지혜로 발현된 경우가 많았다. 집착이라는 평가를 받을 정도로 한 분야에서 끊임없이 노력할 때, 한계를 넘어서는 생각이 떠오르고, 그게 지혜로 작용한 것이다.

사업을 하려는 사람이 있다. 아무리 좋은 아이템이라고 해도 짚고 넘어갈 것이 많다. 먼저 본인 스스로 자신이 사업과 맞는지 생각해야 한다. 사업을 할 만한 능력과 의지력이 있는지 평가해봐야 하는 것이다. 본인 스스로 좋은 평가를 내렸다면, 주변 사람들로부터 객관적인 평가도 받아야 한다.

주변의 조언을 받을 때는 어느 한 분야에서만 일한 사람보다 다양한 경험을 한 사람을 찾는 편이 좋다. 전문가들은 자기 분야에는 깊은 지식을 갖고 있지만 사회 전반적인 흐름을 살피는 데 약할 수도 있다. 건설업에 대해 건설 전문가에게 조언을 들어야겠지만, 전혀 관련 없는 분야라고 할지라도 다양한 경험을 많이 한 사람에게 자문을 구하는 것도 나쁘지 않다. 그래야 좀 더 포괄적이고 객관적인 결론에 다다르지 않겠는가. 나는 그렇게 사업을 진행했고, 대부분 좋은 결과를 얻었다.

지혜는 꼭 큰 사업을 하는 사람에게만 필요하거나 얻어지는 게 아니다. 누구나 세상을 살아가다 보면 본인 능력을 넘어선 한계 상황에 처할 때가 있다. 그 위기를 어떻게 극복할 것인가? 도와주는 사람 하나 없을 때 무엇에 기대야 할까? 답은 명확하다. 문제를 반드시 풀어내겠다는 의지뿐이다. 어쩌면 지혜는, 절박할 때 비로소 발현되는 '초인적인 의지'와 같은 표현인지도 모르겠다.

나비는 바늘구멍만큼 좁은 고치 구멍을 뚫고 나오느라 오랫동안 힘든 시간을 보낸다. 영국의 식물학자 앨프리드 러셀 월리스는 이런 나비를 안쓰럽게 여겨 고치의 옆 부분을 찢어주었다고 한다. 그런데 쉽게 구멍을 빠져나온 나비는 힘없이 날다가 죽고 말았다. 힘들게 좁은 구멍을 빠져나와 힘차게 날아간 이전 나비와 전혀 다른 모습이었다. 사람의 일생도 이런 게 아닐까?

어려운 상황을 피해갈 수는 없다. 혹시 고난 속에 있다면 피하지 말고 지혜를 발휘해 고난을 극복해내려고 발버둥 쳐야 한다. 그 고비만 넘으면 자유롭게 훨훨 날 수 있을 것이다.

안목

●

성공의 세 가지 요소는 안목, 결단, 실천이다.

그 가운데 가장 중요한 것은 '안목'이다.

●

안목은 사물을 보고 분별하는 견식을 의미한다. 나는 궁극적으로 미래를 보는 눈이라고 생각한다.

사람들은 어떤 사업을 시작하려면 오랜 시간 고민하고 사업에 대한 전망을 타진한다. 그러나 전망만 있다고 바로 실행에 옮기는 것은 옳지 않다. 성공에 대한 확신까지 필요하다. 확신 없이 실행에 옮기다 보면 중간중간 멈칫거리게 되고 그러다 보면 결과를 만들기 어렵다.

서른두 살, 비교적 젊은 나이에 다니던 회사를 그만두고 경남 창원에서 인력 아웃소싱 분야의 사업을 시작했다. 주변 사람들은 '사업은 아무나 하냐'며 뜯어말렸지만, 직장 생활을 하면서 판단할 수 있었다. 내가 회사라는 조직에서 직원으로 일하는 방식이 잘 맞지 않았던 것이다. 당시 나는 눈에 보이는 건 무엇이든 사업으로 만들고 싶을 만큼 열정에 불타고 있었다. 그렇다고 아무것이나 할 수는 없었다. 오래 고민하다가 인력 아웃소싱 사업에서 전망을 보았다. 이유는 세 가지였다.

1) 1990년대 초는 아웃소싱 사업 초창기였다.
2) 아웃소싱 사업은 모든 분야로 확산될 것이다.
3) 경쟁이 심화되기 전에 사업을 시작하면 시장을 선점할 수 있다.

미래를 볼 수 있는 특별한 능력을 가지고 있지는 않았다. 전망이 있어 보이니 일단 시작하고 결과를 만들자는 생각이 강했다. 실제로 내 사업체를 2~3년 운영하면서 성공에 대한 확신이 굳어졌다.

위의 세 가지 예상은 모두 적중했다. 아웃소싱 사업은 산업체 전반으로 확대되었고, 이미 사업에 뛰어들었기에 시장을 선점할 수 있었다. 뒤늦게 아웃소싱 사업을 시작한 사람들은 경험이 부족한 까닭에 사업 분야도 한정될뿐더러 기존 사업자들이 만들어놓은 진입 장벽을 넘기가 쉽지 않았다. 나는 이미 시장을 선점한 사업가가 되어 있었다. 현재 우리 회사는 수만 개에 달하는 동종 업계 업체 중 지방에서 창업해서 가장 광범위한 산업 분야로 확장하면서, 그것도 서울에서 오랜 기간 사업을 하고 있는 유일한 기업이다.

앞서 말했듯이 내가 미래를 내다보는 특별한 눈을 가지고 있었던 것은 아니다. 그러나 산업 전반에 조성된 경향에 맞게 따라가는 게 승산이 있을 거라는 구조적인 강점을 믿었고, 그 흐름에 맞춰서 열심히 일했다. 당시 이 산업 분야 분위기가 좋았다고 업종에 뛰어든 사람이 모두 성공한 것도 아니다. **내가 성공한 이유는 '안목'을 바탕으로 '결단'을 내린 것 외에 한 가지가 더 있다. 바로 '묵묵히 실천' 한 것이다.**

많은 사람들은 내가 하는 사업이 단순히 현장에 인력만 투입하면 되는 것으로 여기기도 한다. 그러나 내부적으로 자세히 들여다보면 다른 사업보다 몇 배는 복잡하다. 각 사업장마다 분야별로 다양한 관리 기술과 서비스가 필요하다. 제조생산 사업은 한 분야 생산 제품을 양산하고 그 분야 인력을 잘 관리하면 되지만, 인력 아웃소싱 사업은 물류 한 분야만 따지더라도 다양한 기술과 서비스를 제공해야 하는데 맡은 분야가 광범위하다 보니 수십 가지 일을 감당해야 한다.

사업장 상황에 따라 효율적으로 관리하기 위해서는 당장 눈앞에 닥친 상황만 보지 않고 멀리, 넓게 보고 인력을 배치하는 안목이 필요하다. 때로는 당장은 수익이 안 나는 현장이라도 고객의 요청이 있으면 손실을 감수하고 일할 줄도 알아야 한다. 한번 맺은 인연이 또 어떻게 이어질지 모르기 때문이다. 그렇게 묵묵히 일했던 것이 나중에 이익으로 되돌아오는 사례들이 많았다.

내가 생각할 때 '안목' '결단' '실천'은 성공에 필요한 세 가지 요소다. 이 세 가지는 독립된 게 아니라 순서대로 연결되어 있다. 세 가지 모두 중요하지만 그중 제일은 안목이다. **안목이 없으면 결단을 내리기 힘들고, 결단을 내린다 해도 안목을 의심하기 시작하면 실천**

으로 이어지기 힘들기 때문이다.

안목은 거시적인 계획을 그릴 때 강점으로 작용한다. 사업을 시작한 지 4년 정도 지나자, 앞으로 회사가 지속적으로 성장할 수 있다는 확신을 갖게 되었다. 그러나 현실에 안주해서는 다른 업체와 경쟁에서 밀릴 수 있다는 생각을 했다.

우리 회사는 경상남도 지역에서 탄탄하게 자리 잡았지만, 동시에 그게 한계였다. 지역에 강력한 경쟁자가 나오면 시장을 나눌 수밖에 없는 구조였다. 해결 방법은 사업 지역과 분야를 확장하는 것이었다.

그리하여 부산과 서울에 차례로 신규 법인을 냈고, 물류와 렌터카 사업을 시작했다. 물류와 렌터카 사업은 기존 사업과 연관이 있어 사업 진입이 어렵지는 않았다. 법인을 나누고 신규 사업을 성공적으로 안착시키면서 불안감이 어느 정도 해소되었다. 그 이후에도 위기가 찾아올 때마다 새로운 사업을 통해 고비를 넘겼다. 그렇게 우리 회사는 지금 여러 개 법인을 갖춘 중견 기업이 되었다.

과거를 알고 현실을 냉정하게 이해해야 미래에 대한 안목이 생긴다. 6년쯤 전에 거제에 간 적이 있다. 거제에는 조선업 관련 대기업들과 관련한 수많은 중소기업들이 있다. 당시는 우리 조선업이 지금처럼 완전히 내려앉은 것은 아니었지만 우리의 인건비 상승 추세를 감안하면 과거 수준으로 회복되기는 어렵겠다는 생각이 들었다. 머지않아 부동산을 포함해 이 도시의 경기가 무너지겠구나, 이런 생각을 하니 마음이 불편했다. 그때의 어두운 예감이 지금, 현실이 되었다.

한 도시를 지탱하는 산업이 무너지면 도시 경기가 큰 타격을 받는다. 우리는 이러한 예를 수없이 봐왔다. 자동차 산업이 발달했던 미국의 디트로이트가 그랬다. 과거 우리나라 석탄 생산을 주도하던 태백시도 석유, 가스, 원자력 등 더 효율적인 에너지가 순차적으로 공급되면서 생기를 잃었다. 최근에는 군산시에 있던 GM자동차가 철수를 결정하면서 관련 중소기업이 줄줄이 문을 닫고 있다. 조금만 관심을 가지면 눈에 보이는 것들이 있다. 큰 흐름을 읽으면 직업을 구하거나 미래를 계획할 때 도움이 된다.

망하는 기업은 사전에 징후가 나타난다. 현실을 냉정하게 보면 볼 수 있는 것들이다. 보려고 하지 않으니 보지 못한 것뿐이다. 개인도 마찬가지다. 자신을 냉정하게 바라보면 미래에 닥칠 어려움을 피해갈 수도 있고 새로운 삶을 그릴 수도 있다. 이런 게 진짜 안목이다.

'안목' 하면 빼놓을 수 없는 게 사람 보는 눈이다. 일을 할 때, 사람은 참 중요하다. 좋은 사람과 일하면 좋은 결과가 나오고, 안 좋은 사람을 만나면 낭패를 보는 상황이 반복된다. 사람을 뽑을 때나 파트너로 일할 사람을 선택할 때 자신만의 안목이 있어야 한다. 다른 사람이 전해준 평가, 외모나 매너 등 눈으로만 확인할 수 있는 것들은 모든 것을 책임져주지 않는다. 나와 많은 시간을 함께할 수 있는 사람인지 판단할 수 있는 것은 오직 자신뿐이다.

나는 회사에 새로운 사람을 들일 때 지원자와 최대한 오래 이야기를 한다. 그가 하는 말, 행동, 표정 등을 관찰한다. 오래 이야기를 하다 보면 부지불식간에 자신의 본모습이 나온다. 잘 준비된 답변을 순발력 있게 해내는 것은 의미가 없다. 중요한 것은 인성이다. 인내력과 성실함이 눈에 띄면 다른 건 부족해도 높은 점수를 주게 된다.

먼저 자신을 보고, 그다음 다른 사람을 보고, 더 나아가 사회 전체를 바라볼 수 있는 눈을 가질 때 진정한 안목이 만들어진다. 이런 안목이 만들어지면 이상과 현실이 조화를 이루는 삶이 시작된다. 큰일을 그리고 싶다면 좋은 안목을 갖추려는 노력이 필요하다.

일보다 '소통'

●

신뢰 없이 소통만 원하면
영원히 불통이러니.

●

회의를 할 때, 직원들에게 "나의 잘못을 이야기해보세요"라고 말
하곤 한다. 오너의 솔직한 질문에 당황한 것일까, 그 자리에서 이
내 의견을 내는 직원은 거의 없다. 직원들은 '말해봐야 득이 될 게
없다'고 생각할지도 모른다.

상하 관계가 명확하게 정해지는 회사라는 조직에서 윗사람이
아랫사람과 원활하게 소통하는 것은 말처럼 쉬운 일이 아니다. 바
라보는 관점과 생각하는 수준이 다르다. 이런 차이 때문에 보이지
않는 벽이 존재한다. 그 벽을 허물어야 한다는 생각에, 나는 종종
이렇게 나 자신의 '팩트 체크'를 부탁한다. 물론 직원들에게는 쉽지
않은 질문일 테지만 말이다.

윗사람이 직원들에게 하지 말아야 할 행동 가운데 가장 중요한 것은 '말문을 막는 행동'이다. 직원이 자기 의견을 이야기할 때, '아무것도 모르면서 아는 체 말고 그저 시키는 일이나 하라'는 식으로 말하는 상사가 있다. 권위 의식만 있고, 직원을 기계처럼 일만 하는 사람으로 여기니 그런 행동이 나오는 것이다. 물론 직원이 잘 모르고 하는 이야기도 있다. 그러나 그건 스스로 알아가게 도와주어야 할 일이지 말문을 막아서 대화 맥을 끊을 일이 아니다.

직원의 입을 막아버린 피해는 고스란히 회사로 돌아가고 만다. 그 직원은 마음을 닫아버리고 시키는 일이나 기계처럼 할 것이다. 회사 업무는 복잡한 퍼즐 맞추기와 같다. 서로 말하고 조율하지 않으면 완벽해질 수 없다.

이런 현상은 아이들이 반찬 투정할 때 부모가 보이는 태도나 결과와 비슷하다. 건강을 생각해서 만든 엄마의 음식은 아이들 입맛에 맞지 않을 때가 많다. 아이의 반찬 투정에 부모들이 가장 많이 하는 말은 "주는 대로 먹어"다. 부모가 이렇게 나오면 아이들은 더이상 반찬에 대한 이야기를 꺼내지 않는다. 입을 닫아버린다.

가정에서 소통 없이 자란 아이는 훗날 사회생활도 그렇게 할 가능성이 높다. 이런 부분까지 감안한다면 아이들 반찬 투정에 일방적으로 응대하는 것은 좋은 태도가 아니다. "그럼 어떤 음식을 먹고 싶니?" 이렇게 물어본다면 무조건 혼내는 것보다 훨씬 좋은 결과를 얻을 수 있다. 아이는 사고를 확장시킬 수 있고, 아이가 원하는 음식 이야기를 듣는 엄마에게도 새로운 아이디어가 나올 수 있다.

회사도 마찬가지다. 아랫사람을 회사의 일원으로 인정하고 자꾸 의견을 이야기할 수 있게 해준다면 조직은 점진적으로 건강해진다. 말단 직원에게서 회사에 도움이 되는 아이디어가 나올 수도 있다.

회사 내부의 경영 방침과 지침이 직원에게 전달되기 위해서는 중간 관리자의 역할이 중요하다. 리더가 아무리 노력을 해도 중간 관리자가 조직의 임무와 역할을 망각한 직원들과 부화뇌동附和雷同한다면 마치 멈추어 서버린 도미노가 되고 만다.

회사에서 만든 비전과 전략을 이해하는 직원은 5퍼센트도 안 된다고 한다. 경영진과 사원의 생각은 그만큼 거리가 있다. '에어 샌드위치air sandwich'라고도 불리는 경영진과 조직원 간 거리가 앞서 이야기한 '보이지 않는 벽'이다. 이 벽을 허물어야 조직이 살아난다. 그리고 조직이 살아나야 결과가 나온다.

미국 실리콘밸리의 많은 기업들은 직급과 직함, 그 무엇에도 얽매이지 않고 본인 아이디어를 이야기하는 문화가 이루어져 있는 것으로 유명하다. 또, 현장 이야기를 경영 목표에 반영하는 방법으로 현장 직원들과 '일대일 면담'을 선택하고 있다. 실리콘밸리가 오랜 시간 동안 각광받는 데에는 이처럼 열린 소통이 존재했던 셈이다.

직원들과 원활하게 소통하려면 필요한 게 많다. 먼저 전제되어야 할 것은 상대에게 '믿음'을 심어주는 일이다. 능력이든, 인간성이든, 리더가 믿을 만해야 조직원들이 입을 연다. 조직원들은 리더가 먼저 신뢰를 보여주길 바라고 있다.

상사와 직원 사이의 신뢰를 무너뜨리는 가장 안 좋은 예는 권한을 남용하거나, 다른 것을 얻기 위해 정보를 흘려 환심을 사는 상사의 행동이다. 직원들을 자기편으로 만들려고 하는 불순한 의도가 숨어 있다. 정상적인 사고를 하는 조직원은 어리둥절할 수밖에 없고, 불순한 조직원은 그것을 이용해 자기 이익을 취하려 든다. 조직이 분열되기 시작한다.

선동하는 직원도 문제다. 사람이 사는 곳이면 어디든 문제가 있고 불만도 품을 수도 있다. 현실을 정확하게 바라보고 갖게 되는 불만은 인정할 수 있지만, 불만 가질 내용이 아닌 것을 가지고 여론몰이를 하는 사람은 아무리 인정하고 싶어도 그렇게 할 수가 없다. 그런 사람 말만 믿고 부화뇌동하는 직원들도 생긴다. 이런 모습은 결국 조직이 분열되는 결말에 이르게 된다.

우리 사회에는 이상하게도 반대를 위한 반대에 열광하고, 그것을 정의라고 생각하는 습성을 가진 사람들이 많다. 무조건적인 반대는 갈등만 초래한다. 반대를 위한 반대를 지양하고 미래적인 사고를 해야 한다. 사실이 아닌 내용으로 회사에 불만을 표하고 주변 동료를 선동하는 사람은, 마치 학창 시절에 친구를 끌어들여 같이 땡땡이치고 농땡이 부리는 학생처럼 보인다. 나쁜 의도로 주변을 선동하는 사람 중에는 자신의 위치나 힘을 확인하려는 사람들이 많다. 자기 기준이 없는 사람들은 여기에 쉽게 이용당한다.

이런 사람들이 가장 많이 하는 말이 무엇일까? 바로 "위에는 일절 이야기하지 마라!"라는 말이다. 참 어리석다. 세상에 영원한 비밀이 존재할 수도 없고, 그런 이야기를 듣는 사람 중에는 선동을 위해 만든 말인지 사실인지 냉정하게 판단할 줄 아는 직원도 있다. 선동이나 하는 사람을 보고 형편없는 조직이라고 생각해 떠나고 싶은 마음이 들 수도 있다.

조직에 정말 문제가 있고, 그로 인해 불만이 생겼으면, 정당하게 리더에게 개선을 요구해야 한다. 기업에서 최종 결정은 리더가 한다. 사안에 따라 개선을 지시할 수 있고, 지원을 약속할 수도 있다. 리더는 전체를 생각하기 때문에 미처 챙기지 못한 것들이 생길 수 있다. 그걸 보고하는 게 정상적인 행동이다. 그런데 혹시 일이 만들어질 게 싫어서 '위에 보고하지 마라!' 이야기하는 것은 리더 눈과 귀를 막아놓고 본인 마음대로 조직을 움직이겠다는 의미로밖에 해석되지 않는다. 이처럼 말하는 사람에게는, 쉽지는 않겠지만, 직급에 관계없이 그렇게 말하는 것은 바람직하지 않다고 충고해주어야 한다. 보고도 모르쇠로 일관하는 것도 문제의 씨앗을 만드는 일이다.

조직원의 마음을 흔들어 본인의 목적을 달성하려고 선동하는 사람은 아주 수준이 떨어지는 상사다. 조직 내 권한이라는 것은 회사로부터 부여받은 공공 재산이지, 개인의 사유물이 아니다.

제대로 된 상사라면 기본적으로 조직원을 '부하'로 여기고 이용하려고 하기보다 '함께 일하는 동료'로 생각해야 한다. 인생의 한 부분을 함께하는 동반자로 생각해야 한다. 생각해보라. **집보다 더 많은 시간을 보내는 곳이 직장이고 가족보다 더 많은 대화를 나누는 사람이 바로 직장 동료다.** 이처럼 아주 기본적인 측면만 따져봐도 알 수 있듯, 옆에 있는 동료를 소중하게 여길 줄 알아야 한다. 권력을 앞세워 압박하거나, 설익은 약속으로 휘하에 둘 수 있는 대상이 아니다. 그런 관계에서는 본질적인 신뢰가 쌓이지도 않는다. 다양한 성향을 가진 조직원을 끌고 가기 위해서는 관념적인 원칙과 실행적인 기준이 모두 필요하다. 공정한 규정과 엄격한 지침이 필요하다. 리더는 그 규정과 지침을 조직원들에게 끊임없이 전달하고 교육시켜야 한다. 강압적인 전달이 아니라 충분한 지식과 신념으로 수준 높게 전달하고 교육시켜야 한다. 이게 가장 현실적인 소통이다. 지식이 부족하거나 신념이 부족하면 수준 낮은 소통밖에 할수 없다. 그렇게 해서는 원칙과 메시지를 아무리 전달해도 공허한 메아리가 될 뿐이다.

소통에는 위아래가 없다. 위아래 구분 없이 상대를 먼저 생각하는 자세가 소통의 시작이다. 모든 말과 행동은 상대에 대한 존중과 이해, 애정에서부터 출발해야 한다. 이런 분위기에서 조직원을 가족처럼 생각하는 리더, 상사를 존중하는 조직원, 동료와 마음을 터놓는 조직원이 만들어진다.

회사에 다니는 사람이라면 누구라도 좋은 조직원이 되기를 원한다. 자신은 물론이고, 바로 옆에 있는 동료, 자신이 모시고 있는 상사도 그런 생각을 하고 있다는 사실을 잊지 말았으면 좋겠다. 이 생각이 소통의 시작이다.

관리 대상 1호는 '자기 자신'

●

모든 것은 자기 자신에서 비롯된다.
일을 시작하기 전에 자기 관리부터!

●

창업 초기, 나의 지상 최대 과제는 '영업'이었다. 어떻게 해서든 한 현장이라도 더 많이 관리하고 싶었다. 일을 얻기 위해 상가 대표나 아파트 내 각 대표들을 자주 찾아뵙곤 했다. 그 시절 상가 대표들은 대부분 술을 좋아했다. 낮부터 술을 마시자고 하는 분들도 적지 않았다. 술을 권하면 마시지 않을 수 없는 분위기가 된다. 그렇게 낮부터 그분들이 원하는 시간까지 함께 술을 마셨다. 밤을 새우다시피 술을 마셔도 다음 날 이른 아침부터 현장에서 일을 했다. 영업도 중요하지만, 실무를 소홀히 할 수 없었다. 이게 가능했던 것은 술을 마시는 순간까지도 스스로 조절해서 마셨기 때문이다.

사회생활을 하다 보면 술을 마시고 싶지 않아도 상황과 분위기 때문에 어쩔 수 없이 마시는 경우가 생긴다. 그렇다 하더라도 '일이 먼저'라는 생각을 잊어서는 안 된다. 사람은 그동안 해온 대로 행동하게 되어 있다. 그것이 곧 습관인 셈이다. 한번 들인 습관은 여간 해서는 바꾸기 힘들다. 자기 관리도 습관이다. 좋은 습관이야 계속 유지하면 되지만 잘못 들인 습관은 부단한 노력을 통해서라도 바꿔야 한다.

약속을 지키는 사람은 무슨 일이 있어도 약속을 잘 지킨다. 반대로, 자꾸 약속을 어기는 버릇이 있는 사람은 어김없이 반복해서 약속을 어긴다. 둘 다 습관을 그렇게 들인 것이다. **약속을 잘 어기는 사람에게는 패턴이 있다. 약속을 쉽게 한다. 쉽게 약속하다 보니 그걸 지키지 못할 가능성이 상대적으로 높고, 그러다 보니 약속을 어기는 사람이 되어버린다.**

어느 회사나 한시도 쉬지 않고 일하는 사람이 있는 반면, 틈만 나면 쉬려는 사람이 있다. 사회에서 주어진 업무라는 게 일만 해도 시간이 부족할 수밖에 없다. 그런데, '쉬고 나서 일을 한다'는 생각으로 일하면 계속 일에 치여 사는 인생이 될 가능성이 높다.

사람이라면 누구나 편하고 싶은 욕구가 있다. 그러나 이 마음이 곧 독이 된다. **심하게 말하면, 편안함은 멸망이고 죽음이다.** 달리다가 힘들다고 한번 앉으면 더 쉬고 싶고, 앉아서 쉬다 보면 눕고 싶은 게 사람 마음이다. 일이 최우선이어야지, 먼저 휴식을 하면 제대로 일을 할 수 없다. 일을 앞에 두는 습관을 들이는 것이 중요하다.

내가 아는 어느 대기업 계열사 사장은 책을 다섯 권이나 썼다. 회사 업무만으로도 눈코 뜰 새 없이 바쁠 텐데 정말 대단하지 않을 수 없다. 그분은 오래전에 본인 인생을 어떻게 보낼지 포트폴리오를 짰다고 한다. 그 포트폴리오 안에 '책 출간'이 들어 있었던 것이다. 그는 몇 년째 책 쓰는 재미에 빠져 휴일에 낮잠을 자거나 TV 보는 버릇이 사라졌다고 한다. 인생에 플러스가 되는 습관을 들여서 낭비하는 시간까지 아끼면서 자신을 관리까지 하고 있는 것이다.

나 역시도 그랬다. 사업을 하면서도 자기 계발을 위해 대학원을 다니고 책을 썼다. 쉬는 시간을 없애지 않으면 불가능한 일이었다. 사회에서 경험한 일이나 깨달은 사실을 놓치지 않고 메모했다가 글로 정리했다. 이런 빠듯한 삶이 다른 사람 눈에는 재미없어 보일 수도 있지만, 나는 알찬 인생을 산다는 생각에 늘 뿌듯했다.

자기 관리를 잘하려면, 규칙적인 생활 패턴을 만들어야 한다. 매일 같은 시간에 하는 공부, 매일 같은 시간에 하는 업무, 이것부터 성실하게 해내는 게 중요하다. 평범하고 쉬워 보이는가? 이것이야말로 너무나 힘든 일이다.

하루를 규칙적으로 살면, 하루만큼의 실력이 쌓이는 법이다. 예술 분야처럼 자유로운 직종에서 일하는 사람들도 규칙적인 습관을 들이려고 엄청나게 노력한다. 소설가들도 학교에서 수업받듯이 시간을 정해 놓고 매일 글을 쓴다. 습관이 되어야 정해진 시간에 글이 써진다는 것을 아는 것이다.

내가 속해 있는 어느 모임 회원 중에 외국 기업 경영자 한 분이 있다. 이분은 매일 새벽 5시면 클래식 명곡을 듣고 해설과 자신의 의견을 담아 주변 지인, 모임의 회원들에게 보내준다. 명곡을 소개해주는 데다 회원들의 이해를 돕고자 줄거리 내용까지 정리해준다는 것은 웬만한 정성과 노력 없이는 불가능한 일이다. 처음에는 얼마 하다 말겠지 싶었는데 벌써 수년째다. 휴일도 명절도 빼먹은 날이 없다. 나도 자기 관리가 철저하다는 소리를 자주 듣는 편인데, 주변에 더 혹독하게 자신을 관리하는 사람들이 참 많다. 자신도 관리하면서 다른 사람들과 좋은 음악과 글을 나누니 이보다 더 좋은 방법도 없을 듯싶다. 참 대단한 분이다.

사회로부터 인정받는 리더일수록 자기 관리가 철저하다. 자기 관리를 잘하는 사람이 조직 관리에 소홀할 리 없다.

어느 TV 프로그램에 연예인 박준규 씨의 일상생활이 소개되었다. 연예인이라서 화려하게 살 것으로 생각했는데, 그 반대였다. 그는 두루마리 화장지도 두 칸만 잘라 사용할 정도로 검소했다. 그 모습을 보고 많이 공감했다. 화장지를 아낀다고 얼마나 득이 되겠느냐만, 그 작은 실천이 자신을 더욱 철저하게 만들어 다른 일에서 빛을 발할 수 있다. 그는 흐트러지고 싶지 않은 것이다.

'뇌 과학' 전문가들은 '인간의 뇌는 자신을 자꾸 편안하게 만들려고 유혹한다'고 말한다. 가능한 쉬고 싶은 생각이 드는 것은 뇌가 만들어내는 호르몬 작용인 셈이다. 뇌도 길들여지기 나름이다. 게으른 명령을 내리지 못하게 만들면 뇌 역시 그렇게 움직인다.

돌아가신 내 아버지는 평생 농부로 사셨다. 매사 원칙을 정하고 그대로 실천하는 분이었다. 당신이 평소 사용하는 물건은 모두 제자리에 있었다. 농사일을 마치고 들어오면 몸도 마음도 지칠 대로 지치기 마련일 텐데, 그런 상황에서도 농기를 닦아 꼭 제자리에 두셨다. 당시 우리 시골에는 전깃불이 없었다. 그러나 모든 물건이 자기 자리에 있던 덕분에 깜깜한 밤에도 물건을 찾을 수 있었다. 자신을 비롯해 모든 면에서 관리가 철저했던 분이다. 이런 습관은 사업하는 데 많은 도움이 되었다. 세월이 흐를수록 아버지 생각이 많이 난다.

스트레스 관리도 자기 관리에서 중요한 부분이다. 나는 스트레스가 극심하게 몰려오면 하던 일을 내려놓고 잠시라도 명상을 한다. 설사 아주 큰 위기가 왔다고 해도 명상으로 마음의 평화를 찾으려고 노력한다. 길어야 몇 분 정도 하는 명상이지만, 이게 참 도움이 된다. 특별한 방법이 있는 것은 아니다. 가능한 아무 생각도 하지 않으려고 한다. 그래도 어쩔 수 없이 처리해야 할 일들이 하나씩 떠오른다. 그러나 그 일을 대하는 태도가 명상하기 전과 전혀 다르다. 복잡하게 보였던 일도 단순하게 여겨지고 스트레스도 많이 줄어들었다는 사실을 깨닫게 된다.

사람마다 스트레스 해소법이 다 다르다. 건강에 도움 되는 방법을 찾는 사람이 있는가 하면, 오히려 건강을 해치는 방법을 선호하는 사람이 있다. 음주나 흡연은 쉽게 접할 수 있고, 이내 스트레스가 풀리는 것 같은 느낌을 주지만 근본적인 해결책이 아니다. 업무나 자신의 삶에 궁극적으로 큰 도움이 되지 않는다. 자신을 관리하려면, 스트레스를 풀 때도 자신에게 도움이 되는 습관을 들이는 게 필요하다.

나는 고등학교 2학년 때 처음 담배를 입에 물었다. 미래에 대한 고민이 많아서 불안한 마음을 안정시키려고 한 개비 입에 물었는데 그 후로는 아무리 담배를 끊으려 해도 끊을 수 없었다. 담배를 피우면서도 담배를 끊겠다고 생각했다. 그래도 안 됐다. 담배를 처음 피우고 실제 끊을 때까지 10년이나 걸렸다. 이처럼 한번 잘못 들인 스트레스 해소 습관은 이내 고치기 어렵다.

자기 관리는 해야 할 것과 하지 말아야 할 것을 정하고 거기에 맞는 습관을 들이는 노력이다. '자기 관리'는 성공을 원한다면 반드시 철저하게 실천해야 할 덕목이 아닐 수 없다. **적당히 편안하게 살 것인지, 철저한 자기 관리 실천을 통해 남과 다른 삶을 살 것인지는 선택의 문제가 아니다. 반드시 이루어야 할 덕목이다.**

생존의 필수 조건, 변화

●

변화를 원할 때 필요한 것은 용기다.

●

한동안『미움받을 용기』라는 책이 엄청난 돌풍을 일으켰다. 베스트
셀러로 자리 잡아 여전히 인기를 얻고 있는 이 책을 읽으면서, 많
은 사람들이 가지지 못한 용기가 다른 사람과 살아야 하는 이 세상
에서 반드시 필요하다는 생각을 했다.

미움받는 것을 대수롭지 않게 여기는 사람이 과연 얼마나 될까.
사람들은 미움받고 싶지 않아서 열심히 산다. 잘못을 하고도 미움
받지 않으려고 진실을 숨겨서 문제가 되곤 한다. 자신을 돋보이려
고 과장해서 말하는 것도 마찬가지다. 이런 '포장'은 생명이 길지
않다. 마치 새가 위기에 몰렸을 때 날개를 펴서 상대보다 크게 보여
당장의 위기만을 모면하는 것과 같다. 이런 일이 반복되면 머지않

아 한계에 부딪히게 되고, 결국 진실이 드러나 사람들로부터 외면을 받게 된다. 약속을 지키지 못하게 되었다면, 힘들더라도 사실대로 전하는 게 주변에 피해를 덜 끼치는 일이고, 결국 본인을 살리는 길이다.

우리 회사가 관리하는 사업장은 굉장히 많다. 이 모든 사업장의 세부 내역까지 일일이 파악하는 것은 쉽지 않다. 그래도 수시로 불시에 체크해서 '언제든 현장을 관리할 수 있다'는 인식을 심어주고 있다. 이런 나를 두고 직원들은 '감시한다'는 생각을 가질 수도 있다. 그러나 비난을 받더라도 내가 해야 하는 일이라고 생각해서 그렇게 한다.

회사 업무의 상당 부분은 주기적으로 반복된다. 그래서 귀찮더라도 업무를 기록하고 시스템 구축에 많은 노력을 기울인다. 업무 매뉴얼이 정착되어 있지 않으면, 매번 직원 교육에 많은 시간을 보내야 할 것이다.

오래전부터 내가 대외적으로 바빠지기도 했고, 대표이사 책임경영 체제를 구축한 측면도 있어서 모든 결재를 각 법인 대표이사에게 위임했다. 나는 보고만 받았다. 정확한 보고도 있었으나, 간혹 구두口頭로 보고되는 사안 가운데 문제가 있을 것으로 추정되는 건도 보였다. 그래서 하루 날을 잡아 조직 내부 지출 내역을 아주 상세히 들여다보았다.

회사 비용이 줄줄 새어나가고 있었다. 회사 내부 규정, 업무 매뉴얼과 지침서도 무용지물이 돼 있었다. 사업을 객관적으로 평가해야 할 관리자가 본인 짐작으로 점수를 매기고 있었다. 이것은 아니다 싶었다. 회사 내부 규정, 업무 매뉴얼, 지침서를 다시 수정하고 보완했다. 앞으로도 지속적으로 상황에 맞게끔 수정하고 보완할 것이고, 회사의 규정과 지침서를 지킬 수밖에 없는 상황을 만든 것이다.

그런데 지시를 내렸다고 이내 변화가 찾아오지는 않았다. 대부분 관리자들은 하던 대로 일을 했다. 심리학이나 행동경제학에서 말하는 '현상유지 편향'이 만연해 있었다. 나는 전 직원 앞에서 "이번 개혁은 진행하다가 적당히 타협하지 않겠다"라고 선언하고, "내 지시를 따르지 않으면 극단적인 조치를 취하겠다"며 압박도 가했다. 그러자 여기저기서 "현장을 모르고 내린 결정이다!" "직접 일을 해보지도 않고 말을 한다" 등등의 원성이 터져 나왔다. 나에게 와서 협박 수준으로 반박하는 관리자도 있었다. 한마디로 반기를 든 것이다. 그러나 여기서 물러서면 아무것도 안 된다 싶어서 압박 강도를 더 높였다.

본인들은 관성대로 편하게 일하고 싶겠지만, 내 목소리가 잔소리로 들리겠지만, 사실 본질을 따지고 보면 누구에게 더 득이 되는 소리인가?

경영자의 지시가 무시당하는 조직은 오래가지 못한다는 사실부터 알아야 한다. 그리고 그들이 이야기하는 '현장 실무'라는 것이 급여 등 비용 처리는 자신들이 알아서 하고 나에게는 따지지 말고 승인만 내라는 이야기와 다르지 않다. 이게 말이 되는가? 기준을 정하고 거기에 맞춰서 업무를 진행하자는 게 잘못된 이야기인가?

매뉴얼대로 일하지 않으면 당장은 편할지 몰라도, 언제든 문제가 생길 위험이 높다. 예를 들어, 수천 명 직원의 임금을 지급하는 급여 팀이 기준 없이 일하면 어떤 상황이 벌어지겠는가? 차별이 생기고 직원들 사이에 불만이 쌓일 것이다. 또, 그나마 감으로라도 일하던 급여 팀 사람들이 회사를 그만두면 어떤 일이 벌어지겠는가? 이젠 누구에게 얼마를 줄지 몰라서 회사가 아수라장이 될 것이다. 기준이 있고 시스템이 갖춰져 있어야 이런 사태를 대비할 수 있고 착오도 생기지 않는다. 실제로 우리 회사에는 급여가 중복된 일이 있었고, 세무조사 때 대응을 못해서 수억 원의 세금을 물기도 했다.

현장 업무도 마찬가지다. 현장 관리자가 규정대로 일해야 하고, 그렇게 하도록 만들어야 한다. 그렇지 않으면 현장은 관리자의 개인 사업장이 되어 버릴 수 있다. 실제로 관리자가 자기와 마음이 맞는 직원과 짜고 거짓 내역을 만들어서 지출한 현장도 있었다.

내부 규정, 매뉴얼, 지침서를 새로 정비하고 시스템을 정착시키는 과정에서 많은 것을 느꼈다. 겉으로는 회사가 잘 흘러가는 것처럼 보였는데, 찬찬히 안을 들여다보니 본사와 현장이 물과 기름처럼 완전히 분리되어 있었다. 수시로 날아오는 벌금 고지서가 실은 관리자들의 근무 태만에서 비롯되었다는 쓸쓸한 사실도 알게 되었다. 업무를 덜 맡으려는 이유 같지 않은 이유로 부서 간 알력이 있었다는 사실도 알게 되었다. "사직서를 내겠다!"는 협박도 관리자가 자기 업무를 생색내기 위해 펼친 연기였다는 것도 알게 되었다.

나는 직원들로부터 '미움받을 각오'를 하고, 회사 개혁에 드라이브를 걸었다. 그 과정에서 적지 않은 임직원들이 나를 비난하면서 회사를 떠났다. 실제 그들 주장대로 일순간 손해가 나기도 했다. 그러나 2년 정도 흐르자 회사 분위기가 잡혔다. 현장 관리자들이 마치 현장을 자기 것처럼 마음대로 결정해서는 안 된다는 사실을 인식하게 되었다. 아직도 100퍼센트 개혁이 이루어진 것은 아니다. 그래도 직원들의 생각이 크게 달라진 건 소득이다.

그러나 조직에 문제가 생기고 있었음에도, 누구 하나 나에게 솔직하게 이야기하는 사람이 없었다는 사실은 지금까지 상처로 남아 있다. 이 부분은 어디서부터 어떤 방법으로 치료해야 하는지 감도 오지 않는다.

어느 날, 내가 다니는 피트니스센터에서 있었던 일이다. 언제부터인지 매일 같은 시간 수영장 로커 통로에 물이 고여 있었다. 물을 피해 통로를 다녀야 하니 나를 포함해서 많은 회원들이 불편할 수밖에 없었다. 그렇게 며칠이 지나고 물이 고이는 이유를 알게 되었다. 젊은 신규 회원이 원인이었다. 수영을 끝내고 풀에서 나온 뒤 물기를 제거하지 않고 젖은 채로 통로를 돌아다녔다. 상체까지 커버하는 수영복이다 보니 꽤 많은 물이 바닥에 떨어졌다.

신규 회원이다 보니 자신이 피해를 주고 있는지 모를 수 있다. 이럴 때는 주변에서 이야기를 해주어야 한다. 그런데 기존 회원들은 수영장 이용을 불편해하면서도 인상만 찡그릴 뿐 아무 말도 하지 않았다. 센터 관리 직원마저 보고도 그냥 모른 체 했다.

그렇게 며칠이 더 지나고 나이 지긋한 회원 한 분이 센터 관리 직원에게 다가가더니, 그 신규 회원에게 이 사실을 알리라고 말했다. 관리 직원은 그제야 움직이기 시작했고, 그 사실을 알게 된 신규 회원은 굉장히 미안해했다. 수영장은 다시 평온해졌다. 단순한 해프닝일 수 있지만, 나는 많은 생각을 했다.

어느 모임이나 조직, 또는 사회에서 누군가 잘못을 했을 때 그냥 넘어가는 문화가 만들어져서는 안 된다. '나만 문제없으면 돼!' 이렇게 생각할 수도 있지만, 그 생각 자체에 문제가 있다. 자기 자신도 모르는 사이에 상대에게 피해를 줄 수도 있기 때문이다. 나중에야 잘못을 인지하고 '알았다면 수정했겠지' 말할 수 있겠지만, 한동안 남에게 피해를 주었던 행동은 어떻게 만회할 것인가? 잘못을 한 자신도, 그 사실을 알면서도 알려주지 않은 사람도 모두 잘못이다. 나는 가족들과 소통해야 할 때 상대가 불편해하는 내용이라도 반복해서 이야기한다. 이야기를 하지 않으면 서로 편할지는 몰라도 나중에 더 불편해질 수 있어서 그렇게 한다.

노후를 위한 가장 좋은 준비는 운동이다. 내가 먼저 피트니스센터에서 운동을 시작했고 아내에게 함께하자고 제안했다. 아내는 쉽게 움직이지 않았다. 운동은 습관이 들지 않으면 쉽지 않다. 그래도 설득하기를 포기하지 않았다. 운동하지 않으면 노화가 쉽게 진행되고 병이 생길 수 있다고 몇 년을 이야기했다. 지금 아내는 운동하지 않으면 컨디션이 떨어진다며 하루도 빠지지 않고 운동하고 있다. 상대가 불편해해도 필요한 이야기는 해야 하는 것이다.

언젠가부터 우리 사회는 상대에게 피해를 주는 사람이 있어도 잘못을 꾸짖지 않는다. 그것이 하나의 습성처럼 굳어지고 있는 것 같다. 자기 자신도 속해 있으면서, 사회 문제를 외면하기도 한다. 사회가 분열되고 조직에 균열이 생기는 것은 어쩌면 '중요해 보이지 않은 잘못들'을 그때그때 수정하지 않았기 때문 아닐까? 한동안 수영장 통로를 적시던 그 신규 회원은 오랫동안 몸에 밴 잘못된 습성까지 고칠 수 있을까? 나는 잘 살고 있는 것일까?

상대의 치부를 드러내고 도려내는 일을 하려면 많은 용기가 필요하다. 엄청난 비난을 감수해야 한다. 그러나 썩은 곳을 도려내야 새살이 돋는다. 비난을 감수하면서 개혁할 줄 아는 사람이 진짜 용기 있는 사람이다.

직원들이 열심히 일하고 목표한 결과물을 만들어내도록 해주는 일은 마치 나무를 키우는 일과 비슷하다. 나무가 잘 자라기 위해서는 수시로 가지를 쳐주고, 잡초를 뽑고 거름을 주어야 한다. 필요할 때는 약도 쳐주어야 한다. 꾸준한 노력이 필요하다. 이런 노력이 없으면 잘 자라기 힘들고, 자칫 생명의 위험에 처할 수 있다.

기업 내 직원들은 대부분 수동적이고 이기적이다. 오랫동안 비슷한 일만 계속하다 보면 도전 의지가 사라진다. 자신이 많이 알고, 상대가 부족하다고 생각하며 속이려고 든다. 대부분 이러하니 잘못이라 꾸짖기도 힘들다. 직원들에게 수시로 자극을 주어 늘 긴장 속에 일할 수 있도록 만들 수밖에 없다.

회사의 기강을 바로잡는 일은 단순히 매출을 늘리거나 수익을 높이는 차원이 아니다. 투명하게 일할 수 있는 시스템을 만드는 과정을 통해 직원들 스스로 기준을 갖고 일하게 만드는 데 더 큰 의미가 있다.

스스로 변화하지 않으면 외부의 힘에 의해 변화를 강요당하는 세상이다. 가만히 있어서 해결될 수 있는 문제는 없다. 우리 조직,

나 자신의 문제를 외부의 힘에 의해 억지로 해결되는 상황까지 가는 것은 그야말로 비극이다. 일 앞에서는 착한 사람으로 사는 게 의미가 없다. 힘들더라도 문제를 찾고, 변화를 주도할 줄 아는 삶의 태도가 필요한 시대다.

조화

•

남과 대립하지 않고 일할 줄 아는 사람이 진짜 일꾼!

•

자연 속 산물은 직선이 없다. 대부분 구불구불하거나 울퉁불퉁하다. 산을 봐도 그렇고 강을 봐도 그렇다. 그런데도 서로 절묘하게 조화를 이루고 있다.

그런데 사람들은 자꾸 직선으로 살려고 하고 그래야 면이 쉽게 맞아서 조화가 이루어진다고 생각하는 것 같다. 아이러니하게도, 직선이 더 조화를 이루기 어렵다. 서로 길이가 달라서 MECEMutually Exclusive Collectively Exhaustive, 즉 상호배제와 전체포괄, 자기 자리를 지키면서 전체를 완성하는 조화가 잘 만들어지지 않는다.

직선을 선호한다는 건 손해 보지 않겠다는 이야기와 다르지 않다. 이기적인 마음이 숨어 있다. 상대에게 피해를 주면서까지 자기가 유리한 쪽으로 살아가겠다는 이야기로 들린다. 안타깝게도 우리 사회에서는 이런 삶이 대체로 인정받는다. 참 이상하다.

> 君子 和而不同 小人 同而不和.
> 군자는 화합하되 부화뇌동하지 않고,
> 소인은 부화뇌동하되 화합하지 않는다.

논어에 나온 말이다. 군자는 남과 조화를 이루면서 주어진 역할을 수행하고, 소인은 함께 행동하지만 남과 조화를 이루지 못한다는 의미다. 조직원을 이끄는 위치에 있는 사람이라면 소인보다는 군자의 태도를 지향해야 한다.

우리 회사가 관리하는 어느 사업장에서 사건이 발생했다. 몇 년 동안 아무 문제가 없이 잘 운영된 곳이었는데, 관리자 A가 부하 직원과 공모해 공금을 횡령했다. 한 현장에서 오래 일하다 보니 썩어버린 것이다.

A와 부하 직원을 경질하고 본사 임원 B를 그곳 책임자로 대체시켰다. 그런데 B를 배치하고 나서 현장 직원들이 이탈하는 사태가 벌어지더니 결국 현장이 멈춰 섰다. 고객사에서 난리가 났다. 부조리는 근절되었지만, 다른 문제가 생긴 것이다.

B는 열심히 일했다. 그러나 현장 인력 관리에 실패했다. 성실하고 정직하나 유연하지 못하고 설득력이 없어서 직원들과 소통이 되지 않았다. 본인 혼자 열심히 일하는 스타일로 조직 관리의 맥을 잡지 못했다. 직원들이 "답답해서 같이 일 못하겠습니다!" 하고 현

장을 떠났다. 어쩔 수 없이 B를 원대 복귀시켰다.

다른 본사 임원을 보내기도 어려운 상황이어서 궁여지책으로 현장에서 B 밑에 있던 차석 C를 책임자로 임명했다. C가 새로운 책임자로 선임되자 현장에서 놀라운 일이 벌어졌다. 보름도 채 지나지 않아서 현장이 정상화되었다. 인원도 바뀌지 않았고, 임금도 인상되지 않았다. 바뀐 것이 있다면 리더뿐이다.

C는 소통할 줄도 아는 사람이었다. 직원 한 명 한 명 일일이 찾아가서 "이 현장이 죽으면 우리도 죽습니다!"라며 절박하게 이해를 구했고, 청소 등 허드렛일까지 함께 일했다. 그러자 직원들이 움직이기 시작했다. 다들 거짓말처럼 제자리로 돌아와서 업무에 집중했다. 그 현장은 지금도 여전히 최상의 상태로 유지되고 있다.

요약하자면, A는 부화뇌동한 리더이고, B는 지나치게 고지식한 리더였으며, C는 논어에 나온 대로 '군자'의 모습을 보여주었다. **리더라면 나이와 상관없이 조직원들을 이끌 줄 알아야 한다.** C는 나이가 가장 어렸지만 진정으로 일을 생각하고 진심으로 대하면 조직원이 따라온다는 걸 몸소 보여주었다. 이것이 '남과 조화를 이루면서 자기 역할을 수행하는' 군자의 모습이다.

나 역시 창업 초에 비슷한 경험을 많이 했다. 30대 초반, 많지 않은 나이에 사업을 시작하다 보니, 우리 회사에는 나보다 나이와 경력이 훨씬 많은 직원들이 있었다. 숙련된 업계 선배를 직원으로 두고 일하는 건 힘들었기에 솔직히 초기에는 리더십을 발휘하지 못했다. 나를 쉽게 보는 사람까지 생겼다. 그렇다고 어떻게든 사업을 끌고 가고 싶은 마음에 "내가 마음에 들지 않으면 그만두세요!"라고 말할 수는 없었다.

하루는 그들에게 내 마음을 탁 털어놓았다. "나는 아직 많이 부족합니다. 그러나 열심히 일할 것입니다. 임금을 체불하는 일은 절대 없을 것이니, 앞으로 많은 협조 부탁합니다"라고 진심으로 이야기했다. 그리고 그들보다 두 배 세 배 열심히 일했다. 그러자 많은 문제가 해결되었다.

사람은 기계가 아니다. 이해시키고, 설득시키고, 마음을 나누어야 조직이 돌아간다.

리더 역할을 잘하는 사람 중에 '솔선수범'하지 않는 사람이 없다. 본인이 먼저 실천하고, 직원들이 스스로 움직이길 기다린다. 리더가 빗자루를 드는데 쓰레기통이라도 비워야지, 가만히 있을 직원은 없다. 함께 일하게 되고, 마음이 열리고, 자기 역할을 스스로 찾게 된다. 이게 '조직'이고, 그렇게 만드는 게 '리더'다.

간혹 인기나 누리려고 부하 직원 잘못을 덮어주는 관리자가 있다. 이 역시 리더 자격이 없는 사람이다. 조직원의 잘못을 그때그때 지적하고 수정하게 하지 않으면 나중에 '고질병'이 된다. 누구는 봐주고 누구는 안 봐줄 수 없는 입장에 놓여서 모든 문제를 설렁설렁 넘어가게 된다. 리더십을 상실하게 되고 조직은 와해된다.

조화는 신뢰를 바탕으로 한다. 서로 믿고 의지하는 관계에서 조화로움이 싹트기 시작한다.

나 역시 혼자의 능력이 아니라 조직원들이 조화를 이루어 지금의 회사를 만들어냈다. 회사에 문제가 생겼을 때 함께 문제를 풀어냈고, 사업을 확장할 때도 함께 고생한 직원들이 많았다. 직원들이 나를 믿어주었고, 나도 직원들을 믿었다. 서로 신뢰가 있으니 소통이 가능했고, 업무에서 결과로 나타났다.

리더는 늘 조직원들의 조화를 생각해야 한다. 중요한 의사 결정을 해야 할 때 리더 혼자 결정을 내려서는 안 된다. 개인은 객관적일 수 없다. 자신에게 주어진 책임, 능력의 한계, 현실적인 어려움 등이 계산에 들어간다. 본질을 떠나 다른 의견이 나올 수 있다. 그래서 힘들더라도 주변 의견을 들어야 한다. 그래야 제대로 된 결정을 할 수 있다. 이것이 조직의 밸런스다.

좋은 아이디어가 좋은 결과물로 이어지기까지 자본이나 기술, 시간 등 '물리적인 부분'만 필요한 것이 아니다. 그 사업에 맞게 정말 열심히 '노력하는 사람'이 필요하다. 어려움을 이겨낼 지혜로운 판단도 필요하다. 단순한 전문가 여러 명이 아니라 그 일에 애정을 갖고 인생을 투자할 사람이 있어야 한다. 이 세상 모든 사업은 사람에 의해 만들어진다. 역사를 만들려면 조직력이 필요하다. 남과 조화를 이루면서 자기 역할을 할 줄 아는 사람들이 많은 조직이 승리하는 이유가 바로 여기에 있다.

2장

일의 실천

본질에서 승부하라

●

모든 문제는 피상적인 접근으로 발생하고,

그 문제는 본질에서 해결된다.

●

특별한 이유도 없이 몸이 무겁고 머리가 아플 때가 있다. 병원에 가면 의사가 "특별한 이상은 없습니다. 평소에 스트레스 관리만 하면 될 것 같습니다"라고 말한다. 맞을 수도 있지만, 어쩐지 이상하다. 병의 원인을 특정지어 말하기 어려울 때마다 '스트레스'를 원인으로 이야기하는 것 같다. 병명이 '스트레스'라는 것인가?

사람들은 의사의 말이라면 무조건 믿으려는 성향이 있다. 의사의 말이 각인되어 몸이 좀 불편하거나 피곤하면 이내 "스트레스 때문이야"라고 말한다.

툭하면 이 말이다. 나의 아내도 그렇고, 지인들도 그렇고, 회사 직원들도 그렇다. 그 말을 듣는 게 더 스트레스다.

곰곰이 생각해보면, 스트레스는 본질에서 멀리 있는 원인이다. 몸이 불편하면 뭔가 본질적인 이유가 있을 것이다. 몸에 이상이 생기면 그 직접적인 이유가 무엇인지 고민하고 해결해야지, 자꾸 본질 밖에 있는 피상적인 이유만 이야기만 해서는 문제가 풀리지 않는다.

많은 경영자들이 사업을 다양한 각도에서 수시로 체크하려고 노력한다. 기업을 경영하다 보면 여러 번 확인해도 예상치 못한 사고가 일어나곤 한다. 세심함을 더하려고 가능한 다양한 관점에서 바라보려고 노력하는 것이다.

다양한 관점에서 바라보면 얻게 되는 것이 많다. 사업 진행 과정을 높은 시선에서 바라볼 수 있고, 비상 상황이 발생했을 때 '원인이 무엇인가?' 이 문제를 누구보다 진실에 가깝게 접근할 수 있다.

일하는 리더는 실무자의 보고가 진실인지 아닌지 금세 파악한다. 마치 부처님이 상대의 수를 손바닥에 올려놓고 다 읽는 것과 같다. 그런데 이런 사실을 알지 못한 채 다른 것을 끌어들여 물 타기를 하거나 진실을 감추고 보고하는 직원들이 있다. 본인이 생색낼 것만 보고하고, 추궁받을 일은 덮어 버린다. 그러나 숨긴다고 해결될 일이 아니다. 당장 문제가 되지 않을 뿐이지 언젠가는 만천하에 드러나게 된다.

잘못을 감추는 사람들은 문제가 밖으로 드러났을 때도 책임지지 않고 빠져나가려고 한다. 변명부터 늘어놓는다. 없는 말을 지어내기도 한다. 그럴 필요까지 없는데 꼭 그렇게 대응한다. 책임을 추궁하는 것도 아닌데 자기방어가 너무 심해 일이 더 복잡하게 꼬이는 경우가 많다.

리더가 조직원에게 바라는 것은 언제나 '진실'이다. 진실로 일하고, 진실로 보고하길 바란다. 문제가 생겼을 때 머리를 맞대고 **우선 고민해야 할 것은 '어떻게 처리하느냐?'다. '누구의 잘못이냐?'가 아니다.**

"왜 업무 진척이 늦습니까? 무엇이 문제입니까?"

이렇게 물으면, 대부분은 "인력이 부족해서 속도가 나지 않습니다"라고 대답한다.

그럴 리가 없다. 업무량에 맞게 인력을 배치해 놓았다. 나도 창업 이후 한동안 현장에서 직접 일을 해왔기 때문에 현장을 모르지 않는다. 그런데도 직원들은 나를 마치 업무를 하나도 모르는 사람처럼 취급한다. 그래서 한번은 작정하고 이렇게 대응했다.

"인력이 부족하다고요? 그럼 이번에는 인력을 추가로 지원하는 대신 줄여보겠습니다. 대신 관리는 제가 직접 챙기겠습니다."

현장에 최소 인력만 배치하고 업무 진행 과정을 하나하나 내가 직접 지시하고 체크했다. 결과는? 인원이 줄었는데 업무 속도는 이전보다 빨라졌다. 관리자가 생산성을 높이려는 노력 없이 그저 '인원수'만 이야기하고 있으니 마음이 불편하다. 변명을 찾기 전에 문제를 해결하려는 노력부터 해야 하지 않을까?

관리자들은 평소 '설마 오너가 직접 챙기겠어?'라는 생각으로 일한다. 그러나 웬만한 오너들은 그 분야에 이골이 난 사람들이다. 언제든 현장에 뛰어들어 일할 수 있다. 현장 관리자들의 속성은 나도 이미 알고 있다. 그들은 인원이 두세 명이 필요한 일인데 대여섯 명이나 투입되어도 많다고 하지 않는다.

일이라는 게 본질적으로 인원이 많다고 속도가 나는 것도 아니고, 인원이 부족하다고 속도가 더딘 것도 아니다. 다른 문제가 있는 경우가 많다. 적어도 관리자라면 일을 본질적으로 처리하려는 자세를 가져야 한다.

경험 많고 회사 내 연륜이 높은 사람일수록 변명에 능하다. 본질을 보지 못할 사람이 아닌데 꼭 변명을 앞세운다. 미꾸라지 빠져나가듯 어찌나 변명을 잘하는지, 솔직히 그 변명 듣기 싫어서 대꾸하지 않는 경우가 많다. 왜 본질로 승부하지 못하는 것일까?

진실을 감추고 변명을 일삼는 건 '인성' 문제라고 생각하지는 않는다. '습성'을 잘못 들였기 때문이라고 생각한다. 본인이 일을 그런 방식으로 배웠고, 관성에 젖어 행동하는 것이다. 이미 이런 습성이 생긴 사람들은 변명으로 보고하는 것을 잘못이라고 생각하지도 않는다. 이런 정황은 어느 정도 이해할 수는 있지만, 인정할 수는 없다. 아닌 것은 아닌 것이다.

한번은 회사 내 한 부서에 결원이 생겨 적합한 인원을 채용하라고 지시한 적이 있다. 한참 시간이 지나도 인원을 채용하지 못하기에 담당자에게 이유를 물었다. 그는 "광고를 내도, 주변 사람에게 소개를 받아도, 적절한 사람이 통 없습니다"라고 말했다. 그 말을 들으니 한숨이 절로 나왔다. 일거리 찾는 사람이 넘쳐나는 시대이지 않은가. 우리 회사 근무 여건이 다른 회사와 비교해 나쁜 것도 아니다. 형식적으로 찾고 있으니 채용하지 못하고 있을 뿐이다. 이렇게 두면 안 될 것 같아서 직접 응시자 서류를 취합해서 면접을 보고 괜찮은 인재들을 채용했다.

내가 직접 실무를 챙기고 진행하는 게 누군가에게 상처가 된다는 것을 알고 있다. 그러나 결국 문제의 본질을 파헤치고 고쳐가야 하는 것은 리더의 몫이다. 오랜 시간 해결되지 않는 문제가 있으면 직접 뛰어들어 근본적인 이유를 찾고 직원들의 일 습관을 바로잡아야 한다.

리더는 좀 떨어져 있더라도 늘 회사 업무를 관찰하고 있다가 문제가 생기면 본질로 파고들어 해결할 줄 알아야 한다. 특히 대기업보다 중소기업 경영자는 더 그렇다. 기업의 생존 유지를 위해서 직접 본질적인 문제를 해결해야 하는 경우가 많이 생긴다.

본질을 꿰뚫는 눈이 필요하다. 이런 눈, 안목을 갖추는 것은 평소 노력에 달려 있다. 책상에 앉아서 보고만 받아서는 그런 눈을 가질 수 없다. 직원들을 세심하게 관찰하고, 없는 시간 쪼개서라도 현장에 가고, 현장 실무자와 허심탄회하게 이야기를 나누어야 한다. 논쟁도 필요하고, 갈등이 생길 수도 있다. 그러나 이런 노력이 본질을 보는 눈을 만들어준다.

"우리 리더는 절대 형식적으로 일하지 않는다! 진실을 볼 줄 안다!"

이런 이야기가 들리기 시작하면 리더가 성공적으로 일을 진행하고 있는 것이다. 조직원들도 함부로 변명만 나열하지 못하게 되고, 조직이 좋은 방향으로 성장한다.

한번은 인력과 생산 관리에 어려움이 있었던 물류 현장을 인수받았다. 그 현장 관리자에게 '인수 과정에서 업무를 세심하게 들여다보고 문제가 없게 하라'고 당부했다. 관리자는 "걱정하지 마십시오"라고 했다. 그러나 불과 몇 개월 만에 수억 원 손실이 났다. 사업은 초반이 중요하다. 그 시기에 판단을 잘못하면, 바로잡기까지 그동안 들어간 비용과 시간보다 몇 배나 많은 희생이 필요하다.

결국 현장에 직원 몇 명을 더 투입시켰고 그들에게 해결책을 만들라고 했다. 한 달이 지났다. 열심히 한다는 답변만 있고 구체적인 보고가 없었다. 마치 터널 안으로 들어갔는데 어디쯤 통과하고 있는지 알 수 없는 상황과 같았다. 손실은 계속 늘어났다. 직원을 불러서 물어보니 여전히 해결된 것은 아무것도 없었다. 일처리 방법을 몰라 우왕좌왕하는 상황이 지속되었다.

이 지경까지 오면 더는 별다른 방법이 없다. 리더인 내가 직접 본질로 접근해 일을 정리해주어야 한다. 본사 관리자부터 현장 관리자까지 각자 자신이 맡은 역할과 임무를 정리해서 보고하라고 했다. 현재 시점에서 해결된 것과 앞으로 해결해야 할 항목을 세밀하게 정리한 후 우선순위와 D-day를 정해 일을 진행하라고 했다. 로드맵이다. 그렇게 정리하고 나니 100가지가 넘었던 문제들이 하나씩 풀려갔다. 왜 관리자들은 처음부터 일을 이렇게 정리하지 못했을까?

관리자들이 로드맵을 만들지 못하면 일은 앞으로 조금도 진행되지 못한다. 마치 연병장에 수백 명 군인이 각자 흩어져 있어서 리더가 큰 소리로 말해도 전달되지 못하는 것과 같다. 대신, 일렬로 세워놓고 난 후에 메시지를 전하면 작은 소리로도 일을 진행될 수 있다. 그래서 아무리 급해도 모든 문제를 펼쳐놓고 우선순위를 정한 후 일을 해결해야 하는 법이다.

어떤 목적을 달성하기 위해서는 내·외부 환경, 상대와 자신, 주어진 여건과 업무 요소를 섬세하게 분석하고 객관적인 관점에서 최적화된 대안을 만드는 전략적 접근이 필요하다. 이것이 '본질에서 실천'으로 나아가는 과정이다. 역할과 임무, 책임 범위, 우선순위 결정, 일의 지시 등은 모두 본질과 관련된 항목들이다. 모든 일은 본질에서 진행해야 한다. 본질을 피해서 할 수 있는 일은 아무것도 없다.

숲을 바라볼 때, 많은 사람들이 나무 하나하나의 세세한 부분까지 들여다보지 않고 단순히 '푸르다'는 전체적인 느낌만 얻으려고 한다. 숲을 보려면 그 속살까지 자세히 볼 줄 알아야 한다. 본질을 보고, 그곳에 들어가 승부하라. 성공으로 가는 길이 한층 가까워질 것이다.

최선의 최선

●

1페이지부터 마지막 페이지까지,

한 글자 한 글자 정성스레 여기는 자세가 필요하다.

●

프로젝트 하나가 끝나자 다들 "성공적이었어!"라며 자축한다. 다음 해에도 같은 프로젝트를 다시 진행하자고 의욕도 다진다. 그런데 하나의 프로젝트가 끝날 때마다 나는 마음이 허전하다. 우리는 정말 최선을 다했을까?

보통 말하는 성공'적的'이라는 표현은 '대체로 만족스럽다'는 의미이지 '완벽' 자체를 의미하는 것이 아니다. 그래서일까, 나는 프로젝트 하나가 끝나면 늘 부족하다는 생각이 떠나지 않는다.

이전과 달라지지 않았다면 그것이야말로 부족한 게 아닐까? 계속 발전하지 않는다면 미래를 낙담할 수 없는 게 현실 아닐까?

치열한 경쟁 속에서 이기려면, 아니 더 정확하게 말해 경쟁에서 살아남으려면, 보편적으로 말하는 '최선'이 아니라 '진짜 최선'을 다해 일하고 '최고의 결과물'을 만들어야 한다. 이것은 **'노력'이나 '최선'이라는 말로는 부족하다. 노력과 최선은 아주 기본일 뿐이다. 과정에서 결과까지 칼같이 완벽해야 한다. '다음은 없다'라는 간절함까지 더해져 '한 치의 오차도 허용하지 않는 수준'을 만드는 것이 '진짜 최선'이다.**

배울수록 배움이 부족하다고 느끼는 것처럼, 노력도 마찬가지 아닐까? 노력하면 할수록 노력이 더 필요하다고 느끼게 된다. 그런데 어떻게 일정을 맞춰 사업을 끝냈다는 사실만으로 만족할 수 있겠는가. 열심히 하면 할수록 부족함이 커 보여야 정상이라고 말하면 내가 너무 과도한 생각을 하는 걸까? 누가 뭐라고 해도 좋다. 일이 마무리될 때 스스로 '만족스럽다'라고 말하기보다 스스로 '정말? 잘한 것인가?'라고 물어보는 게 맞다고 생각한다.

지인 중에 일흔 넘은 사업가 한 분이 있다. 연세가 그쯤 되면 대부분 은퇴하고 자연 속에서 지내기 마련인데, 그는 달랐다. 얼마 전 기존 생산라인을 정리하고 새롭게 공장을 지었다고 연락이 왔다. 이유를 물어보니, 이러한 답신이 돌아왔다.

"오랫동안 해온 사업이지만 여전히 부족한 게 많아서 처음부터 다시 시작하려고 공장을 새로 지었습니다."

그의 마음이 무척 이해되었다. 그분은 자식에게 더 많은 재산을 물려주기 위해서라거나, 더 많은 부를 만들기 위해 늦은 나이에 일을 벌인 게 아니다. 그런 개인적인 영달은 오래전에 이미 뛰어넘었다. 수십 년 동안 해온 일이지만, 그래도 부족하다고 생각해서, 처음부터 끝까지 '완벽하게' 일하고 싶은 마음에 새롭게 도전하는 것이다. 그분은 한 번도 '최선을 다했다'는 말을 하지 않았다. 이런 분이야말로 사업가 정신이 살아 있다고 말할 수 있다.

사업을 하다 보면 제대로 쉴 수 있는 날이 거의 없다. 늘 바쁘고 힘들다 보니 '언제까지 이렇게 살아야 하나?' 회의가 일기도 한다. 어깨에 짊어진 짐을 툭 내려놓고 싶을 때도 있다. 그러나 나를 바라보는 가족, 직원, 지인들을 생각하면 그럴 수 없다. 일흔 넘은 나이에도 지칠 줄 모르고 건강하게 일하는 선배 사업가를 보면 정신이 번쩍 든다. 귀감을 주는 분들을 보며 다시 마음을 가다듬고 새롭게 정열을 불태운다. 인생의 마지막 순간까지 정열을 불태우는 게 아름다운 삶이라는 사실을 깨닫는다. 이게 바로 '최선의 최선'이 아닐까 싶다.

주변 기업의 CEO나 임원들 중에 "나는 얼마 남지 않았어요" "몇 년만 하고 그만두려고 합니다" 이런 이야기를 입버릇처럼 이야기하는 사람들이 있다. 지금 자리에서 언제 물러날지 모르니 이런 말이 나올 법도 하다. 하지만 불안해한다고 안 될 일이 되는 건 아니다. 주어진 시간 안에서 최선을 다하려는 마음이 중요하다. 그래서 그들에게 "설사 내일 그만두게 되더라도 스스로 그만둔다는 이야기하지 마세요"라고 이야기한다. 그렇게 말하는 순간 기운이 빠지고 오려던 좋은 일이 사라질 수도 있다고 생각하기 때문이다. 용기 없는 이야기는 리더십을 포기하는 것처럼 보인다. 설사 퇴직이 얼마 남지 않았더라도 영원히 회사에 근무하는 것처럼 행동하는 게 맞다. 나도 가끔씩 '언제까지 사업을 해야 하나' 이런 고민을 한다. 그러나 고민의 시간은 길지 않다. 그런 건 운명에 맡기고 지금 주어진 일에 최선을 다하자고 마음을 다진다. 이게 인생이다.

하루는, 중소기업을 운영하는 어느 사장님이 내게 하소연하듯 털어놓은 이야기가 있다. 업무 차 만나는 대기업 임원들이 중소기업을 가볍게 생각하고 "내가 적당히 일할 자리 좀 없나? 연봉은 낮아도 괜찮다" 이런 소리를 종종 한다는 것이다. 본인 은퇴 후 일자리를 찾는다는 것을 납득할 수 있지만, 하루하루 생사를 걸고 일하는 중소기업에 적당히 일할 수 있는 자리가 있을 리 없다. 그러니 이런 요청이 오면 굉장히 불편하다며 이야기를 꺼낸 것이다.

나도 비슷한 경험이 있다. 가끔 지인들로부터 '취업 요청'이 들어오는데, 그때마다 늘 고민스럽다. '그분이 우리 회사에서 적은 연봉을 받으면서 업무를 가리지 않고 열심히 일할 수 있을까?' '갑으로 일하던 분이 을로 일해야 하는데 견뎌낼 수 있을까?' 고민이 꼬리를 물고 이어진다. 계속 요청하면 어쩔 수 없이 자리는 만들어주지만 서로 마음만 상하게 되고, 결과가 좋았던 적도 많지 않다. 본인 스스로 '전보다 작은 회사에 왔으니 적당히 일하겠다'고 생각하는 자세부터 고쳐야 하는데 그게 말처럼 쉽게 바뀌지 않는다. 그분들이 입사를 한다고 해도 회사를 조직이라고 생각하기보다 과거의 지인 관계라는 고정관념에서 한동안 벗어나지 못한다. 이 마음의 자세부터 바꾸어야 한다.

많은 사람들이 '결과'만 생각하고 '과정'은 크게 관심을 기울이지 않는다. 그저 배운 대로, 하던 대로 일한다. 나는 그게 무척 안타깝다. 일을 제대로 하려면, 책을 쓰듯이 1페이지부터 마지막 페이지까지 한 글자 한 글자 정성들여 써 내려가야겠다는 자세를 가져야 한다. 그래야 경력이 쌓이고 한 단계 발전한다. 사업 중간에 자꾸 '에필로그'를 만들려고 하면 지금껏 만들어온 과정까지 의미가 사라진다.

사업 현장에서 벌어지는 문제만 해도 그렇다. 하나의 사업을 진행하다 보면 크고 작은 문제가 시도 때도 없이 발생하는데, 원인을 따져보면 대부분 절차를 무시하거나 관성대로 일해서 생긴 결과가 대부분이다. 미연에 방지할 수 있었던 문제다. 그러다 보니 매년 비슷한 시기에 비슷한 문제가 발생한다. 매년 조금씩이라도 개선되지 않는다면 그건 최선을 다한 게 아니다.

설과 추석 명절 시즌에 택배 물량이 크게 증가한다는 사실은 대부분의 사람들이 알고 있다. 그런데도 그 시기가 되면 꼭 사고가 터지고 만다. 매년 같은 문제가 생기고, 매년 같은 사고가 일어난다. 미리 준비하고 대비할 수 있는 문제인데 왜 해결하지 못하는 걸까?

바쁘지 않을 때는 쉬고 있다가 바빠질 때 움직이니 문제를 해결하지 못하는 것이다. 책임자가 벌어질 문제를 뻔히 알고도 관망한 것이다. 그런데도 최선을 다했다고 말한다.

일을 하다가 장애물을 만났을 때 그냥 바라만 보는 사람들이 있다. '내가 어떻게 할 수 있는 것은 더 이상 없어!' '내가 할 수 있는 것은 다 했으니 최선을 다한 거야!' 이렇게 생각한다. 과연 그럴까? 꼭 자기 집이 불타고 있는데 앞마당에 있는 물만 뿌려놓고, 최선을 다했다고 말하는 것처럼 들린다. 논에 있는 물이라도 끌어와서 마지막까지 사투를 벌여야 하는 것 아닌가?

본인 머리에서 떠오르는 방법으로, 또는 주변 사람들에게 얻은 방법으로 문제를 풀고, 잠잘 시간 밥 먹을 시간 다 챙기고 나머지 시간에 일한다? 이건 최선이 아니다. '진짜 최선'은 '본인이 가지고 있는 능력'을 다 활용했다는 의미가 아니다. 본인이 인지하지 못하고 있는 잠재력까지 쏟아내는 게 '진짜 최선'이다.

나는 사업 초기에 혼자 열 사람 이상의 역할을 했다. 조금이라도 수익을 더 내려고 직접 현장에서 일했다. 며칠간 잠도 자지 않고 직원들과 함께 박스를 날랐고, 밤을 새워 빌딩을 청소했다. 영업 술자리가 늦도록 이어져도 새벽 5시면 눈을 뜨고 일을 시작했다. 밤새 뜬눈으로 보내다 이른 새벽 집에 돌아가는 깜깜한 길목에서 발을 헛디디기도 했다. 결국 발목이 부러져 집에서 쉬어야 했지만 요양할 시간이 아까워 3년 동안 깁스를 한 채 현장에서 일했다. 힘들다는 생각보다 내 능력이 어디까지인지, 내 잠재력을 얼마나 끄집어낼 수 있을지, 그 한계를 느껴보고 싶었다. 그래도 '최선을 다했다'는 느낌은 들지 않았다.

당신은 지금 정말 최선을 다해 일하고 있습니까?

사람들을 이끌 수 있는가?

●

사람은 누구나 좋은 사람과 일하길 원한다.
그 좋은 사람이 당신이어야 한다.

●

보통 한국 사람들은 일본 사람들에 비해 '지시指示'에 대한 실천 의지가 약하다고 한다. 상사가 지시를 내렸을 때, 일본 사람들은 '절대 복종' 자세로 임하는 반면, 한국 사람들은 지시를 받아도 일정 수준까지만 수용하거나, 지시 자체를 무시한 채 일한다는 이야기다.

전적으로 동의할 수는 없지만 현상 자체는 틀린 말이 아닌 것 같다. 그런데 한 가지 의문이 생긴다. 과연 지시를 무시하는 게 수용자만의 문제일까? 지시를 내리는 사람에게는 문제가 없는 걸까?

일이 계획대로 진행되지 않을 때는 지시를 내리는 리더가 형식적으로 일하고 있을 가능성이 높다. 리더가 실무 진행 과정에 참여하지 않으면 조직원들도 형식적으로 일하기 시작한다. 업무 진척도가 떨어지고 결과도 영 좋지 않다. 지시를 내리는 방법이 잘못된 경우도 있다. 조직을 이끄는 사람은 말 한마디, 행동 하나 모두 조심해야 한다. 조직원들은 리더의 말과 행동에 예민하게 반응한다. 리더의 말 한마디에 용기를 얻기도 하지만, 상처를 받기도 한다. 그작은 말과 행동이 결과를 좌우하기도 한다.

장담컨대, 리더가 스스로 실천하는 스타일이고 겸손함까지 갖추고 있으면, 조직원을 원활하게 이끌 수 있다. 조직원들이 그 선임의 성품을 믿고 따라가는 것이다. 사업의 결과도 당연히 좋은 방향으로 이어진다.

조직원들로부터 존경을 받는 선임들은 대체로 공통점이 있다. 바로, 사람을 대하는 방법이 좋다. 차별이 없다. 이런 사람 밑에서 일하는 조직원들은 특별한 불만이 없다. 공정하게 평가받고 있다는 생각에 열심히 일해서 인정받고 싶은 마음이 생긴다.

이런 리더가 되기 위해서는 자신의 실천이 담보되어야 한다. 리더가 실무자와 함께 일하면 세세한 부분까지 업무를 알게 되고, 조직원들은 일을 아는 리더가 두려워서라도 열심히 일하게 된다.

후임에게 존경받는 것은 고사하고 피해만 주어서 문제가 되는 선임이 있다. 후임을 '막 부려도 되는 사람' 정도로 생각해 일을 몰아주고 본인은 아무것도 하지 않거나, 문제가 생길 때마다 후임 핑계를 대고, 반대로 성과는 본인이 가져가는 사람들 말이다. 이런 사람들이 있는 부서가 올바로 소통할 리 만무하고, 업무 능률이 오를 리 만무하다.

말이 앞서고 소리만 요란한 강압적인 리더도 문제다. 겉으로 보면 이런 리더들이 조직을 잘 이끄는 것처럼 보인다. 그러나 이내 한계가 드러낸다. 처음에는 말을 잘 듣던 조직원들도 어느 순간부터 내성이 생겨서 거드름을 피우기 시작한다. 조직원들이 리더에 적응된 것이다. 리더 입장에서는 더 강압적으로 나갈 수밖에 없는데, 전체주의 국가의 결말이 그렇듯 불행한 끝이 보인다. 나 역시 한때 큰 소리 내며 강압적으로 조직을 꾸려가던 시기가 있었다. 그런데 어느 순간 이런 리더십이 조직에 혼란만 주고 직원들에게 반발심만 유발한다는 사실을 깨닫게 되었다.

조직원들을 함부로 대하는 선임은 오래가지 못한다. 그들은 '업무를 가르치기 위해서'라는 명분을 내세우지만, 속은 그렇지 않다. 상하 관계를 명확하게 정하려는 의도가 크다. 강도 높은 트레이닝으로 일을 제대로 가르치는 것은 매우 중요하고 훌륭한 일이다. 그러나 그 선을 넘어서는 안 된다. 그 선이 어디까지인지는 당사자들이 더 잘 안다.

회사에서 자주 눈물을 보이는 여자 직원이 있다. 일을 잘 못해서 선임에게 지적을 받거나 혼이 나면 꼭 눈물을 흘린다. 그 모습을 보면 일을 배워가는 시기이다 보니 어쩔 수 없이 혼도 나야 하고, 그 과정에 있으니 얼마나 힘들까 싶어 동정심이 생기기도 한다. 그런데 문제는 그다음이다. 혼을 내던 선임도 직원이 울면 더 이상 혼을 내지 못할뿐더러 일도 잘 가르치지 못한다. 결국 그 직원은 같은 실수를 반복하고 만다.

이러한 상황에서는 어떤 문제점을 찾을 수 있을까? 직원과 상사, 둘 다 잘못된 경우다. 지적받을 만한 일을 해서 혼나는 것일 텐데 눈물을 보이는 직원도 잘못이고, 후임이 운다고 일을 더 이상 가르치지 않는 상사의 태도도 납득하기 어렵다. 사적인 감정으로 혼내는 것도 아니고 일을 가르치다 그런 것인데, 그 눈물 때문에 일을 가르치다 말아서 되겠는가? 눈물은 눈물이고, 일은 일이다. 일을 가르쳐야지 눈물만 흘리게 하면 무엇이 남는가? 애초에 눈물을 흘리지 못하게 논리로 이해시키는 게 최선이긴 하나, 그렇게 할 수 있는 사람도 흔치 않다.

리더의 말에는 '강압'보다는 '논리'가 필요하다. 직급에서는 위아래가 있을 수 있지만, 업무 자체는 그렇지 않다. 상황에 맞게 하나씩 풀어가야 한다. 윽박지른다고 조직원이 움직일 리도 없고 일이 될 리도 없다. 논리적으로 설명하고 이해시키면 조직원이 토를 달지 못하고 일한다.

내가 군에 입대하고 처음 자대 배치를 받은 곳은 군기가 엄청나게 심했다. 수시로 기합을 받고 구타도 당했다. 하루하루가 지옥과 같았다.

그 안에는 제대를 얼마 남겨두지 않은 병장이 한 명 있었다. 그는 나를 참 잘 챙겨주었다. 추운 초겨울 밤 보초 근무를 갔다 오면 "많이 추웠지! 고생했다!"는 말을 해주었고 나를 꼭 안아주기도 했다. 의지할 때 없었던 나로서는 그로부터 한없는 따뜻함을 느꼈다.

그러던 어느 날 보초 근무를 마치고 내무반으로 들어오다가 지휘관에게 제대 신고를 하고 나오는 그를 만났다. "열심히 생활하면 된다"며 또 한 번 나를 안아주었다. 그 따뜻한 격려가 나의 군 생활에 큰 힘을 주었고, 오래도록 기억에 남았다.

제대 후 그분을 만나고 싶어 사방팔방 수소문했으나 쉽게 찾지는 못했다. 그래도 보고 싶은 마음이 간절해 두꺼운 전화번호부를 뒤져 겨우 연락처를 찾아냈다. 그는 전남경찰청에 경찰로 근무하고 있었다. 몇 번 통화를 했지만 서로 바빠서 만나지는 못했다. 그래도 지금까지 생각날 만큼, 참 향기로운 사람이었다.

다음은, 어느 젊은 중견 기업 CEO와 함께한 자리에서 있었던 일화다. 그는 자신을 호위하기 위해 함께 온 임직원들에게 칭찬을 잘하고 디테일하게 보살폈다. 그 첫인상이 무척 인상적이었다. 그는 그 자리에 이전에 한 직장에서 같이 일했던 후배 한 명을 데려와 소개해주었는데, 그 후배도 중견 기업 전문 경영인이었다. 그 후배의 첫인사도 "예전에 선배로부터 잘 배운 덕분에 전문 경영인이 되었습니다"였다.

살다 보면 그저 사람을 만난 것만으로도 기분이 좋아질 때가 있다. 그날 이 두 사람과 함께 있으면서 그런 기분이 들었다. 서로 예를 갖추면서 선후배 인연을 계속 이어가는 두 사람 모습이 참 보기 좋았다. 후배를 잘 케어해준 선배의 모습도, 선배의 가르침을 시간이 지나도 잊지 않는 후배의 모습도 모두 좋았다. 두 사람 모두 자신이 일하는 조직에서 직원들을 잘 이끌 거라는 생각이 들었다.

"물고기야 미끼만 좋으면 모여들지만, 인간관계에서는 사람을 끌어모으는 향이 있어야 한다."

직원들 관리 문제로 고민이 많았던 사업 초창기, 알고 지내던 어느 어르신이 내게 해준 이야기다. 여기에서 말하는 향에는 여러 의미가 있겠지만, 내가 생각하는 향은 상대에 대한 배려, 양보, 협력, 그리고 균형 잡힌 판단 등이라고 생각한다. 다른 사람 위에 군림하려고 하기보다 스스로 자세를 낮추고 목표를 향해 달려갈 때 그 향이 나온다.

사람이라면 모두 향을 가진 사람과 일하기를 원한다. 좋은 사람과 함께 일하면서 스스로도 배우고 성장할 수 있을 거라고 생각한다. 실제 생활에서 그렇지 못하더라도 정서적으로라도 채워지는 게 있다고 생각한다.

어떠한가? 이 글을 읽는 당신은 다른 사람에게 좋은 사람인가?

성장통

●

성장에는 고통이 따르기 마련이다.

때에 따라 나이와 경력을 뒤엎을 줄도 알아야 한다.

●

철봉은 단단해 보이지만, 일정한 무게 이상은 견디지 못하고 구부러진다. 사람도 마찬가지다. 스트레스가 지속되면 어느 순간 마음이 붕괴된다. 대부분 그렇다. 그러나 진정으로 성장하고 싶다면, 구부러지려는 그 순간에 포기하거나 도망가지 말고 버틸 줄 알아야 한다. 그 순간이 지나가면 부쩍 성장한 자신을 볼 수 있게 된다.

어느 사업장에서 있었던 일이다. 많은 인원이 상주하는 중요한 현장이었다. 그곳을 책임지던 우리 회사 관리자는 원래 성실하지도 않았고 회사에 소속감도 부족했다. 그래도 인연이 오래되어서 일을 계속 맡겼다. 결국 그 관리자는 현장에서 예산보다 비용을 많이 지출해 문제를 일으켰다. 인간적으로 미안한 마음이 없었던 것은 아니지만, 조직의 미래를 생각해서 퇴사 조치를 내렸다.

그러고 나서 그 자리에 새로운 책임자를 배치시켰다. 그는 기존 책임자보다 나이도 경험도 적었다. 그럼에도, 문제가 생겼으니 수습해야 하는 등 어려움이 뒤따를 수밖에 없는 그 현장에 발령을 낸 것은 평소 일하는 자세가 마음에 들었기 때문이었다. 그는 어떤 지시에도 늘 성실하게 임했다. 내 판단은 틀리지 않았다. 새로운 책임자가 간 후 현장 상황이 많이 달라졌다. 과정이 순탄했던 것은 아니다. 그 직원이 책임자로 내려가자 현장의 관리자들이 그의 말을 듣지 않았다. '나이도 경력도 부족한 사람을 상사로 인정하지 못하겠다'고 대놓고 반기를 든 것이다. 현장 텃세는 어느 곳이나 있기 마련이지만 이처럼 대놓고 덤비는 경우 역시 흔치 않다.

이런 현장은 책임자가 관리자들을 어떻게 다스리느냐에 따라 사업의 성패가 좌우된다. 그 신임 책임자는 그들의 태도에 굴하지 않고 말을 듣지 않는 몇 명을 상대로 "내가 직접 업무를 관리할 테니 당신들은 일하지 말고 가만히 있어라!"라고 대응했다. '일하기 싫으면 그만두라'는 의미였다. '그만두라'고 직접적으로 표현했다면 감정싸움이 됐겠으나, 쉬라고 하니 관리자들도 더 이상 할 말이 없었다. 그 일이 있고 나서 중간 관리자들의 태도가 바뀌었다. '해고될 수도 있다'는 사실을 감지한 탓인지 군말 없이 일하기 시작했다.

어느 현장 직원이든 경험이 적고 나이가 어린 신임 상사를 이내 따르지는 않는다. 남자들끼리 '기 싸움'이라는 것도 존재한다. 그러나 유리한 위치에 있는 것은 어쩔 수 없이 상위 직급에 있는 사람이다. 나이나 경력은 사적인 자리에서 따져야지 공식적으로 일하는 관계에서 따질 것이 아니다. 이 사실을 인정하지 않으면 불평 많은 사람밖에 되지 않는다. 다행히 그 젊은 관리자의 강수強手는 통했고 관리자들이 변화하기 시작했다.

나는 조직원들을 잘 이끄는 현장 책임자에게 "송아지 코를 잘 뚫었네"라고 표현한다. 내가 어릴 때만 해도 시골에서는 집집마다 소 한 마리씩은 꼭 있었다. 송아지가 태어나서 1년이 지나면 코를 뚫고 코뚜레를 끼운다. 코뚜레가 있어야 소를 부릴 수 있다. 그런데 코를 뚫는 게 쉬운 것은 아니다. 행여 잘못 뚫으면 송아지가 고통스러워 이리 뛰고 저리 뛰고 난리가 난다. 인력 관리 때문에 이런저런 문제가 생기는 현장을 보면 어릴 적 그 송아지 코뚜레가 떠오를 때가 많다.

근본적으로 관리자와 조직원 관계는 좋을 수 없다. 관리자가 필요로 하는 것과 조직원이 원하는 게 다르기 때문이다. 책임자는 조직원과 '밀고 당기기'를 잘해야 한다. 조직을 이끌려면 마냥 끌려다녀서도, 당기기만 해서도 안 된다. 한번 조직원들을 잡아끌어야 할 타이밍에서는 마치 씨름할 때처럼 샅바를 단단히 잡고 끌어당겨야 한다. 적당히 잡으면 상대를 들어 올릴 수도 넘어뜨릴 수도 없다. **어차피 한 번은 뚫어야 하는 송아지 코다. 강하고 정확하게 뚫어야 한다.**

가장 좋은 것은 리더가 중요한 메시지만 전달하고, 직원들이 알아서 책임 있게 일하는 상황이다. 마치 소를 외양간이 아니라 방목해서 키우는 것과 같다. 조직 내에서 자유롭지만 치열하게 일하는 게 진짜 프로다운 모습이다.

그러나 이런 조직이 얼마나 될까? 조직원들이 알아서 일하길 바라면 꼭 그 반대 상황이 벌어진다. 나 역시 나이와 경력이 많은 직원들을 대상으로 자율에 맡기면 오히려 문제가 더 커지는 경험을 수없이 했다. 그들끼리 패거리 문화를 조성해 조직 분위기를 해치고, 심지어 단체로 일을 하지 않는 짓까지 한다.

이처럼 대부분 기업 조직은 쉼 없이 관리하고, 수차례 수정을 요구하고, 때로는 싸우기라도 해서 관리할 수밖에 없다. 그래야 조직이 돌아가고 실적이 나온다. 조직이 성장하고 안정되는 데까지 별별 어려움이 다 있는 법이다.

반도체 분야 외국 기업의 한국 사장으로 일하고 있는 지인이 있다. 그의 아들은 명문 대학을 나온 후 다시 명문대 로스쿨까지 나왔다. 이전에 외무고시라 불리던 '외교관 후보자 선발시험'에도 합격하였다. 그 과정에서 부자 사이에 갈등이 있었다.

지인의 아들은 대학 입학 후 다른 시험을 준비하면서 학교 성적은 관리하지 않았다. 지인은 그건 아니라고 생각해서 아들에게 "학교 성적을 잘 받아오지 않으면 학비를 주지 않겠다"고 선언했다. 그런데 아들이 "학교 성적은 중요하지 않다고요!"라고 대응한 바람에 한동안 갈등이 심했다고 한다. 그러나 지인은 불확실한 미래에 대비하기 위해서는 학부의 학점이 중요할 수 있다고 생각해서 아들을 계속 압박했다. 한참 시간이 지나고 나서야 아들이 지인의 요구를 받아들였다.

지금은 아들이 지인에게 "아버지가 그때 그런 요구를 하지 않았다면 로스쿨에 입학할 수 없었을 것"이라고 말한다고 한다. 로스쿨에 입학하는 데는 학부 시절 학점이 매우 중요하다. 지인의 판단이 옳았고, 결국 아버지 뜻에 따른 게 좋은 결과를 가져온 것이다.

이처럼 부모 자식 간에도 크고 작은 갈등이 있다. 일종의 성장통이다. 한 단계 성장하기 위해서 어쩔 수 없이 필요한 대립 과정이다. 어디 부모 자식 간만 그렇겠는가? 기업도 사회도 성장하려면 갈등과 고통이 따르는 법이다. 그 과정을 잘 견뎌야만 결실을 맺고 한 단계 성장할 수 있다. 결국 승자는 성장한 사람이나 조직이겠지만, 그 상황을 견디게 해준 부모나 조직의 리더가 느끼는 성취감도 적지는 않다.

나는 가끔 기업의 리더를 '재래식 펌프로 지하수를 끌어 올리는 사람'에 비유하곤 한다. 마중물 한 바가지 부은 다음 물이 아래로 채 흘러가기 전에 부단히 지렛대를 저어서 물을 끌어 올리는 사람. 조직이 쉼 없이 돌아가려면 리더는 계속 물을 붓고 지렛대를 저을 수밖에 없다.

성장은 열정을 발휘하는 과정을 통해서만 가능하다. 저절로 성장하는 일은 없다. 스스로 신념을 만들고 열정으로 어려움을 돌파해야 한다. 견디기 힘든 만큼 심한 고통이 찾아왔을 때, 하중 무게를 이기지 못하는 철봉처럼 구부러지지 말고 '이 순간만 극복하면 한 단계 더 성장할 수 있다'는 마음으로 굳건히 견뎌야 한다. 모두 성장통이려니, 하고 말이다.

냉정과 공정 사이

●

본인에 대한 평가는 냉정하게,
상대에 대한 평가는 공정하게.

●

노력을 많이 한 사람은 사회로부터 그에 합당한 대가를 부여받는
다. 좋은 직장과 높은 연봉, 안락한 생활 등이 그 결과물이다. 반대
로 노력이 부족한 사람은 당연히 그에 맞는 대우를 받는다. 그저 그
런 직장을 다니고, 그저 그런 연봉을 받게 된다. **이 두 가지 상반된
상황에도 '노력한 만큼 보상을 받는다'는 사실만은 변하지 않는 진
리다.**

어느 대기업 임원 출신 A씨 이야기다. 그는 그 기업에서 승승장
구하다가 새로 부임한 사장과 갈등이 생긴 후 오래 몸담았던 회사
를 그만두었다. 그 후로는 중소기업 몇 군데를 전전하다 우리 회사
에 오게 되었다. 처음에 '정서적인 갈등이 있을 수도 있겠다'는 걱

정이 들었지만 평소 가깝게 지내는 지인의 소개가 있었던 터라 받아들이기로 했다. 그러나 뚜껑을 열어 보니 우려가 현실이 되고 말았다.

그는 출근 시간도 제대로 못 지키는 등 기본부터 안 되어 있었다. 대표이사가 오더를 내려도 시큰둥하게 받아들였고 적당히 일했다. 모범이 되어야 할 임원이 성실하지 못하다 보니 조직 분위기가 엉망이 되었다. 문제는 더 있었다. 그는 조직 내에서 "대기업 근무할 때 연봉이 얼마였다!"는 식으로 위화감을 조성하는 발언을 일삼았다. 조직원들은 그런 발언을 들을 때마다 상실감이 컸을 것이다.

나중에 알고 보니, 그가 오래 다닌 대기업을 그만둔 이유도 '그릇된 자존심'이었다. 조직원이 보는 앞에서 대표이사에게 심하게 혼난 후 퇴사를 결정했다. 사람마다 감정의 결이 다르고 선택은 개인이 하는 것이지만, 그런 이유로 회사를 그만둔다면 이 세상에 직장 생활 오래할 수 있는 사람은 없다. 세상살이에 자신이 있다면 그만둬도 된다. 그러나 그다음에 취해야 할 태도와 자세는 정말 신중하고 진지해야 한다. 이전보다 훨씬 열심히 일해야 한다. 하지만 그는 그러지 못했다. 그릇된 자존심은 근무 태만으로 이어졌고, 결국 어느 조직도 받아들일 수 없는 사람이 되었다.

과거에 연연하고 현실을 받아들이지 못하는 것만큼 안타까운 일도 없다. 일이 성에 차지 않았는지는 모르겠으나 본인이 해야 할 일은 해야 한다. 일을 하면서 새로운 희망을 찾았다면 다른 기회가 만들어질 수도 있었을 것이다. 우리 회사가 대기업은 아니지만 노력에 따라서 어느 정도 대우를 해줄 수도 있다.

자신의 가치는 본인이 판단하는 게 아니다. 사회에서 판단한다. 그것도 절묘할 정도로 정확하다. 지금 회사에서 받는 급여가 그 정도면, 더도 덜도 아니고 본인이 지금 그 정도 가치를 가지고 있을 뿐이다. 그러니 자신의 능력을 애써 이야기할 필요도, 과시할 필요도 없다. 더 좋은 대우를 원하면 더 노력하면 된다. 이게 정답이다.

조직을 운영하다 보면, 간혹 임금에 불만을 갖는 직원들이 생긴다. 연봉 협상에서 제대로 어필을 못했다는 게 본인들의 항변이지만, 나는 그렇게 생각하지 않는다. 실제 업무 능력이 그 정도일 뿐이다. 문제는 마음 아닐까? 더 열심히 일해서 다음 협상에서 연봉을 끌어올리겠다고 생각해야 하는데, 본인 임금에 불만이 있는 직원은 절대로 회사 일에 전력을 기울이지 않는다. 자신이 받는 연봉만큼만 일한다. 그렇다고 회사를 그만두지도 않는다. 자기 일은 제대로 하지 않으면서 동료 잘되는 것을 시기하고 부정적인 여론을 만들어서 그 동료를 흔든다. 이런 식이니 개인이고 회사고 발전이 없다.

정말 지금 받고 있는 임금에 불만이 있다면 '내가 이 정도 일을 하고 있으니, 임금을 더 달라!'고 이야기하면 된다. 그러나 연봉에 불만이 있는 사람 중에 그렇게 말하는 사람은 없다. 본인 스스로도 본인의 가치를 알고 있는 것이다.

중소기업을 운영하는 지인 한 분이 해준 이야기다. 창업 초기부터 함께 근무한 직원이 있었다고 한다. 업무 능력이 탁월한 것은 아니나 성실한 측면이 있어서 오래 근무를 시켰다. 그 직원이 최근에 퇴직하기로 한 모양이다. 창업 초기부터 오랜 시간 함께 일해준 게 고마워서 다른 사람과 달리 별도로 보상을 생각하고 그에게 이야기를 꺼냈다고 한다. 그런데 그 직원은 보상 이야기를 꺼내기가 무섭게 터무니없는 액수를 요구해서 많이 당황했다고 말했다.

능력이 있어 탁월한 성과를 낸 것과 단순히 성실하게 오래 근무한 것은 다르다. 퇴직금 외에 별도 인센티브를 받기에는 다소 부족한 부분이 있다. 그래도 회사에서 선의로 보상한다고 하면 액수에 상관없이 고맙게 생각하는 게 맞지, 기회다 싶어서 무리하게 요구하는 것은 이치에 맞지 않는다. 아름다운 이별도 가능했던 순간이 어색하게 끝나버리고 말았다고 한다.

본인이 가지고 있는 능력이나 실제 결과보다 '포장'을 잘하는 직원들은 참 많다. 조금이라도 성과가 좋으면 그 결과가 모두 자기 때문에 생긴 일이라고 말하는 사람들. 이런 사람들은 보고를 잘하고 말도 잘한다. 누가 봐도 일을 잘하는 것 같다. 연봉 협상도 잘한다. 그러나 알맹이가 없다 보니 언젠가는 연봉 인상에 한계가 온다. 이런 사람은 연봉 협상에서 손해는 보지 않겠지만, 챙길 것 잘 챙기는 것 같지만, 결국 나중에는 어느 수준 이상 올라가지 못한다. 반대로, "다른 사람이 그 자리에 있었다면 더 잘할 수도 있었어요" 이렇게 겸손하게 말하는 사람은 거의 보지 못했다.

언젠가 회사 회식 자리에서 직원 한 명이 불쑥 나에게 다가와 "너무 감사합니다. 회사 덕분에 가족들 다 먹고 삽니다"라고 이야기했다. 그 말이 고맙기는 했으나 급작스런 고백에 당황도 했다. 다음 날 그 직원이 계속 생각났다. 정말 진심을 담아 이야기한 것 같다는 생각이 들었기 때문이었다. 부서장에게 그 직원이 어떤 직원인지 알아보도록 했다. 알고 보니 같은 위치에 있는 다른 직원에 비해 처우는 못하지만 열심히 노력하는 직원이었다. 부서장에게 후에 그 직원 처우를 올리라고 지시했다. 그동안 본인 능력에 비해 저평가받고 있었으니 당연한 조치였다. 직원 평가를 제대로 못한 우리 책임이었다.

버젓이 결과물이 있는데 '나 몰라라' 하는 회사는 없다. 만일 그런 회사가 있다면, 당장 그만두어야 한다. 그런 경우가 아니라면, 열심히 노력해도 회사에서 보상을 안 해주는 이유는 한 가지다. 아직 때가 안 된 것이다. **모든 일이 노력하는 순간 결과가 나오고 보상이 따르는 게 아니다.** 때가 되지 않으면 아무리 노력해도 티가 나지 않고, 주변에서 알 수도 없다. 임계점에 다다르기 전까지는 물이 끓지 않는 것과 같다. 그러나 꾀를 부리지 않고 꾸준히 노력하고 있다면 언젠가 반드시 결과가 나온다. 그때 세상은 당신의 가치를 알아보고 그에 맞는 가치를 부여할 것이다.

어느 지방에서 '마음금고'라는 작은 은행을 창립하고 운영하는 사람 이야기를 TV에서 본 적이 있다. 회원의 다수결 투표로 이사장을 선발했는데, 독일에서 한국으로 이민 온 사람이 이사장이 되었다. 가장 합리적으로 중립적인 판단을 할 것으로 생각해서 이사장으로 선정했다는 게 회원들 이야기였다. 참 합리적이라는 생각도 했지만, 동시에 그동안 정에 이끌리거나 이권에 치우쳐 옳은 판단을 못했으면 이해관계가 가장 적은 인물을 선택했을까 싶은 생각도 들었다.

흔히 사람을 두고 '좋다' '나쁘다'라고 쉽게 판단한다. 객관적인 기준은 없고 자신에게 도움이 되는 사람인지 아닌지를 먼저 따지는 경우가 많은 것이다. 마음 한편에 '다소 부정한 방법으로 살아가는 사람이라도 나에게 잘해주면 좋은 사람'이라는 생각을 가지고 있는 것은 아닐까? 우리가 그런 사회를 만들고 있는 것은 아닐까?

사회는 갈수록 냉정해지고 있지만 그만큼 공정해지는 측면도 있다. 많은 정보를 통해 누가 정말 일을 잘하고, 관계가 좋고, 조직을 위해 일하는 사람인지, 그렇지 않은지 파악하고 있는 것이다. 과장하고 포장해서 겉으로만 번지르르한 결과물로 인정받는 시대는 이제 과거로 사라지고 있다.

일을 몸에 익힐 각오

●

한 가지 일을 1만 시간 동안 하겠다는 자세가 필요하다.

●

직원들을 채용할 때, 나는 화려한 경력을 우선순위로 두지 않는다. 어느 정도 실무 경험이 있으면, 기량보다 기본적인 성향에 중점을 두고 생각한다. 겉으로 드러나는 화려한 경력 뒤에는 자만심도 어느 정도 깔려 있다고 보기 때문이다. 내가 하는 사업이 기본적으로 고객사에 서비스하는 업종이다 보니 더욱 그러하다. 화려한 경력은 없어도 자신을 낮출 줄 알고 유연하게 일할 수 있다면 우리 조직에서는 좋은 성과를 낼 수 있는 사람이라고 판단하는 것이다.

성향을 기준으로 보면 긍정적인 사고와 적극적인 성향을 가진 사람이 사회에서 잘될 가능성이 높다. 부정적인 사람은 성장하기 어렵다. 이런 사람들은 조직 내 응집력을 떨어뜨린다. 소극적인 사람 역시 리더로 적절치 않다. 위기가 왔을 때 대응력이 부족하다. 일반적으로 회사 업무에서는 '일의 우선순위를 분별할 수 있는 능력' '인력을 적재적소에 배급하는 능력' '전략적으로 사고할 수 있는 능력' '사업의 맥을 짚는 능력'이 있어야 성과를 낼 수 있다. 이런 능력은 대체로 긍정적인 사고와 적극적인 성향을 가진 사람이 강점을 발휘한다.

기업이 긍정적이고 적극적인 사람을 선호하는 데는 이유가 있다. 이런 성향을 가진 사람들은 자신이 하는 일을 최대한 자기 것으로 만들려고 한다. 인재를 만들어내야 하는 기업 입장에서는 굉장히 중요한 부분이다. 실무를 하는 직원들 손에 일이 익어야 실적이 만들어지기 때문이다.

어느 산업 현장에서 있었던 일이다. 작업 진행이 원만하지 못해 고객으로부터 급작스러운 클레임이 발생했다. 그동안 '생산성이 좋다'는 보고만 받았던 터라 고객사의 불만이 의아하게 다가왔다. 현장 실사를 나가 보니 그만한 이유가 있었다. 관리자가 인원 채용을 잘못해서 사람은 많은데 정작 필요한 인력이 부족했다. 평소에는 문제가 없는 것처럼 보이다가 갑자기 어려운 일이 몰리니 과부하가 걸린 것이다.

관리자로부터 잘하겠다는 다짐을 받고 쇄신을 지시했다. 그런데 시간이 지나도 문제가 해결되지 않았다. 관리자는 연신 걱정만 늘어놓을 뿐, 문제를 어떻게 처리할 줄 몰라 우왕좌왕했다. 회사가 관리하는 인력풀만 활용해도 충분히 사람들을 모을 수 있는데 그걸 못했다. 내가 직접 나서서 일머리를 잡아주고 나서야 일이 돌아가기 시작했다. 멀리 떨어져 있는 나도 방법을 알겠는데, 현장을 관리하는 사람이 왜 해결책을 찾지 못하는지 답답하기만 했다.

관리자는 소극적이어도 너무나 소극적인 성향이었다. 이를테면 화재가 나서 집이 불타고 있는데도 발만 동동 구를 것 같은 스타일이었다. **걱정만 하고 있으면 마음의 짐이 늘어날 뿐이지 결코 걱정하는 일이 사라지지 않는다.** 걱정할 시간에 차라리 현장에서 짐 하나라도 더 날랐다면, 상황은 더 나았을 것이다. 이 세상에 움직이지 않고 해결할 수 있는 문제는 없다.

타고난 성향이 그런 것일 수도 있지만, **실행력 부족한 사람들이 대체로 가지고 있는 가장 큰 결핍은 '일을 몸에 익히려는 노력이 부족하다는 사실'이다.** 일이 몸에 붙지 않으면 작은 문제도 해결하기 어렵다. 안절부절못하느라 일은 못하고 걱정만 끌어안는다. 그러다 일이 커져서 본인 한 명이 해도 될 일을 여러 사람 손을 거치게 한다. 회사 입장에서는 불필요한 비용이 지출된다. 이건 제대로 일하는 게 아니다.

이런 것은 '자세의 문제'에서 비롯된다. 처음부터 일을 잘하는 사람이 어디 있는가? 부족해도 직접 부딪혀보면 서서히 일이 손에 익고, 그러면서 점차 발전하고 잘하게 되는 것이다. 사람은 원석으로 태어나 부단한 노력으로 보석이 되어간다. 그런데 애초에 그럴 마음이 없어 보이는 사람들을 보면 안타깝다.

일을 잘하려면 무슨 일을 하든지 간에 자신이 하는 일이 몸에 익어야 한다. 우리가 익히 알고 있는 '1만 시간의 법칙'도 그와 비슷한 의미다. 오랜 시간 일을 몸에 익히면 일머리가 보이기 때문에 그 분야 안에서는 해결하지 못할 일이 없다. 반대로, 문제를 풀지 못한다는 것은 일을 몸에 익히지 않았다는 의미와 다르지 않다. 이건 전혀 일한 게 아니다. 자기 일인데 한 발짝 떨어져서 우두커니 지켜보기만 한다면, 직접 뛰어들어서 해결할 생각을 하지 못하고 있다면, 이를 두고 어떻게 제대로 일한다고 하겠는가?

주변을 둘러보면 사업하다 실패한 사람이 한두 명쯤 있을 것이다. 그를 한번 떠올려보라. 사업을 실패한 데 안타까운 여러 이유가 있을 것이다. 그런데 실패한 이유가 외부에서 발생한 어쩔 수 없는 재앙 때문이 아니라면, 그 자신에게도 문제가 있을 것이다. 내 주변도 마찬가지다. 그 범주 안에 있는 사람들은 '그 사람 스스로 자신이 하는 사업을 잘 모르는 경우'가 절대 다수를 차지한다. 자금資金은 있고, 전망도 좋은데, 본인이 사업을 모르는 것이다. 이러면 내용이 아무리 좋아도 사업에서 성공할 수 없다. 이런 사람들은 일을 벌여서도 안 된다.

반대로, 사업을 꾸준히 잘 유지하는 사람들을 한번 떠올려보자. 이 사람에게도 분명 이유가 있지 않겠는가? 분명 본인이 하는 일에 이골이 난 사람들일 것이다. 아마도 위기를 극복해내는 방법을 아는 사람일 것이다. 사업을 하다 보면 분명 반복해서 위기가 찾아온다. 그럼에도 오랜 기간 사업을 진행하고 있다는 것은 '위기를 수시로 극복해냈다'는 말과 다르지 않다. 다른 사람이 아니라 본인이 일을 알고 있어서 스스로 해결한 것이다.

언뜻 보기엔 회사 일을 혼자 다 하는 것처럼 바쁘게 일하는 직원이 있다. 그러나 바쁜 만큼 결과가 없다. 문제가 있으면 조그마한 일도 대안을 만들지 못한다. 상대가 말하는 대로 현재 눈에 보이는 것을 전부로 생각하며 일한다. 그러나 **세상에는 보이는 것 외에 더 많은 문제가 있고 해결 방법 역시 많이 있다.** 조금만 생각하고 주위를 살펴보면 더 좋은 방법들이 있는데 왜 허둥대기만 할까?

나 역시 지금까지 수많은 문제를 해결하고, 위기를 극복해내며 여기까지 왔다. 사업을 진행한 지난 26년 중 처음 10년은 현장 직원과 똑같이 일했다. 일하는 시간은 그들보다 몇 배는 많았다. 1만 시간이 아니라 10만 시간은 현장에서 일한 것 같다. 일이 몸에 익은 후부터는 저절로 일이 되었다. 지금도 내가 하는 사업에서 내가 풀지 못할 문제는 없다. 혹시 예상치 못한 큰 재앙이 닥쳐서 회사가 문을 닫는다고 할지라도 나는 1년 만에 회사를 재기할 자신이 있다. 일의 모든 과정이 몸 안에 들어 있기 때문이다.

결혼 초, 돈 걱정을 하는 아내에게 장모가 한 말이 있다. "서 서방 몸이 돈이다. 무슨 돈 걱정을 하느냐?"라고 말이다. 당시에도 그 말이 정답이라고 생각했다. 당장 돈이 없는 것은 문제가 되지 않는다. 하루 24시간을 48시간처럼 쓰고 있으니 어찌 돈이 안 모이겠는가.

내가 자주 가는 식당이 있다. 그곳에 가는 이유가 있다. 주인 때문이다. 그는 친절이 몸에 배어 있는 사람이다. 가식적인 친절이 아니라 진심으로 손님에게 잘한다. 손님이 "여기요!" 부르면 종업원보다 먼저 달려간다. 자꾸 부르면 간혹 귀찮을 법도 한데 그런 모습이 조금도 보이지 않는다. 나는 몇 년 전 그 주인을 처음 보자마자 이 식당은 잘될 거라고 판단했다. 그리고 실제 그렇게 되었다.

식당을 해도 잘 운영하려면 모든 일이 몸에 익어야 한다. 어디서

어떻게 일했고, 어떤 교육을 받았는지는 모르겠으나, 친절까지도
몸에 밸 정도면 정말 오랜 시간 많은 노력을 기울였을 게 분명하다.

어떤가? 이 식당 주인처럼 살고 싶지 않은가? 지금 하고 있는 일
에 몸을 맡기는 건 어떠한가?

역량까지 볼 줄 아는 사람이 되자

●

실력은 과거부터 차곡차곡 쌓아서 지금 드러나는 실적이고,

역량은 지금부터 차근차근 쌓아가서

미래에 폭발할 수 있는 잠재력이다.

●

사람을 평가할 때 흔히 눈에 보이는 것, 밖으로 드러난 것만으로 평가하는 경우가 많다. 느림의 철학을 일깨워 온 세계적인 베스트셀러 작가 칼 오너리가 지적하는 '퀵 픽스quick fix'다. 사람을 제대로 파악하려면 '퀵 픽스'보다는 '슬로우 픽스slow fix'가 필요하다. 특히 좋은 리더가 되려면 조직원 한 명 한 명 보이지 않는 부분까지 볼 줄 알아야 한다.

실력과 역량은 분명히 다른 것이다. 실력은 과거부터 쌓아놓아 지금 드러나는 실적이고, 역량은 지금 쌓아가고 있어서 미래에 폭발할 수 있는 잠재력이다. 사람의 진정한 가치는 현재 가치뿐 아니라 미래 가치까지 포함해야 한다. 무형 자산인 셈이다. **사실 유형 자**

산보다 무형 자산이 훨씬 큰 힘을 가지고 있다. 그 무형 자산까지 볼 줄 아는 사람이 좋은 리더라고 말할 수 있다.

타고나길 지독하게 말주변이 없어서 자기 일을 부각시키지 못하는 사람들이 있다. 동료들이 가까이 하길 어려워하고, 때로는 무시하기도 한다. 어느 조직이나 이런 사람들이 있다. 당신이 상사인데 이런 직원을 보면 어떤 생각이 드는가? 나는 그 안을 들여다보고 싶다.

어느 기업의 대표가 나에게 해준 이야기가 있다. 많은 경쟁을 뚫고 입사했지만 6개월 신입 과정에서 '중도 탈락' 이야기가 오갈 정도로 성적이 부진했던 직원이 있었다고 한다. 그런데 본인 눈에는 그 직원의 장점이 보였다고 한다. 그래서 정식 직원으로 발령을 냈고, 업무도 그에게 맞는 일을 주었다고 한다. 그런데 시간이 흐를수록 성과가 올라가서 그 기업에서 가장 신뢰하는 임원이 되었다는 이야기였다.

초반에 빛을 내다가 갈수록 실망을 주는 사람이 있는가 하면, 시간이 갈수록 빛을 발하는 사람이 있다. 앞서 이야기한 직원은 후자였다. 그 직원의 잠재력을 보고 오랜 시간 기다려준 대표의 안목이 더 대단해 보였다. 이건 객체의 문제가 아니다. 객체를 바라보는 주체의 문제다. 화려함은 겉으로 잘 드러나지만 조직이 바라는 성과를 낼 수 있는 인재는 따로 있어서 잘 드러나지 않는다.

물론 선천적으로 유연성이 부족하고, 말주변도 없으며, 자기 실적을 내세울 줄 모르는 사람들이 있다. 이런 사람들에게도 문제는 있다. 대체로 본인 업적을 어필하는 데에도 소극적이다. 분명 이야

깃거리가 있을 텐데 공식적인 자리에서도 '특별한 성과를 내지 못해서 보고할 게 없다'고 생각한다. 지레 그렇게 생각하는 것이다. 이것도 좋은 자세는 아니다.

소극적인 직원들은 관리자가 꼼꼼히 체크해야 한다. 내 경험에 의하면 이런 캐릭터를 가진 직원 중에 보석 같은 인재가 많았다. 리더가 조직원의 역량을 파악하려면 무엇보다도 조직원이 일을 어떻게 하는지 섬세하게 관찰해야 한다. 오랜 시간 세심하게 바라보면 그 사람이 보인다. 사람을 관찰할 때는 주변 이야기에 흔들려서도 안 되고, 다른 직원의 말에 영향받아서도 안 된다. 오직 본인이 직접 바라보고 판단해야 한다.

세심하다는 말은 언뜻 부정적인 의미로 받아들일 수도 있다. 그러나 세심함 그 이면에는 대단한 위력이 있다. 세심한 사람은 상대의 말에 옳고 그름을 볼 줄 안다. 실수가 적다. 역지사지 입장에서 생각할 줄 알고 상대에 대한 배려심도 많을 수 있다. 사람과 관계에서는 두루뭉술한 성격이 좋아 보일 수도 있지만, 일로 만들어진 관계에서는 절대 그렇지 않다. 좋게만 일하다가는 나중에 오류가 생기고 결국 일에 차질을 빚게 된다. 한 사람이 가지고 있는 역량을 발견하고 인재로 만들어내기 위해서는 이 세심함이 반드시 필요하다.

리더는 정확해야 한다. 직원을 판단할 때 기준을 잘 세워야 한다. 눈에 잘 띄는 직원에게 더 많은 기회를 주고, 그렇지 못한 사람에게 기회를 덜 주는 식으로 일을 해서는 안 된다. 세심하게 관찰을 하지 않거나 선입견에 갇혀 있으면 정확한 기준을 만들 수 없다. 자기 자신을 객관적으로 볼 수 없듯이 다른 사람도 제대로 볼 수 없기 때문이다. 밖으로 드러나 보이는 것은 1차 결과물일 뿐이다. 그 안에 있는 잠재력을 끄집어낼 줄 알아야 진짜 리더다.

직원들을 가만히 살펴보면 일하는 성향이 크게 두 가지로 나뉜다. 스스로 일머리를 찾아서 일하는 부류가 있고, 허둥대면서 일하다가 마지막에 겨우 맞춰내는 부류가 있다. 당연히 전자와 같은 태도로 일해야 한다. 그런데 이 구분은 직원들이 이미 가지고 있는 성향으로 나뉘는 게 아니다. 그보다는 어떤 리더 밑에서 일하느냐에 따라 부류가 갈린다. 리더가 조직원을 잘 알아서 효과적으로 활용하면 그 부서 전체가 일머리를 잡고 제대로 일한다.

리더가 조직원의 보이지 않는 부분, 역량까지 파악해야 하는 이유는 분명하다. 사람은 저마다 가지고 있는 재능도 성향도 모두 다르다. 하나의 기준만 가지고 있으면 누구에게는 절대적인 이득이 갈 것이고, 반대로 평생 기량 발휘를 할 수 없는 사람도 생긴다. 그 사람이 가지고 있는 역량까지 파악해서 일을 진행하면 일의 질은 분명 높아질 수 있다. 이처럼 조직원을 제대로 알고 그 사람에게 맞는 일을 맡기는 게 리더가 해야 할 일이다.

물론 직원의 내면까지 보는 일은 쉽지 않을 뿐 아니라 이내 되지도 않는다. 오랜 시간과 노력이 필요하다. 업무를 두루두루 시켜보고 긴 시간 함께 생활해봐야 내면까지 보이는 것이다. 이 모든 게 노력이다. 노력하는 리더는 직원 가정의 숟가락 숫자까지 알고 있다고 하던가? 리더가 이 정도 수준까지 올라오면 직원들이 믿고 따라간다.

리더가 조직원의 보이지 않는 부분까지 파악하는 것은 조직원을 평가해서 높낮이를 구분하기 위해서가 아니다. 잘못된 부분이 있으면 바로잡아주고, 가능성 있는 부분은 키워주려는 게 가장 크다. 조직원을 잘 이끌어서 좋은 사회인으로 성장시키기 위해서다. 밑바탕에 애정이 깔려 있다. 실제로 애정이 없다면 직원들 내면까지 들여다볼 이유도 찾지 못한다.

회사에는 다양한 성향을 가진 사람들이 모여 있고, 다들 서로 다른 장단점이 있다. 이것이 차면 저것이 부족하고, 저것이 차면 다른 한쪽이 모자란다. 서로 부족한 부분을 채워주면서 일을 만들어가는 게 리더다. 조직원의 역량부터 보려고 노력한다면 그 모든 게 가능하다.

몰입

●

결과물의 양은 일하는 속도에 좌우되지만,

결과물의 질은 몰입 정도로 결정된다.

●

오랜 기간 샐러리맨으로 일하다가 처음으로 사업을 시작한 어느 지인이 의논할 게 있다며 나를 찾아왔다. 그는 회사에서 월급 받고 일할 때는 몰랐는데, 사업을 시작하고 보니 힘든 게 너무 많다고 했다. 그중에서 "직원들이 근무 시간에 딴짓하는 게 너무 화가 납니다"라고 말했다. 나는 그에게 "그래도 그걸 발견할 줄 아니 다행입니다"라고 대답해주었다.

'직원을 어떻게 관리해야 하는가?'

사실 이건 두 번째 문제다. 리더 중에 직원의 근무 태도를 제대로 관찰하지 못하거나 알고도 방치하는 경우가 있다. 본인 스스로 일을 잘 몰라서, 혹은 타고난 천성이 세심하지 못해 후임들에게 일을 제대로 시키지도 못하는 것이다. **리더 입장에서는 일에 몰입하지 못하는 직원 관리하는 게 가장 어려운 일 중 하나다.**

직원들에게 물으면 '일에 몰입하지 못하는 이유'는 많다. 처우에 대한 불만, 업무에 대한 불만, 개인 사정, 본인이 몸담고 있는 회사 자체에 대한 불만 등 참으로 많다. 당신이 리더라면 이런 직원을 어떻게 처리하겠는가?

단순히 생각하면, "우리 회사와 안 맞는 것 같으니 다른 곳을 알아보세요"라고 말하면 된다. 그런데 실제 이런 상황에 처하면 한번 더 고민하게 된다.

'이런 직원이 또 나올 수 있는데 그때마다 퇴사시켜야 하는가?'

결론부터 이야기하자면, '기회를 더 주는 선택'을 해야 한다. 이유가 있다. 일이야 신속하게 처리할수록 좋지만, 사람 관계는 신속하게 처리하는 게 능사가 아니기 때문이다. 표현이 좀 직설적이긴 하지만, 사람 관계는 이게 맞다. 그러니 제대로 된 리더라면 조직에 불만을 가진 직원이 무슨 이야기를 하고 싶어 하는지 들어주는 자세를 가지고 있어야 한다.

회사에는 제때 결과물이 나오지 않을 때 우선 다그치고 보는 관리자가 있다. 문제가 있을 때 혼내는 것은 당연한 일일 수 있다. 하지만 그 관리자는 거기서 끝이다. 혼을 냈으면 그다음에는 '왜 일이 더딘지, 혹시 실무자가 어떤 고민 속에 있는지' 마음속 이야기를 들어야 한다. 그냥 혼만 내고 나면 아무 문제도 풀리지 않고 그런 일이 반복되고 만다. 그래서 이런 일이 벌어지면 꼭 직원과 면담을 하라고 그 관리자에게 부탁한다.

조직원이 일에 몰입하지 못한다고 무조건 다그칠 일은 아니다. 정서적인 부분에서 문제가 생겼을 가능성이 크기 때문이다. 그래서 문제가 생겼을 때 리더가 먼저 해야 할 일은 '대화'다. 대화를 통해 잘못된 부분을 하나씩 바로잡아주어야 한다. 리더라면 조직원들과 정기적인 면담도 가져야 한다. 그래도 변화가 없을 때 그때 퇴사 등의 책임을 묻는 조치를 취하면 된다.

1) 회의할 때 아무 의견도 제시하지 않는 사람

2) 업무 시간에 다른 일 하는 사람

3) 회사에 대한 불만과 직원들 사이에 말을 만들어내는 사람

4) 성과를 내지 못하고 이유만 대는 사람

5) 출퇴근 시간이 일정치 않는 사람

6) 형식적으로 일하는 사람

7) 동료와 다툼을 만드는 사람

8) 동료의 성과를 질투하는 사람

9) 고객 대응을 못하는 사람

10) 자기 업무를 설명하지 못하는 사람

이상 열 가지 가운데 하나라도 해당하는 직원은 당장 개인 면담에 들어가야 한다. **결과물의 양은 일의 속도로 결정되지만, 결과물의 질은 실무자의 몰입 정도에 좌우된다.** 이제 더 이상 양으로 승부를 거는 시대는 지났다. 단단한 진입 장벽을 뚫고 들어가려면 일에 몰입하는 힘을 가져야 한다. 그리고 그 일을 하는 것은 실무자들이

다. 실무자가 일에 몰입하게 만드는 능력. 사업에서 성공하려면 반드시 필요한 부분이다.

사회에서 일을 하다 보면 분명 모든 것을 쏟아야 할 때가 생긴다. 모든 일은 몰입해야 할 때 집중해서 일해야 한다. 그 시기에 신경이 분산되면 본인이 가진 능력이 얼마나 될지 모르나 결과는 뻔하다. 대표적으로 사업 초기가 그렇다. 그 사업이 어느 정도 안정될 때까지는 평소보다 몇 배는 몰입해서 일해야 한다. 그래야 일이 안정적으로 진행된다. 마치 비행기가 이륙할 때 비행할 때보다 몇 배나 큰 에너지를 소진하는 것과 같다. 사업에 실패할 때는 몰입해야 할 때 그러지 못해서 안 좋은 결과가 나오는 경우가 많다.

그동안 나는 각종 사회 모임에서 리더 역할을 헌신적으로 많이 했다. 적극적으로 참여하고 싶어서 맡은 자리이기도 했지만, 거기서 많은 것을 배우고 깨닫기도 했다. 그러나 내가 하는 사업에 조금이라도 위기가 감지되면 회사 일에만 몰입했다. 늘 하던 모임도 자제하고 일만 생각했다. 반대로, 대학원 다닐 때는 수업을 못 따라가서 수업에만 전념했던 적이 있다. 사람의 능력은 한계가 있어서 이것저것 분산해서는 좋은 결과를 얻지 못한다고 판단했다. 그때는 사업보다 공부에 열중했다.

이처럼 평소에도 경중을 따져 중요한 일이 있으면 그 일에 전념하기 위해서 일상적인 것은 전부 뒤로 한다. 그게 버릇이 되어서 이제 정신과 몸이 그렇게 되어 있다. 이런 몰입 능력이 없었다면 사업이나 개인사 모두 현재와 같지 못했을 것이다.

아내는 친구들과 가끔 여행을 가곤 한다. 그런데 남편의 직업이 장교인 친구는 친한 사이임에도 여행을 함께 가지 않는다. 어느 날 아내가 "나이도 먹을 만큼 먹었는데 친구들과 여행도 다니고 재미있게 보내는 것이 어때?" 하고 물었단다. 그랬더니 그 친구는 "일상에서 벗어나는 행동을 하면 기운이 분산되기 때문에 하지 않아"라고 답했다고 한다. 노는 것도 어느 선을 벗어나지 않는 것이다. 나는 그 말을 듣고 100퍼센트 공감했다. 나 역시 특별한 경우가 아니면 일상에서 벗어나려 하지 않는다, 일에만 집중하기 위해서다. 아내의 친구는 장교의 배우자로서 같이 긴장하고 마음을 모으고 있는 것이다. 앞으로 더 좋은 결과가 있을 거라고 생각한다.

일에 몰입할 줄 안다는 것은 시간을 밀도 있게 쓸 줄 안다는 의미와 같다. 현대인은 모두 바쁘다. 회사 일 외에도 신경 쓸 게 많다. 몰입해서 일하지 않으면 시간을 밀도 있게 쓰지 못하게 되고, 그러면 계속 무언가에 치여 살 수밖에 없다.

하루 24시간이 긴 것처럼 느껴지지만 사실 이내 지나가는 시간이다. 회사에서 일할 때도, 얼마 일한 것도 없는데 금세 하루가 간다. 그래서 적어도 근무 시간만큼은 몰입해서 일하는 습관이 필요하다.

우리 회사는 월별로 해야 할 업무량이 정해져 있다. 그러다 보니 여름 휴가철, 명절 연휴, 연말연시 연휴 등 길게 휴일이 있는 달에는 일할 수 있는 날에 최대한 몰입해서 일해야 한다. 그런데 이상하게도 직원들은 바쁘지 않다. 오히려 더 느슨하게 보일 때도 있다. 당연히 업무에 차질을 빚는다.

나는 평소에 직원들에게 몰입해서 일하라는 주문을 수도 없이 한다. 같은 말을 반복적으로 하는 것도 쉽지 않고, 자주 하다 보니 잔소리가 돼서 귀담아 듣지도 않는다. 그래서 개인 면담도 하고 시스템을 정비해주었다. 그것으로 어느 정도 개선은 되었지만, 여전히 일에 대한 몰입 정도는 기대에 못 미친다.

사실 일에 몰입하는 것은 누가 지시하고 시스템을 만들어준다고 해결될 문제는 아니다. 개인 스스로 느끼고 깨달아야 하는 문제다. 성경에 자주 등장하는 말 중에 '너희가 눈이 있어도 보지 못하고 귀가 있어도 듣지 못하며 들어도 깨닫지 못한다'는 말이 있다. 인생은 한정돼 있고 시간이 얼마나 중요한지 깨달아야 한다. 시간이 지나면 알 것이다. 일이 있는 지금 이 순간이 얼마나 소중하고, 시간을 버리면서 산 삶이 얼마나 무책임했는지 말이다.

은퇴한 사회 선배들이 나에게 가장 많이 해주는 말은 "쉬엄쉬엄 일해"가 아니라, "할 수 있을 때 최대한 일에 몰입해라"다. 곧 그렇게 하고 싶어도 할 수 없는 시간이 온다는 사실을 경험으로 알고 있는 것이다. 일 없는 인생을 한 번쯤 생각하면서 지금 하고 있는 일에 제대로 몰입해보기를 권한다.

균형 감각

•

조직원이 회사에 갖는 신뢰는 대체로 리더에 대한 신뢰다.
그리고 리더에 대한 신뢰는 리더의 공정성에서 생긴다.

•

거의 매일 야근하고 휴일에도 출근해서 일하는 직원이 있는가 하
면, 근무 시간에도 일이 없어서 인터넷 쇼핑몰을 보거나 사적인 전
화로 시간만 보내는 직원이 있다. 업무 배분이 철저히 잘못된 경우
다. 모든 직원을 정해진 시간에 딴짓하지 않고 일에 몰입시키는 것
은 책임자가 해야 할 일이고, 그러려면 업무를 잘 배분해야 한다.
직원들 형평을 맞추는 게 모든 일의 시작이다.

모든 직원에게 일이 골고루 돌아가기 위해서는 직원에게 지시
를 내리고 결과물을 평가하는 위치에 있는 사람들, 각 부서 책임자
들이 제 역할을 해야 한다. 구체적으로는 객관적인 데이터를 바탕
으로 일의 범위를 정하고 그것을 바탕으로 매월 직원들의 결과물

을 평가하고 공과를 알려주어야 한다. 또한 업무량이 많아도 불평 없이 과업을 완수한 직원에게는 높은 점수와 더 나은 기회를 주어야 한다. 일을 가려서 하거나 적당히 쳐내는 직원에게는 제재를 가하고 업무를 새롭게 내려야 한다.

직원을 제대로 평가해서 일의 형평을 맞추려면 우선 균형 잡힌 시선이 필요하다. 사람마다 개성이 다른 것처럼 가지고 있는 재능이 모두 다르다. **사람을 하나의 기준으로 보면 업무 능력의 순서가 정해진다. 그러나 사람마다 다른 강점을 보면 순위가 사라지고 상호 보완하는 조직으로 발전해 나아갈 수 있다.** 그러니 업무 능력이 떨어진다고 이내 평가절하 하기보다 그 직원에게 맞는 일을 찾아주려고 노력해야 한다. 조직원의 강점을 보려는 노력부터 해야 한다.

하루는 한 관리자에게 "새로 입사한 직원이 일을 잘하는가?"라고 물었다. 그는 "일을 아주 잘합니다"라고 답했다. 그래서 그 직원이 일을 잘한다고 생각했는데 올라오는 서류마다 엉망이었다. 무슨 문제인가 싶어서 그 직원을 자세히 들여다보았다. 업무량이 많지도 않았다. 그 직원의 능력은 딱 하나, 상사에게 깍듯이 잘하는 것이었다.

관리자가 직원들을 평가할 때 사심私心이 들어가서는 안 된다. 열심히 일하지도 않는 직원을 '자기 사람'이라고 높게 평가하고, 가깝지 않은 직원이라고 걸맞지 않은 업무를 주거나 평가에 박해서도 안 된다. 이렇게 되면 내막을 알지 못하는 경영진이 업무를 맡겨야 할 직원을 선정할 때 오류가 생길 수 있다.

조직을 이루고 있는 구성원들이 각각 가지고 있는 능력이나 성향이 다르듯이 일의 결과물이 다르고 조직 내 비중도 다르다. 중요한 역할을 맡은 직원들이 있고, 이들을 뒷받침하는 직원이 있다. 각자 역할이 있는 것이다. 그렇다고 높낮이가 있다는 이야기는 아니고, 단지 다를 뿐이다. **기본적으로 조직에서 일하는 사람 중에 필요하지 않은 사람은 없다.**

리더는 주목받는 직원들 사기를 올려주는 것도 좋지만, 동시에 음지에서 묵묵히 일하는 직원들도 세심하게 보살펴주어야 한다. 그들에게 '우리 리더가 이런 생각을 가지고 있다'는 인식을 심어주어야 한다.

실력 좋은 직원이라고 결과물이 늘 좋은 것도 아니고, 실력이 부족한 직원이라고 결과물이 늘 기대에 못 미치는 것도 아니다. 평소 실력이 부족한 직원이 어느 순간 일 하나를 제대로 매듭짓고 나서 그 경험을 토대로 일순간에 실력이 향상되는 경우를 수없이 봐왔다. 직원들이 뚜렷한 목표를 가지고 일하게 하려면 리더가 직원에 대한 선입견부터 버려야 한다.

경력이 많다고 일을 잘하거나, 경력이 짧거나 나이가 어리다고 큰일을 하지 못할 거라는 생각을 해서도 안 된다. 일의 내용은 다를 수 있어도 일의 기회는 공정하게 나누어야 한다. 한 회사에서 롱런하는 사람들은 자신이 맡은 '어떤 일'을 계기로 만든 사람들이다. 문제는 '자신에게 맞는 일을 얻을 수 있느냐, 아니냐'인데, 이런 기회를 주는 것은 리더이기 때문이다.

조직원이 회사에 갖는 신뢰는 대체로 리더에 대한 신뢰다. 그리고 리더에 대한 신뢰는 리더의 공정성에서 생긴다. 리더의 판단이 공정하다고 생각하면 신뢰와 존경심을 가지고 일하게 된다. 반대로, 일순간이라도 공정하지 못하다고 생각하면 자신의 리더를 리더라고 생각하지 않는다. 이게 조직원이다. 조직원의 사고는 대체로 매우 단순하고 감정적이다.

문제가 생긴 뒤 진정으로 반성하고 용서를 구해 확실히 달라지는 사람이 있는 반면, 그렇지 않은 경우도 있다. 애초에 그 반성이 진심 없는 연기였을 가능성도 있다. 이때 관리자는 형평성을 고려해 조치를 잘해야 한다.

우리 회사에서 근무했던 한 직원의 이야기다. 그는 실적뿐 아니라 근무 태도까지 좋지 않았다. 결국 당사자를 불러서 이런저런 문제를 지적했다. 그는 "한 번만 더 기회를 주면 정말 열심히 일하겠습니다"라며 용서를 구했다. 진심으로 말하는 것처럼 보였고, 한편으로는 처자식 챙기느라 그러려니 싶어서 안쓰럽기도 했다. 배려 차원에서 업무 결과가 즉각적으로 나오는 영업 부서로 발령을 냈다.

그런데 영업 부서에 가서도 그는 태도가 바뀌지 않았다. 개인적으로 사용한 영수증을 회사에 청구하기도 하고 영업을 나가서는 엉뚱한 곳에서 시간을 보냈다. 반성하는 태도가 좋아서 많이 도와주었지만, 아무리 배려해주려고 해도 할 수가 없는 지경이 되었다. 인사 조치를 취할 수밖에 없었다.

말 잘하는 사람도 경계해야 한다. 일에 대한 몰입 정도는 떨어지면서 회의 때는 꼭 주도적으로 말하는 사람들이 있다. 내용이 없을 가능성이 높다. 상대를 먼저 공격해 자신의 부족한 부분을 은폐시켜버리는 행동인 경우가 많다. 내 귀에 듣기 좋은 이야기를 반복하는 사람도 경계해야 한다. 이쪽에서는 이 말 하고 저쪽에서 다른 이야기를 할 가능성이 높다. 진위를 잘 파악해야 한다.

조직원이 잘못을 하고 있다면 냉철한 잣대로 바로잡아야 한다. 나에게 이득이 된다고, 나에게 잘한다고 눈감아주어서는 안 된다. 조직을 혼란스럽게 하는 사람이다. 잘못을 하고 있다면 내 자식이라도 엄히 다스려야 한다. 그래야 자식도, 나도, 조직도 산다.

리더가 조직원의 형평을 맞추기 위해서는 '일의 진정성'을 기준으로 삼아야 한다. 조직원을 거짓으로 일하게 만들어놓고 형평을 맞춘다는 것은 어불성설이다. 거짓을 일삼는 직원이 만들어지기까지 리더의 책임도 있는 법이다.

리더가 조직원 관리에서 실패하는 가장 큰 이유는 조직원들의 '신뢰'를 얻지 못하기 때문이다. 말이 바뀐다던지, 관리를 형식적으로 해서는 조직원의 신뢰를 얻을 수 없다. 아랫사람이라고 쉽게 보고, 원칙 없이 행동하다가는 큰 낭패를 보기 쉽다.

회사를 경영하는 많은 사람들이 조직원의 형평을 맞추는 일이 가장 힘들다고 말한다. 그 이유로 조직원 파악이 힘들기 때문이라고 말한다. 그러나 그건 원인과 결과가 전도된 표현이다. 경영자의 균형 감각에 문제가 있을 가능성이 높다. 이미 조직원들로부터 신뢰를 잃었을 가능성도 높다.

직원들로부터 신뢰를 얻는 방법은 의외로 단순하다. 일관성을 갖고 조직원의 일을 형평성 있게 맞추는 것이 그 시작이다.

혼연일체

●

좋은 결과를 만들어내는 조직은 화학 반응이 좋다.
이기적인 직원, 이타적인 직원, 그 둘의 갈등을 풀어주는 직원,
모두 필요하다.

●

"조직원이 공동의 꿈과 목표를 향해 간절한 마음으로 하나 될 때 성과에 미치는 영향은 말할 수 없이 클 것입니다."

회사에서 임직원들에게 자주 하는 말이다.

예상보다 훨씬 좋은 결과가 나올 때는 조직 내에 분명 '분위기'라는 게 생겼을 때다. 이런 분위기는 어떠한 계기로 인해 조직원의 생각, 의지, 행동이 하나가 되었을 때 조성된다. '우리 하나가 됩시다!' 이런 구호만 외친다고 만들어지는 게 아니다. 조직의 구성과 전환, 배치가 잘 이루어져야 하고, 매뉴얼, 지침서, 규정이 잘 정돈되어야 하며, 정보 공유도 실시간으로 이루어져야 한다. 한마디로 시스템이 잘 돌아갈 때 만들어진다.

시스템만 중요한 게 아니다. 조직원 간 화학 반응이 잘 이루어져야 한다. 이기적인 직원과 이타적인 직원이 갈등하고 있을 때, 그들 관계를 풀어주고 중재하는 직원이 있어야 하고 이 모든 사실을 이해하고 갈등을 관리해주는 리더도 필요하다. 이것이 '화학 반응'이다.

간혹 어떤 상황에서 약해진 조직력이 눈에 들어올 때가 있다. 회사 임직원들이 모래알처럼 흩어져 있는 게 보일 때 그 어떤 상황보다도 위기감을 느낀다. 응집력 있는 조직이 되려면 조직원끼리 서로 배려하고 응원하는 분위기가 필요하다. 서로 비방하는 분위기가 있으면 위험하다. 내가 큰 위기를 감지할 때가 바로 조직 내에 이런 공기가 감지되었을 때다. 극단적으로 말해, 단합하지 않는 조직은 멸망밖에 없다. 역사적으로 봐도 나라가 망할 때는 반드시 내분이 먼저 일어났다. 단합은 생존의 문제다.

창업 초 우리 회사는 매출이야 지금에 비해 보잘것없었지만, 단합 하나는 정말 잘되었다. 직원들이 자진해서 일했고 밤을 새워도 서로 웃었다. 이런 분위기 때문에 한동안 꾸준히 성장할 수 있었다. 지금은 규모가 커져서 현장에서 일하는 직원만 수천 명이다. 언젠가부터 찰밥처럼 찐득찐득했던 결속력은 사라졌다.

기업이 한참 성장하는 시기에는 경영자나 임직원 모두 간절하게 일한다. 목표가 정해지면 무섭게 일하고 일 때문에라도 자연스럽게 혼연일체가 된다. 그런데 안정기에 접어들면 처음에 품었던 열정이 사라진다. 조직원 모두 자신도 모르는 사이에 '회사가 성장하고 일정 궤도에 들어섰으니 편안하게 일하려는 마음'이 생긴 것이다. 조직의 업무와 생활이 편안해지면 이타적인 마음은 사라지고 이기적인 마음이 조금씩 솟아오른다. 일을 가려서 하고 상사에게 꺼낼 변명에만 신경을 쓴다.

이러한 분위기가 만들어지면 소통이 사라지고 업무 협조가 원활하게 이루어질 수 없다. 시기와 질투, 음해가 난무하고 부서 간 갈등이 깊어지기도 한다. 심각하다. 조직이 존폐를 고민해야 하는 순간에 몰릴 수 있다.

우리 회사도 이런 과정을 거쳤다. 직원들 대우는 이전보다 훨씬 나아졌지만 충만했던 의욕이 사라지고, 시기 질투가 늘어났다. 여기저기서 불협화음이 끊이지 않았다. 한곳을 봉합하면 다른 곳이 터졌다.

회사 워크숍에서 있었던 일이다. 초반 분위기는 화기애애했다. 그런데 저녁 회식 자리에서 문제가 생겼다. 평소에 근무 태도가 좋지 않을 뿐 아니라 업무 실적에도 문제가 있어서 주시하고 있던 임원 한 사람이 주사酒邪를 부리기 시작했다. 무엇이 불만인지 같은 위치에 있는 임원에게 시비를 자꾸 걸더니 결국 큰 싸움으로 번졌다. 상황이 이렇게 안 좋은데 이 일을 마치 남의 집 불구경하듯 아무 조치도 안 하는 동료 상급자들도 문제였다. 일부러 비용과 시간을 들여 조직력을 다지자고 마련한 자리가 오히려 조직력을 해치는 자리가 되고 말았다. 정말 회사 조직력 문제가 심각하다고 느꼈다.

나에게도 책임이 있다. 직원들과 함께하는 시간보다 바깥 업무 챙기는 시간이 더 길었다. 그러는 사이 문제가 심각해졌다. 더 이상은 안 되겠다 싶어서 다시 예전처럼 조직 안으로 들어갔다. 조직력을 해치는 사람에게는 엄히 경고를 했고, 조직력을 강화하는 프로그램을 만들었다. 나 역시 임직원들과 스킨십을 강화했다. 그러자 조금씩 변하기 시작했다. 아주 안 좋을 때 나타났던 분열 양상은 많이 사라지게 되었다.

수십 명이 일하든, 수천 명이 일하든 하나의 회사는 '원 팀'이다. 우리 팀과 옆 팀이 다른 게 아니다. 내부 경쟁도 있지만 큰 울타리 안에 있을 뿐이다. 좁은 마음으로 나 자신만 챙기려 들면 사방에 벽이 생길 수밖에 없다. 서로 믿고 의지하면 벽은 사라지고 화단이 꾸며진다. '옆에 있는 사람은 나를 도와주는 고마운 사람'이라는 생각을 가질 수만 있다면, 이 모든 게 가능하다.

경영이란 다양한 사람들을 하나의 목표로 움직이게 해서 결과물을 만들어내는 과정이다. 리더는 생각과 성향이 다른 조직원들이 한 방향을 바라보게 만들어야 한다. 마치 다양한 악기가 조화를 이루게 해서 하나의 음악을 완성시키는 오케스트라 지휘자 같다. 아름다운 음악이 나오려면 모든 연주자와 마음을 열고 자신의 지휘봉을 바라보게 할 줄 알아야 한다. 연주자 간 갈등이 생겨서 마음이 흐트러지면 호흡이 맞을 리 없고, 관중인 고객으로부터 좋은 호응을 얻기도 어렵다. 회사 리더의 역할도 이와 다르지 않다.

A팀장과 B팀장이 있다. A팀장은 경력도 많고 회사에 입사한 지도 오래되었다. 아무리 일이 많아도 불평불만 없이 일한다. 성격도 조용하고 유순하다. 그런데 좀처럼 팀에 화합하지 못한다. 가끔 현장에 가보면 A팀장은 조직원들과 잘 어울리지도 않고 식사도 혼자 한다. 조직원들에게 피해를 주지는 않지만 세심하게 관리하지도

않는다. 그 밑에 있던 A팀 신입 직원들이 많이 그만두었다. 다른 것은 몰라도 조직력을 끌어올리는 능력은 약하다고 볼 수밖에 없다.

반면, B팀장은 A팀장에 비해 경력도 적고 회사에 입사한 지도 그리 오래되지 않았다. 그는 팀원들에게 관심이 많다. 늘 직원들과 함께 식사를 하고 이야기를 나눈다. 그 팀은 단합이 잘된다. 특별한 이유가 아니면 퇴사하는 직원도 없다. B팀은 늘 보기 좋다.

두 팀의 분위기를 가장 크게 좌우하는 것은 두말할 것 없이 그 팀의 팀장이다. 조직력은 어떤 문제가 생기면 일순간에 나빠질 수도 좋아질 수도 있다. 조직력이 악화되었을 때 팀장이 친화력을 발휘해 이를 잘 극복하면 조직력은 이전보다 한층 강화될 수 있다.

리더가 직원에게 얼마큼 관심을 가지느냐에 따라 조직 분위기가 확 달라진다. 같은 업무를 하는 두 팀 분위기가 그렇게 다를 수가 없다. 팀장이라는 직함만 있다고 팀장이 아니다. 팀을 하나로 만들 줄 알아야 팀장이다. 그래야 일도 되는 것이다.

회사라는 조직에는 언제든 위기가 찾아온다. 그때 비로소 승부가 난다. 조직원이 혼연일체로 일한다면 어떤 위기라도 극복할 수 있다. 그러나 서로 관심 없이 지내서 조직력이 사라졌을 때 위기가 온다면 어떻겠는가? 뿔뿔이 흩어지고 회사는 문을 닫고 말지 않겠는가? 그래서 팀장, 팀원, 그 팀의 분위기가 중요한 것이다. 조직력이 좋은 회사치고 성장하지 않는 회사가 없다.

위기의식

●

위기의식이 생기는 것과 위기의식을 만드는 것은 다르다.
위기의식이 생기는 것은 '목표를 이룰 수 없다'는 사실을
인식하는 것이고, 위기의식을 만드는 것은
혹시 발생할지도 모르는 사태를 대비하는 것이다.

●

얼마 전 손목이 아려서 회사 근처 한의원을 찾아갔다. 손님이 아예 보이지 않았다. 요즈음 한의원 중에 잘되는 곳이 많지 않다는 이야기가 떠올랐다. 그래도 그곳 병원장은 가끔씩 TV에 출연하는 분인데, 내가 치료받는 1시간 동안에도 손님이 단 한 명도 오지 않아서 당황스러웠다. 기분 탓이었을까? 원장 표정도 어두웠다. 치료가 끝났지만 내 손목은 여전히 좋지가 않았다.

며칠 후, 다시 손목이 아려와 이번에는 몇 해 전 다니던 한의원을 찾아갔다. 신기하게도 그 한의원은 손님이 들끓었다. 한참 기다리고 나서야 원장실로 들어갔다. 그런데 이게 웬일인가? 몇 년 만에 찾아왔음에도 그 원장은 밝은 인상으로 "오랜만입니다"라고 인

사를 건넸다. 그는 너무 고맙다며 몇 가지 치료를 서비스로 더 해주었다. 기분도 좋았고 내 손목은 이상하리만치 이내 호전되었다. 심리적인 영향인지 정말 효과가 다른 것인지 정확하게 판가름할 수는 없으나 분명한 것은 두 한의원은 참 많이 달랐다는 점이다.

한의원 경기가 전반적으로 좋지 않다고 한다. 한의원 호황기에 이 같은 전반적인 하락을 예상한 사람은 없었을 것이다. 그러나 영원히 호황을 누리는 산업은 없다. 어떤 분야든 위기는 찾아온다. 위기를 미리 대비하는 자만이 살아남을 수 있다. 후자에 거론한 한의원은 전반적인 경기 침체에도 경쟁력을 갖추고 있었던 셈이다. 이런 곳은 산업 전체가 가라앉아도 살아남는다.

산업도, 기업도 언젠가는 큰 변화의 시점이 찾아온다. 그때 환골탈태하는 기업은 살아남고, 변화를 주저하는 기업은 얼마 가지 않아 사라진다. 우리 회사도 마찬가지다. 지금까지는 비교적 성공적으로 운영해왔지만, 바로 이 순간 크나큰 위기가 찾아올 수 있다. 나는 그게 두렵다. 그래서 늘 긴장하고 간절하게 일하고 있는 것이다.

위기가 시작되기 전, '조짐'이라는 것이 있다. 외부 환경 변화, 내부 조직력 약화, 수주 실적 감소 등 쳐다보고 싶지 않은 현상들이 줄줄이 발생한다. 기업을 책임지고 있는 사람들은 이 전조 현상을 '위기'로 직감한다. 엄청난 고민과 갈등이 시작된다. 그런데 책임자 말고 다른 임직원들은 이상하리만치 고요하다. 분명 위기인데, 아무리 '긴장하라'고 강조해도 체감하지 못하고 늘 평소처럼 일한다. 아니면 '회사가 망하면 오너가 망하는 것이지 내가 망하는 것도 아니잖아!'라고 생각하는 것 같다. 이럴 때면 사방이 꽉 막힌 공간에 갇힌 것처럼 답답하다.

얼마 전 한국 GM 군산공장 폐쇄 조치가 내려졌다. "어쩌다 이렇게 됐을까?" 하는 생각이 떠나지 않았다. 군산공장 근로자들은 "회사 상태를 제대로 알았으면 임금 삭감을 받아들이고 양보했을 것이다" "대기업이 설마 문을 닫겠나 싶었다" "작업복 입은 사람들은 기본급만 받아도 다 감수했을 것"이라고 말했다. 회사 내부적으로 구조적인 문제가 있었던 것은 사실일 것이다. 그러나 근로자 입장에서는 공장이 폐쇄된 게 현실이다.

정말 운이 좋아서 위기가 발생하지 않았더라도 무사 안일한 태도는 좋지 않다. 조금만 위험해도 비상 태세를 가동하고 대비하는 것과 위기 조짐이 보이는 데도 아무 일 없다는 듯이 일하는 것은 같을 수 없다.

그동안 사업을 해오면서 나 스스로 잘했다고 자평하는 것은 늘 위기의식을 갖고 긴장 속에서 일을 해왔다는 점이다. 회사가 잘 돌아가고 있을 때도 자만하지 않고 억지로라도 위기의식을 가지려 노력했다. 나라도 이런 생각으로 늘 긴장하고 있어서 그나마 지금 회사가 이 정도 성장했다고 생각한다. 세상에 영원히 호황을 누리는 산업, 지속적으로 성장하는 기업은 없다.

현재 자리를 유지하기 위해 위기의식이 생기는 것과 위기의식을 만드는 것은 엄연히 다르다. **위기의식이 생기는 것은 '목표에 다다를 수 없다'는 사실을 인식할 때 드는 수동적인 생각이고, 위기의식을 만드는 것은 일이 순조롭게 진행될 때 계속 전진할 수 있도록 혹시 발생할지도 모르는 사태를 대비하는 것이다.** 학교에서 1등을 하는 학생이 그 자리를 계속 유지하기 위해 더 열심히 공부하는 것과 같다. '조금이라도 게을러지면 2등에게 자리를 내줄 수밖에 없다'고 스스로 위기위식을 만들어 공부에 열을 올리는 것이다.

사업은 아무도 모른다. 99번 잘해도 1번 잘못 판단하면 극도로 어려워질 수 있다. 나 역시 그런 뼈아픈 경험을 가지고 있다. 과거에 잘나가던 분야여서 지속적으로 잘될 것으로 판단해 손을 댔다가 큰 손해만 본 적이 있다. 그 때문에 회사에 큰 손실을 입혔다. 이처럼 의사 결정 단계에서 단 한 순간이라도 실수하면 사업 전체가 어려워질 수 있다는 사실을 잘 알고 있다. 그래서 평소에 스스로 위기의식을 만들고 의사 결정에 신중함을 기하려고 한다.

무슨 일을 할 때, 위기의식을 만들면서 일한다면 안전사고를 비롯해 많은 문제를 줄일 수 있다. 산업 현장에서는 종종 안전사고가 발생한다. 특별히 크게 무엇을 잘못해서 일어나는 사고가 아니다. 대부분 정해진 대로 준비만 잘해도 발생하지 않았을 사고들이다. 지금 당장 평온하다고 혹시 일어날지도 모르는 사고에 지나치게 무감각하게 대처하니 큰 사고로 이어지는 것이다. 산업 현장에 인력을 조달하는 문제도 마찬가지다. 일이 급증할 시기를 대비해서 위기 상황이 발생하지 않게 미리미리 준비하면 어느 정도까지는 대비할 수 있는 문제다.

전쟁에서 싸우지 않고 이기는 게 가장 좋다는 말이 있는 것처럼 사업에서도 위기가 오지 않게 미리 방지하는 게 가장 좋다. 이게 가능하려면 예방주사를 미리 맞듯이 평소에 위기의식을 갖추고 일하는 게 가장 좋은 방법이다.

어릴 적 살던 시골에는 도마뱀이 많았다. 잘 알고 있는 사실이지만, 실제로 도마뱀은 꼬리가 잘려나가도 몸통만으로 잘 도망간다. **계속 보면 움직임이 평소와 같아서 꼬리 잘린 게 이상하게 여겨지지도 않는다.**

매 순간 매출에 목을 매고 있어야 하는 기업이라는 조직은 특별히 큰 문제가 발행하지 않았다 하더라도, 위기가 아닌 것은 아니다. 이내 큰 문제가 발생할 수도 있고, 그렇지 않더라도 늘 쇄신하려고 노력해야 한다. 그런데 어제와 같은 하루가 지나가고 있어서 '문제가 없다' 생각하는 것은 꼬리 잘린 도마뱀이 익숙하다고 '문제가 없다'라고 생각하는 것과 같다.

회사에서 월급을 받으며 생활하는 사람들도 그들 나름대로 진지한 대화를 하겠지만, 사업하는 사람들은 만날 때마다 '위기'라고 말한다. 세계 경제, 우리의 미래, 중국과의 관계, 정부의 경제 정책 등등 다 위기를 일으킬 만한 요소를 가지고 있는 것도 사실이다. 이런 대화를 하다 보면 정말 바로 다음 날 회사가 문을 닫을 수도 있다는 생각도 하게 된다. 그래서 더 긴장하게 되고, 현실을 직원들에게 전달하게 된다. 그러나 이런 노력이 현장에서는 거의 무용지물이 되고 있다. 대부분 '아무 문제도 없는데 왜 일을 만들어서 하는가?'라고 생각하고 실천하지 않는다. 아예 거부 반응을 보이는 직원도 있다. 그렇게 흐지부지 시간만 보내려는 것처럼 보인다. 정말 그래서는 안 되겠지만, 큰 위기를 겪어봐야 깨달을 모양인가 싶어 안타깝다.

평소에 위기를 강조하는 리더가 싫은가? 회사는 잘 돌아가고 있는 것 같은데 계속 위기 상황이라고 말하니 짜증이 나는가? 아니다, 이러한 사람이야말로 현명한 리더다. 실제 위기가 와 있거나 곧 닥칠 것이니 지금이라도 위기의식을 갖고 미리 대비하자는 것이다. 현실적으로 봐도 위기를 예방하는 방법은 이것밖에 없다.

차선의 힘

●

사람들은 문제가 생겼을 때 객관적 현상보다

더 나쁘게 받아들이는 경향이 있다.

그러나 냉정하게 보면, 그리 손해 볼 것도 없는 상황인 경우가 많다.

●

청년 취업 문제가 심각하다. 우리 젊을 때와 달리 치열하게 공부해도 변변한 직장 구하는 게 쉽지 않으니 그동안 들인 노력을 생각하면 얼마나 허탈할까? 안타까울 때가 많다. 한평생 살다 보면 수없이 도전하게 되고 그만큼 실패를 거듭 경험하게 된다. 나 역시 그랬고, 누구나 그럴 것이다. 젊은 청년들도 '지금 그 과정'에 있다고 생각하면 조금이나마 위안이 될 수 있지 않을까?

힘들더라도 지금까지 가지고 있던 목표를 내려놓고 마음을 일부 비워보는 것은 어떨까? 그러면 처음에는 허탈하겠지만 이전보다 많은 것을 볼 수 있다. 자신이 목표했던 게 전부가 아닐 수도 있다. 차선책次善策을 세워보길 권하고 싶다. 그래도 목표를 향해 매진했던 과정에서 얻은 게 사라지는 것은 아니다. 그 자산은 언제라도 큰 역할을 할 수 있다.

청년 시절, 큰 기업에서 일한 적이 없다. 20대에 내가 다닌 회사들은 규모가 다 작았다. 그런데 지금은 함께 일을 시작한 동기들보다 내가 앞서 있다. 대기업에서 일하던 친구들은 대부분 퇴임해서 이전과 전혀 다른 일을 하거나 쉬고 있다. 수입이 줄었으니 경제적으로 넉넉하지도 못하다. 대신 지금도 꾸준히 성장하고 있는 것은 나를 포함해서 대부분 중소기업에서 일을 시작한 친구들이다. 왜 이런 결과가 만들어졌을까? 처음 잡았던 목표가 잘못 선정된 것을 알고 곧바로 차선을 선택했기 때문에 가능했다. 그저 듣기 좋은 소리라고 치부할 수도 있다. 그러나 이게 진짜 하고 싶은 이야기다.

언제부터인가 우리나라 축구 선수들의 꿈이 프리미어리그, 즉 유럽 무대 진출이 되었다. 실제로 유럽에서 뛰고 있는 선수들이 많다. 그러나 주전으로 경기에 나서는 선수는 많지 않다. 아무리 유럽이 선진 축구라고는 하지만 후보 선수로 있느니 주전으로 뛸 수 있는 팀으로 가는 게 낫다는 생각을 자주 한다. 어느 리그에서 뛰는 것도 중요하겠지만 축구 선수라면 실제 경기에 나서야 하는 것 아닐까?

직업을 가질 때도 이와 비슷하지 않을까 짐작해본다. 이름 있는 직장, 높은 연봉만 찾는 것보다 '나에게 맞는 일' '내 기량을 마음껏 발휘할 수 있는 곳'을 찾는 태도도 중요하다고 생각한다. 본인이 주도적으로 일해서 성취감을 느끼기 시작하면 경험과 실적이 고스란히 자기 것이 되고 그 분야에서 지속적으로 성장할 수 있기 때문이다.

결과를 만들기 힘든 일에 손을 대거나, 일을 해결하지 못하고 계속 악수를 둘 때에는, 다른 무엇보다도 판단을 잘못했기 때문인 경우가 많다. 풀릴 기미가 보이지 않을 때는 피해를 최소화하는 선에서 마무리하는 게 차선책이다. 결정을 내리지 못하고 안 좋은 상황을 계속 유지시키다 보면 차선을 선택할 시기조차 놓치고 만다. 다음 기회를 만들기 위해서라도 가능한 빨리 차선책을 만들어야 한다.

나는 직원들이 저지르는 작은 실수는 엄하게 통제하지만, 큰 잘못에 대해서는 오히려 대범하게 넘기려고 한다. 합리적인 선에서 해결하는 게 피해를 최소화하는 것이라고 생각하기 때문이다. 이미 물 건너간 상황인데 거기에 매달리다 보면 늪에 빠지게 될 게 뻔하다. 오랜 고통 속에 머물기보다는 지금 힘들더라도 빨리 판단하는 게 현명하다.

어느 시기에 본인이 처한 상황이 너무 고통스럽게 다가올 때가 있다. 이럴 때일수록 마음을 가라앉히고 냉정하게 현실을 바라보려고 노력해야 한다.

'대동소이大同小異'라는 말이 있다. 사람들은 문제가 생겼을 때 겁이 나서 객관적 현실보다 더 안 좋게 받아들이는 경향이 있다. 그러나 냉정하게 종합적으로 판단해보면, 자신의 뜻에 맞게 진행되어가지는 않지만 그리 손해 볼 것도 없는, 오히려 이익이 되는 결과라는 생각이 들 것이다. 상황이 안 좋다고 미리 최악의 상황이라고 생각할 필요도 없다. 그 대신 빨리 판단을 내리고 다른 길로 가면 또 다른 기회가 만들어진다.

생각의 차이가 중요하다. 혹시 자신이 생각한 대로 일이 진행되지 않는다고 스스로 스트레스를 만들지 말자. 다시 생각해보면 자신이 노력한 만큼은 성과가 나고 있을 가능성이 높다. 문제가 생겼을 때 눈앞의 작은 것에 민감하게 반응하지 말고 멀리 큰 것에 집중하다 보면 불편하던 마음이 편안해질 수도 있고, 현안을 해결하는 방법이 될 수 있다.

선순환은 선순환을 낳고, 악순환은 악순환을 낳는다. 인생에서 수없이 경험하는 부분이다. 실제로 일이 한 번 안 되기 시작하면 계속 안 좋은 일이 이어지고 급기야 오늘 이 순간뿐 아니라 지금까지 살아온 인생 전체가 잘못된 것처럼 느껴지기도 한다. 이런 때는 한시라도 빨리 분위기를 전환해야 한다. 그래야 더 큰 피해를 막을 수 있고, 돌파구를 찾을 수 있다.

사업에서 '실패의 과정'은 거의 비슷하다. 적자폭 확대, 임금 체불, 구조 조정, 지속적인 매출 저하…… 결국 폐업을 하게 된다. 이 과정의 어느 한 고비에서 흐름을 끊을 수 있는 결단과 실천이 필요하다. 어쩔 수 없는 경우가 아니라면, 폐업 전에 회생할 수 있는 기회는 분명히 있다. 그러나 대부분 어떤 아쉬움 때문에 과감한 결정을 내리지 못하고 시간을 끌어서 그 기회마저 날려버린다. 기업이든 인생이든 큰 돈, 큰 사고 때문에 무너지는 게 아니다. 어느 타이밍에 적절한 선택을 하지 못한 탓에 끝을 보고 만다. 그래서 안타까운 경우가 참 많다.

사업을 하다 보면 현실을 제대로 보지 못해서 위기가 와도 어느 정도 심각한지 인식하지 못할 때가 있다. '그저 잠깐 어려우려니'

생각하는 것이다. 물론 그렇게 지나갈 때도 있지만 습관이 들면 심각한 위기가 올 때도 안일하게 대처할 때 문제가 커진다.

혹시 큰 실패 속에 있어도 완전히 포기하지는 말자. 많이 힘들겠지만 실패를 기회로 삼겠다고 각오를 다져야 한다. 그럴 수만 있다면 그 실패까지 만회할 수 있는 기회가 찾아온다. 크나큰 이별 뒤에 진짜 사랑이 오듯, 성공은 늘 실패 뒤에 온다. 실패를 경험한 당시에는 죽을 것처럼 힘들지만 분명 실패는 성공으로 가는 과정이다.

나의 삼촌은 경찰 간부였다. 당시는 권위적인 시대여서 힘이 있었다. 주변에서도 그렇게 말했고, 나 역시 삼촌만 있으면 직장 걱정은 할 필요가 없다고 생각하며 살았다. 그러다 삼촌은 정권 교체 시기에 어떤 이유에서인지 현직에서 물러나게 되었다. 절대적으로 믿고 의지하던 분이 급작스럽게 직업을 잃는 모습을 보고 큰 충격을 받았다. 이제 의지할 곳이 없구나, 이런 생각이 들었던 것도 사실이다. 당시 나이가 어렸지만, 오로지 믿어야 할 것은 나 자신이라는 사실을 깨닫게 되었다. 나의 생존과 성공을 위해 삶을 턴하게 되는 여러 동기 중에 하나였다.

이것 하나만은 분명하다. 한 분야에서 일정 수준 이상 지식과 경험을 쌓고, 일에 대한 긍정적인 고민, 목표에 대한 간절함, 실행에 옮기는 용기, 끊임없이 도전하는 열정이 더해진다면 분명히 성공한다는 진리 말이다.

3장

정도의 품격

가치관

●

노력하지 않는 삶은
'주관 없는 삶'이라는 말과 다르지 않다.

●

지난 수십 년 동안 사업에만 몰두한 채 살아왔다. 주변으로부터 성공했다는 소리도 많이 들었다. 하지만 모든 게 좋지만은 않다. 주기적으로 인생의 방향을 잃었다는 생각이 찾아와 심한 우울증을 겪곤 한다. '내가 살아가는 이유는 무엇인가?' '사업을 하는 목적은 무엇인가?' '언제까지 달리기만 할 것인가?' 등등 근본적인 삶의 고민이 시작된다.

　가장 심하게 방황했던 건 지금으로부터 약 8년 전, 대학원을 마칠 무렵이었다. 무슨 이유 때문인지 그동안 해온 일에 어떤 의미도 달지 못하겠고, 나아가 내 삶 자체가 거짓투성이로 보였다. '사업을 완전 정리할까?' '내가 아닌 다른 사람이 우리 회사를 경영하면 어떨까?' 이런 생각까지 했다. 나 자신의 삶의 기준이나 가치관을 떠올리며 나름대로 '내가 사는 이유'를 만들어냈지만 당시 방황은 꽤나 길었다.

나는 자신을 타자화해서 자문자답 해보는 방법으로 고민을 해결한다. 나 자신에게 질문을 던지면 내 안의 내가 대답을 한다. '나는 그동안 너무 일만 하고 살았어. 이제 좀 쉬면 어떨까?'라고 질문하면, 내 안의 내가 '지금 무슨 소리 하고 있어? 주변을 둘러봐. 계속 일해야 하는 이유는 너무나 많아!'라고 대답한다.

정말 그랬다. 주변을 둘러보니 나에게 도움을 주었던 사람들의 은혜에 보답도 못했고, 내가 돌봐야 할 사람들도 너무 많았다. 사업을 그만두는 것은 나 혼자 내릴 결론이 아니었다. '그래. 더 일해야 하는구나!' 스스로 반성하고 고민을 덮었다.

한 사람이 살아갈 수 있는 것은 혼자만의 힘이 아니다. 주변의 도움 덕분이고, 대체로 가족의 덕이 크다. 이런 생각을 하면 다시 신발 끈을 조일 수 있는 힘이 생긴다. 열심히 사는 사람을 본받는 것도 삶의 힘을 얻는 방법 중 하나다. 현실에서는 자연적으로 에너지가 생길 때보다 타인의 삶이 새로운 용기와 자극이 될 때가 많다. 본받을 만한 사람을 보면서 '나도 더 열심히 살아야 해!' 다짐하게 되는 것이다.

그런데 삶의 기준이 명확하지 못하면 다른 사람들의 삶을 보고 오히려 흔들릴 수도 있다. 저 친구는 이렇게 당당하게 사는데, 나는 왜 안 되지? 자꾸 자신을 의심하게 된다. 불필요한 고민만 많아진다.

20년 넘게 장교 생활을 하다 우리 회사에 취업한 직원이 있었다.

그 주변에는 제대 후 취업하지 않고 퇴직 연금으로 살아가는 동료들이 많았다. 본인도 그렇게 살 수 있지만, 가능하면 일하면서 노후를 보내고 싶어서 용기를 낸 것이다.

그는 열심히 일했다. 본인이 해야 할 일을 스스로 찾아서 하니 따로 지시할 것도 없었다.

그런데 이런 시간은 그리 오래가지 않았다. 어느 정도 시간이 지나자 갈등하는 모습이 역력했다. '내가 이런 대우를 받으며 일해야 하는가?' 이렇게 생각하는 것 같았다. 군에 있을 때는 주로 명령을 내리는 입장이었으나 우리 회사에서는 나이 어린 관리자 지시를 따라야 하니 힘들기도 했을 것이다.

일을 배워가는 과정이니 어쩔 수 없다고 받아들이려고 해도 함께 제대한 군 동기들이 계속 "연금도 있는데 왜 대접도 못 받으면서 일하냐?" 이야기하니 혼란스러웠던 모양이다. 그는 결국 얼마 버티지 못하고 퇴사를 선택했다.

안다. 현실을 받아들이는 게 쉬운 일은 아니다. 하지만 사회에서 일을 할 때는 어떤 위치에 있는지, 어떤 일을 하는지는 중요하지 않다. 그보다는 스스로 '삶의 가치와 기준을 어디에 두고 있느냐?'가 중요하다.

일할 수 있다는 것만으로도 감사히 여기는 사람이 있는 반면, 높은 위치에 있어도 마음에 들지 않는다며 투덜대는 사람이 있다. 후자 같은 생각을 하는 사람 중에 한 직장에서 오래 일하는 경우를 보지 못했다. **가치관을 만드는 것은 사람마다 가질 수 있는 특권이고 자유지만, 자신의 현실을 냉정하게 따져보아야 하는 것은 모든 사람**

들이 가져야 하는 덕목이다.

기회라는 것도 그렇다. 지금 자신이 하고 있는 일이 만족스럽지 않아도, 현실로 인정하고 작은 것부터 하나씩 만들어간다면 기회는 반드시 찾아온다. 그러나 노력 없이 좋은 자리, 좋은 연봉을 바라서는 기회가 오지 않는다. 스스로 가치관을 바꾸지 않은 한, 오랜 시간 슬럼프에 머물 수밖에 없다. **노력하지 않는 삶은 '주관 없는 삶'이라는 말과 다르지 않다.**

누구도 나의 삶을 대신 살아주지 않는다. 마찬가지로, 자기의 가치관도 누가 주입시켜주는 게 아니다. 스스로 생각하고 스스로 움직여서 하나씩 만들어가는 게 인생이다. 자신이 가치관을 정립하고 자신이 주도해서 살아야 인생이다.

이제 곧 100세 시대라고 한다. 제대로 된 가치관 없이 살기에는 너무 긴 시간이다. 제대로 한번 잘 살아보기로 마음만 먹어도 많은 것이 변할 테고 생각지 않았던 기회가 찾아올 수도 있다. 그동안 높은 곳을 향해 달렸다면 한 번쯤은 정말 자신이 하고 싶었던 일을 하는 것은 어떨까? 자신의 역량을 마음껏 발휘할 수 있는 곳에서 일하는 것은 어떨까?

자신이 하고 싶은 일을 하게 되면 연봉이나 회사 이름은 큰 문제가 안 될 것이다. 이게 일하는 진짜 이유이고, 인생을 만드는 가장 좋은 방법이다.

중국 '소학'에서 말하기를, 사람에게는 세 가지 불행이 있다고 했다. '어린 나이에 과거에 급제하는 것이 첫 번째 불행이고, 부와 권세를 빌려 좋은 벼슬을 하는 것이 두 번째 불행이며, 높은 재주가 있어 문장을 잘하는 것이 세 번째 불행'이라 했다. 조기에 출세하고, 집안 좋고, 실력을 갖추는 것은 많은 사람들이 갖고 싶어 하는 부분이다. 하지만 그런 조건이 인생을 망가뜨리는 원인이 되기도 하는 것은 성공의 '역설'이다.

가치관을 어디에 두느냐에 따라 많은 것이 달라진다. 가치관만 건전하면 지금 아무리 낮은 위치에서 일한다고 해도 하나도 문제가 되지 않는다. '내가 이 경력에 이런 일을 왜 해야 하나?'라는 생각을 먼저 가지면 아무것도 할 수가 없다. 지금도 불행하겠지만, 나중에 더 후회할 일이 생길 것이다.

과연 삶의 가치를 찾는다는 것은 어떤 의미일까?

이 고민을 해결하기 위해서는 먼저 자기만의 기준을 정해야 한다. 그 어떤 누구의 기준이 아니라, 오로지 자기만의 삶의 기준.

쉬운 일이 아니다. 많은 고민이 필요하다. 자신의 타고난 성향을 들여다볼 줄 알아야 하고, 살면서 들인 습성도 냉정하게 볼 줄 알아야 하고, 자신의 가정, 살아온 인생을 평가할 줄 알아야 한다. 즉, 자신이 어떤 사람인지 정의하는 과정이 있어야 한다. 소위 말하는 정체성이다. 이것부터 찾아야 기준이 정해진다. 그 기준이 있어야 삶의 태도, 직업관, 결혼관, 가족관, 인간관계 등이 모두 결정된다.

꽤나 오랜 세월을 살고 난 뒤에 그 삶이 자신에게 맞는 삶이 아니었다는 사실을 깨닫는 사람들이 있다. 깊은 후회도 하지만, 그 성찰이 가치가 있다는 사실이 있기 때문에 "희열이 있다"고 말한다. A라는 삶에서 전혀 다른 B라는 삶이 시작되는 것이다. 자신을 찾고, 자신만의 삶의 기준을 만들고 나면 정치적 이념, 종교적 관점, 삶의 목표 이 모든 게 바뀔 수 있다. 혁명적인 일이 일어나는 것이다.

한때 정치적 성향이 한쪽으로 치우쳤던 분이 그랬다. 당시에는 자신의 생각이 옳다고 생각했다고 한다. 자신이 믿는 철학이 절대적이라고 생각했다는 것이다. 그러다 생각을 같이하던 사람들의 변심과 배신을 보면서 어느 순간 '정말 그런 것일까?' 하고 고민하기 시작했다. 치열한 고민과 오랜 성찰 끝에 이전과 아주 다른 삶을 시작했다. 그가 이야기했다. "나만의 삶, 나만의 생각을 하기 시작하니 말로 표현하기 힘들 정도로 벅찬 삶이 시작되었어요"라고.

이런 깨달음 끝에 새롭게 시작한 삶은 힘들 수도 있다. 인간관계, 재화를 포함해서 그동안 자신이 일군 많은 것을 내려놓아야 할 수도 있다. 그러나 이전에 느끼지 못했던 희열이 있다. 이 세상에 자신의 삶을 찾았다는 희열과 바꿀 수 있는 것은 없기 때문이다.

초등학교에 입학했을 때처럼 차근차근 하나씩 시작한다. '이거 오래전에 했던 일인데' 이런 생각이 들지 않는다. 새로운 삶은 시작하고 나면 같은 과정을 다시 거쳐도 받아들이는 수준이 이전과 다르다. 모든 게 소중하다. 감동이 있다. 마치 전혀 다른 사람이 된 것 같다. 성숙해진다. 설사 고난과 폭풍우가 몰아치고 지독한 유혹이 오더라도 흔들리지 않는다. 부화뇌동하지 않는다. 삶이 완성된다. 그 누구의 삶이 아닌 나만의 삶이다. 나만의 기준으로 살고 있다. 이 얼마나 흥분되는 삶인가?

이 세상에 처음부터 끝까지 인정받으며 사는 사람이 몇 명이나 될까? 아마 1퍼센트도 안 될 것이다. 왜 사회가 만든 기준 안에서 살려고 하는가? 그보다는 자기 가치관을 만들고 본인 의지대로 사는 게 훨씬 더 가치 있는 삶 아닐까?

핸디캡

●

결핍, 이마저도 에너지로 만들 수 있는 사람이 되자.

●

고故 노무현 대통령의 후보 시절에 있었던 유명한 일화다. 아내 권양숙 여사 부친의 과거 활동이 논란이 되자 "그럼 내 마누라를 버리라는 겁니까?"라고 반문해 상대의 입을 닫게 만든 것은 물론, 지지율 상승까지 이끌었다. 이처럼 궁지에 몰렸을 때 문제를 있는 그대로 드러내 용서를 구하거나 협조를 구하면 더 빛날 수 있다.

사람은 자신의 잘못된 행동을 인정하지 않는 습성이 있다. 그래서 보통은 자신의 부족한 부분을 지적받았을 때 버럭 화부터 내거나 거짓말로 자기방어에 들어간다. 변제를 강요받은 것도 아니고 나쁜 의미로 지적질을 당한 것도 아닌데 그렇게 행동한다. 앞으로 실수를 줄이라는 지적을 받을 때는 지적 자체를 부인해서는 안 된다. 인정할 것은 인정하고 반성할 것은 반성해야 한다. 그래야 발전할 수 있다.

잘못에 대해 부인만 하는 사람은 반복적인 실수를 하겠다는 이야기와 다르지 않다. 매번 그 자리에 있다. 발전이 없다.

사회적으로 성공한 사람 중에 열등감 속에 산 경험을 가진 경우가 많다. 미국 프로야구 선수 10명 중 9명은 스스로 실력이 부족하다는 생각에 열등감 속에서 살았다는 통계가 있다. 물론 그 뒷이야기도 있다. 자신의 부족함을 그냥 내버려두지 않고 변화와 발전의 기회로 삼아 우수한 선수로 성장했다는 것. 결핍은 문제가 아니다. 오히려 성장을 유도하는 자양분이다.

어릴 적, 아버지는 내가 덜렁거릴 때마다 경상도 사투리로 '털팔이'라고 부르며 꾸지람을 하셨다. 아버지는 내가 더 신중해지길 바라며 꺼낸 이야기겠지만, 당시 나는 아버지 꾸지람 때문에 늘 주눅들어 살았다. 학창 시절 소심한 아이로 자란 것도 이런 아버지 영향이 컸던 것 같다. 청년기까지 나의 가장 큰 고민도 '어떻게 해야 소심한 성격을 고칠 수 있을까?'였다.

사회에 나와서까지 소심한 성격을 고치려고 얼마나 많은 노력을 기울였는지 모른다. 이런저런 사회 모임에 가입해 사람을 사귀고, 억지로라도 다른 사람에게 말을 걸어보고, 대학원 다닐 때도 일부러 회장 자리를 도맡았다. 이런 노력으로 많이 바뀌었다. 사람들 앞에서 말 한마디 제대로 못하던 내가 여러 사람 앞에서 의견을 이야기하는 수준은 되었다. 성격이 바뀌니 사업도 잘되었다.

내가 소극적인 성격을 바꾸려고 노력하지 않았다면 지금까지 사회성이 부족한 사람으로 남았을 것이고 사업도 이만큼 성장시키지 못했을 것이다. 어린 시절에는 아버지의 꾸지람이 싫었지만, 소심한 성격을 바꾸는 것도 힘들었지만, 부족함을 극복하는 과정을 통해 완벽하게 준비하고 일하는 사람이 되었다.

이처럼 자신의 부족한 부분을 알고, '부족하다'는 사실을 인정하고, 수정하려고 노력하는 과정은 살아가는 데 매우 중요하다. 부족하다는 사실을 부정적으로 받아들여 자포자기식으로 살면 더 나락으로 떨어지겠지만, 부족한 부분을 채우겠다는 마음을 갖는다면 이는 일을 열심히 하게 만드는 '동기'가 되기 때문이다.

나는 평생 '많은 것이 부족하다'는 마음으로 살아왔다. 지금 생각해보면 그 마음이 오히려 큰 도움이 되었다. 부족하다는 마음이 있으니 일을 완벽하게 노력하는 습성이 생겼고 그렇게 일하다 보니 늘 기대보다 성과가 좋았다.

지금도 고객을 만날 때는 마치 사회 초년병처럼 철저하게 준비한다. 어떻게 행동할 것인지, 무엇을 물어보고 어떻게 대답할 것인지 시뮬레이션 해본다. 미팅 직전에는 반드시 화장실에 들러 몸단장을 확인한다. 거울을 보며 밝은 표정으로 말하는 연습도 한다. 이런 준비를 끝내야 미팅에 자신이 생긴다. 미팅이 끝나면 함께 참석했던 직원에게 내가 무엇을 잘못했는지 물어서 부족한 부분을 수정해나갔다. 사업을 수주한 이후 품질 관리에 완벽을 기하는 것은 말할 것도 없다.

상대가 어떻게 생각하든 말든 내 생긴 대로 행동했다면 그 누구도 나와 관계를 맺으려 하지 않았을 것이다. 그 결과는 참혹했을 것이라고 생각한다.

평소 직원들이 문제를 풀려는 노력이 없거나, 준비 없이 일에 착수하는 것 같은 판단이 설 때는 "꼼꼼하게 체크하고 바로 앞에 놓인 문제부터 해결하세요"라고 반복해서 이야기한다. 잔소리 같지만 실수를 줄이기 위해서는 어쩔 수 없다. 큰일은 작은 것에서부터 시작되는 법이라는 사실을 진리처럼 믿고 있다.

얼마 전, 부산에 있는 어느 회사에서 부사장으로 근무한 경력을 가진 분이 일자리를 구하러 왔다. 나이는 예순을 넘겼고, 경력은 이루 말할 수 없이 좋았다. 그와 많은 이야기를 나누었다.

"그 회사는 어떻게 그만두게 되었습니까?"

"조직에서 위로 올라갈수록 사람들 관리가 힘들었습니다."

"무슨 문제가 있었습니까?"

"마음이 여려서 이 사람 저 사람 형편 봐주다 보니 결국 조직이 와해되었습니다."

그 스스로 관리자 마인드가 없었다고 고백했다. 같이 자리한 관리자는 시큰둥한 표정이었지만 나는 좀 다르게 보았다. 본인의 부족한 부분을 솔직하게 이야기하는 모습이 마음에 들었다. 그래서 물었다.

"부족한 부분을 채울 수 있겠습니까?"

"열심히 노력하겠습니다."

君子如何長自足군자여하장자족
小人如何長不足소인여하장부족

不足之足每有餘 불족지족매유여

足而不足常不足 족이불족상부족

군자는 어찌하여 늘 스스로 족하며

소인은 어찌하여 늘 부족한가.

부족함 중에 만족하면 늘 남음이 있고

족한데도 부족하다 하면 항상 부족하네.

핸디캡은 누구나 가지고 있다. **핸디캡은 감춘다고 감춰지는 게 아니다. 오히려 밖으로 드러냈을 때 극복해낼 가능성이 생긴다.**

그간 노력을 많이 기울였고, 그래서 과거에 비해 많이 좋아졌지만 여전히 나는 사람들 앞에 서면 말을 잘하지는 못한다. 수없이 많은 미팅을 주도해야 하는 입장에 있는 사람이 말을 못하니 참 힘들다. 여전히 긴장을 많이 한다. 할 말이 잘 정리되어 있어도 워낙 긴장을 많이 하다 보니 하고자 하는 말이 논리정연하게 나오지 않는다. 더군다나 사람 앞에서 말을 못한다고 스스로 생각하고 있으니 그런 자리만 생기면 정신적으로 많이 피곤하다.

그런데, 이런 핸디캡이 꼭 나쁜 것만은 아니다. 무슨 일에 앞서 긴장을 많이 한다는 것은 그만큼 실수를 하고 싶지 않다는 의미도 가지고 있다. 완벽주의 성격이 더 긴장하게 만든다고 생각하면 조금 위안이 된다. 핸디캡을 극복하려고 노력하는 과정에서 얻은 게 많다. 자신감, 문제 해결 능력, 정면 돌파 의지 등이 선물처럼 주어졌다. 지금 미팅이나 발표 하루 전에 원고를 수없이 수정하고 혼자서 큰 소리로 읽는 연습을 한다.

핸디캡은 하나의 장애물일 뿐이다. 중요한 점은 '핸디캡을 극복하려는 의지를 가지고 있느냐?'는 것이다.

독수리는 최대 70년까지 살 수 있다고 한다. 그러나 모든 독수리가 만수萬壽를 누리는 것은 아니다. 40년이 되는 시기에 고비가 온다. 스스로 낡은 부리와 발톱, 날개털을 뽑아낸 독수리는, 그 시기는 극도로 힘이 들지만 새로운 부리와 발톱, 날개털을 만들어 생명을 연장한다. 그러나 변화가 두려워 낡은 몸을 버리지 못한 독수리는 얼마 후에 생을 마감한다.

환골탈태를 선택한 독수리가 마치 커다란 핸디캡을 극복한 사람처럼 느껴진다. 핸디캡을 극복하면 이런 큰 선물이 주어진다. 지긋지긋하게 자신을 옭아매고 있는 핸디캡을 한번 극복하고 싶지 않은가?

희생의 나르시시즘

●

왜 가장 먼저 챙겨야 할 것이 다른 누구도 아닌

자기 자신이라는 사실을 잊고 살까?

●

손목이 아파 한동안 운전을 하지 않다가 갑자기 부산 갈 일이 생겨서 불가피하게 운전대를 잡았다. 오랜만에 운전하니 기분이 괜찮았다. 이른 시간이라 고속도로에는 차량도 적었다. 나도 모르게 가속 페달을 밟아 속도를 높였다. 그렇게 한 시간 정도 운전했던 것 같다. 무슨 이유 때문인지 앞차가 갑자기 급하게 속도를 줄였다. 깜짝 놀라 급히 브레이크를 밟았다. 내 차가 앞차와 거의 충돌 직전에 멈춰 섰다. 가슴이 철렁했다. 너무 오랜만에 운전해서 속도감이 없었던 것일까? 긴 제동 거리만 감안해도 나는 규정 속도를 훨씬 넘겨서 운전했다는 사실을 알 수 있었다. 부딪히지만 않았지 사고가 난 것이나 다름없었다. 휴게소에서 한참 동안 시간을 보내고 나서야 운전대를 다시 잡을 수 있었다.

그 운행에서 나는 얼마나 많은 고비를 넘긴 것일까? 운전을 하면서 핸드폰 통화도 했고, 집에서 싸온 간단한 음식도 먹었으며, 바닥에 떨어진 메모를 줍기도 했다. 나도 모르게 생긴 안전 불감증을 떠올리면 지금도 아찔하다.

그날 부산에서 지인을 만나 일을 보고 그와 늦게까지 술을 마셨다. 그 지인에게 고속도로에서 벌어진 상황을 설명해주었다. 그는 너무 놀랐는지 미안하다는 말을 계속했다. 다음 날, 차를 몰고 서울로 출발하려는데 그 지인으로부터 문자가 왔다.

"서 회장, 부산까지 내려와서 많이 고마웠습니다. 귀한 몸이니 서울까지 안전하게 운전하세요."

그 메시지는 여운이 오래갔다. 그렇지! 나도 누군가에게는 귀한 사람이지! 새삼스레 이런 깨달음이 일었다.

사람은 누구나 귀하다. 인간 자체로도 귀하지만 사회에서 역할이 있고 책임이 있다. 본인 몸이라고 마음대로 굴려서는 안 된다. 그동안 회사와 가정, 사회에서 어떤 역할을 해왔고 지금은 어떤 역할을 해야 하는지 생각해보자. 행여 교통사고 같은 불의한 일로 생을 마감해서는 안 되는 것이다. 그런데 이상하게도 우리는 운전대만 잡으면'운전은 언제나 위험한 것'이라는 사실을 잊고 운전한다.

늘 조심해야 한다. 자신의 몸은 자신만의 것이 아니다. 표현이 이상하지만 많은 사람들의 재산이다. 늘 귀하게 생각해야 한다.

벌써 25년이나 지난 일이다. 고객 중에 공무원 출신 사업가가 있었다. 그는 사업도 잘했고 집안도 좋았으며 미남에다가 언변도 뛰어났다. 아내도 미인이었다. 40대 초반에 이미 최고급 승용차를 몰았다. 반대로 그 시절 나는 너무 보잘것없었다. 그가 가진 모든 게 부러웠다. 그리고 '몇 년 후에는 꼭 저 사람처럼 잘살겠다!' 다짐하며 열심히 일했다. 그런데 이게 웬일인가? 어느 날 비보가 전해졌다. 고속도로에서 함께 달리던 트레일러 위 컨테이너가 그 고객의 승용차 위로 떨어져 압사당하고 말았다.

사건 소식을 듣고 슬프기도 했지만, 너무 안타까웠다. 그 보석 같았던 사람이 하루아침에 사라진 것이다. 피도 안 섞인 나도 너무 안타까웠는데 유족들은 얼마나 상심이 클까? 자식들은 평생 누구를 의지하며 살아야 할까? 그 회사 직원들은 하루아침에 실업자가 된 것 아닌가? 누구도 예상하지 못한, 너무나 안타깝고 어이없기까지 한 사고로 본인의 운명은 물론이고 연관된 여러 사람들에게도 불행이 시작된 것이다.

사람은 자기 혼자 살아오고 혼자 살아가는 것 같지만 그렇지 않다. 누군가의 도움과 누군가의 관심으로 일하고 있고, 그 덕에 살아가고 있다. 그래서 자기 몸은 자기만의 것도 아니고 소중하게 다루어야 한다. 예상치 못한 사고가 안타까운 이유가 바로 그런 것이다.

나의 할머니는 새벽 첫닭이 울면 어김없이 일어나 맑은 샘물로 세수를 한 후 정화수와 촛불을 앞에 두고 정갈하게 가족을 위한 기도를 하셨다. 그 정성이 눈에 보이지 않지만 분명히 나에게 좋은 영향을 끼쳤다고 생각한다. **지금도 집안 어르신들은 "네가 이렇게 잘 살 수 있는 것은 할머니 덕이다"라고 입버릇처럼 말한다. 할머니의 정성을 가족 모두가 익히 아는 것이다.** 나 역시 같은 생각이다. 할머니의 정성 덕에 사업도, 가정도 잘된 것이라고 생각한다.

나는 전날 아무리 많은 일을 하고 몸이 천근만근 무거워도 새벽 5시면 일어나 운동을 하면서 하루를 시작한다. 사람의 몸은 어떻게 관리하느냐에 달려 있다. 10년 젊게 살 수도 있고, 10년 늙게 살 수도 있다.

이처럼 하루도 빼놓지 않고 운동을 하는 것은 나만을 위해서가 아니다. 내 건강이 무너지면 내 가족과 수많은 직원, 지인들에게 크나큰 영향을 준다는 사실을 알기에 힘들어도 운동하러 나간다. 내 몸을 귀하게 만들어준 여러 사람들을 위해 노력하고 있는 것이다.

우리나라 남자들이 가지고 있는 나르시시즘은 다른 나라 사람들과 많이 다르다. 본래 나르시시즘은 본인에게 빠지는 것이다. 그래서 자기 자신을 아껴야 하는데, 우리나라 남자들의 나르시시즘은 부양해야 하는 가족, 책임져야 하는 사회 업무 때문에 만들어진다. 자신이 건강해야 일을 하고, 돈을 벌고, 가족을 부양할 수 있다. 본인이 건강해야 늙어서 국가든 가족에게 의료비 부담을 덜 줄 수 있다. 본인이 건강해야 가족들이나 다른 사람에게 피해를 주지 않는다. 그래서 억지로라도 본인을 사랑하고, 정신과 몸을 관리한다. 나는 이런 삶을 '희생의 나르시시즘'이라고 말하고 싶다.

참으로 이상하다. 주변을 보면 이 정도 수준이 안 되는 경우도 있다. 한 가족 중 한 명은 가족 부양을 위해서 열심히 노력하고 최선을 다하는데 그 가족들은 가족 공동체라는 허울만 내세우지 호응이 없다. 누군가의 희생이 당연하게 여겨지고 있다. 그래도 행복이라고 말하니 이상하다.

개인적으로 세상이 조금은 상식적으로 바뀌길 원하지만, 어쨌든 감사한 일이다. 이런 이유든 저런 이유든 희생하는 사람이 자신을 아낄 수 있는 이유가 생긴 것이다. 남녀노소를 불문하고 가정을 책임지고 있는 사람에게 이 정도 관심은 주어진 것이다. 참으로 감사하다.

고속도로를 운전하다 보면 가끔씩 반도체 운반 차량이 눈에 띈다. 모두 안전 표시를 하고 서행 운전한다. 반도체 부품은 고가 부속이다 보니 행여 사고라도 나면 그 회사든 주변이든 피해가 크기 때문이다. 반도체 공장에서도 운전자 안전 교육에 각별히 신경을 쓴다. 그런데 반도체 운전 차량 운전자만 그렇게 조심해서 운전해야 할까? 생각해보면 운전하는 모든 사람과 모든 차량이 소중하다. 모두 철저하게 안전 교육을 실시하고 안전하게 운전해야 한다. 모든 차량이 그와 관련한 모든 사람들에게 중요한 것이다.

이렇게까지 이야기했는데, 혹시 자신을 소중하지 않다고 생각하고 있는가? 그건 지나치게 희생적인 생각이다. 많은 사람들이 당신을 생각하고 있다. 그러니 자신을 아끼고 보호할 생각부터 했으면 좋겠다.

자기 의견

●

회사라는 조직에서는 하루가 멀다 하고 문제가 발생한다.
대체로 "괜찮아요"라는 말이 입에 밴 사람들이 문제를 발생시킨다.

●

중요한 입찰 프레젠테이션이 있는 날이다. 이른 아침 제안 장소로
이동하면서 발표 직원에게 전화해서 마지막 점검 잘하라고 당부를
했다. 그런데 그 직원 목소리에 피곤함이 많이 배어 있었다. "어디
아픈가요?"라고 물으니, "괜찮습니다, 괜찮습니다"라는 말만 반
복했다. 그 직원은 "괜찮습니다"라고 했지만, 나는 계속 걱정이 되
었다. 본인은 인내하고 참을 수 있다고 하지만 프레젠테이션을 하
고 평가자 질문에 답변을 해야 할 사람 목소리가 잠겨 있으니 걱정
되지 않을 수 없었다.

아들이 요즘 나에게 가장 자주 하는 말도 '괜찮아요'다. 내가 뭘
좀 도와주려고 해도 '괜찮아요' 맛난 음식을 좀 더 먹으라고 해도

'괜찮아요' 옷을 사 입으라고 해도 '괜찮아요'라고 말한다. 내 아들은 정말 괜찮은 걸까?

지난해 여름에 있었던 일이다. 우리 가족은 어느 바다로 휴가를 다녀왔다. 휴가를 마치고 서울로 올라오는데 아들이 기침을 시작했다. 감기가 올 수도 있어서 "약 먹고 푹 쉬어라"라고 했다. 그랬더니 또 "괜찮아요"라고 했다. 다음 날 아들은 감기가 심하게 걸렸다. 아들부터 시작된 감기가 온 가족에게 번졌다. 아들 덕분에 그 더운 여름 우리 가족은 에어컨도 켜지 못하고 살았다.

'괜찮아요'라는 말은 얼핏 들으면 상대를 배려하는 말처럼 들린다. 그런데 그 속은 꼭 그렇지가 않다. 윗사람이 무엇을 물었을 때 아랫사람이 자신의 불편함을 표현하는 게 예의가 아닌 것 같아서 습관적으로 건네는 답이기도 하다. 그건 우리 문화가 가지고 있는 억압적인 단면으로 볼 수도 있고, 다른 기준에서 보면 "됐어요!" "필요 없어요!" 이런 말처럼 상대 관심을 무시하는 말로 들리기도 한다. 아니면 자기 의견이 없다는 말처럼 들리기도 한다.

자기에게 맞는 장비를 구비해야 제대로 기량을 발휘하는 운동선수가 있다. 그런데 자기 팀에는 자기 몸에 맞는 장비가 없다. 중요한 시합인데도 그냥 "괜찮아요!" 하면서 몸에 맞지 않는 장비를 구비하고 경기에 나갈 것인가?

낙하 훈련을 하는데 자신에게는 안전하게 사용할 수 있는지 여부를 검사한 지 오래된 낙하산밖에 남지 않았다. 그래도 "괜찮아요" 하면서 그 낙하산을 착용한 채 뛰어내릴 것인가?

이건 아니지 않은가?

'괜찮아요' 이 말이 습관이 되면 좋지 않다. 사회에서는 '적당히 사는 사람'으로 평가받을 가능성이 있다. 이래도 좋고 저래도 좋은 사람, 자기 의견이 없는 사람. 이런 태도로 사회생활을 하면 내 아들이 온 가족에게 감기를 전염시켰듯이 자신도 모르는 사이에 조직에 피해를 줄 수도 있다.

어느 회사 신입 사원 오리엔테이션에서 벌어진 일이다. 교육을 진행하던 직원이 신입 사원에게 "회사를 편안하게 생각하고 회사 내에서 편안하게 생활하세요! 다 괜찮습니다" 하고 말했다. 본인은 후배들을 배려해서 꺼낸 말인 줄 모르겠으나 사장 입장에서는 기가 찼다. 그 직원은 사장에게 크게 혼이 났다. 배려도 때와 장소를 가려서 해야 한다. 일을 가르치고 업무를 시켜야 할 사람이 아래 직원에게 '회사에서 편하게 지내라'고 말하다니, 그것도 '모두 괜찮다'고 말하다니, '나 원 참!' 하고 한숨이 절로 나오는 일화다.

기업은 이윤을 창출하려고 사력을 다해 일하는 곳이지, 선후배 챙겨가며 우호를 다지는 대학교 동아리가 아니다. 자기 본분을 망각하면서 배려하려는 것은 '자기 생각이 없는 것' 이상도 이하도 아니다. 이런 교육자를 만난 신입 직원은 '이 회사 참 만만하구나!' 생각할 수 있고, 정말 제대로 된 사람이라면 '이 회사 체계도 없구나!'라고 크게 실망할 수도 있다.

사회에서 인정받는 사람은 상대가 다소 불편하게 받아들이더라도 자기 본분을 다하는 사람이다. 최대한 겸손을 갖추었지만 자기 의견은 분명하게 이야기할 줄 아는 사람이다. "괜찮습니다!"라고 말하며 본인 피해도 감수하겠다는 태도를 갖는 사람이 아니라, "그렇게 하면 안 됩니다"라고 이야기하는 사람이다. 그래야 당장은 힘들더라도 선이 그어지고 문제가 해결된다. 이게 진심으로 일하는 사람이다.

회사 업무에 있어 '좋게 넘어가는 일'이 있을 수 없다. 그런 식으로 편하게 일하다 보면 책임 소재도 불분명해지고 그러다 보면 분명 사고가 터진다. 실제로 회사라는 조직에서 벌어지는 사고는 대부분 직원들이 일을 편하게 하다가 부주의로 벌어지는 일들이다.

웬만한 문제는 조직에서 덮어주고 해결해준다. 기본적으로 직원들을 '업무를 추진하는 자원'이라고 여기기 때문에 서포팅해주는 것이다. 여기까지는 그럴 수 있다. 그런데 다음이 문제다. 문제를 일으킨 당사자라면 문제를 해결하려는 노력도 필요하고 미안한 모습도 필요한데 대부분 책임 의식도 부채 의식도 없다. 기본적으로 마인드가 잘못돼 있는 직원들이 많다.

조직에서는 실무 당사자가 스스로 알아서 문제를 해결하면 더없이 좋겠지만, 사실 일을 지시하는 입장에서는 그것까지는 바라지 않는다. 자신으로 인해 문제가 발생했을 때 '해결하려는 노력'까지는 본인 업무다. 그런데 애초에 그럴 마음도 없다. **본인 업무인데도 자기가 책임져야 할 문제라고 생각하지 않는다. 선임으로부터 '편안하게 일하라'고 교육받은 직원, 평소 '괜찮아요!'라는 말이 습관처럼 입에 밴 사람들이 이런 식으로 일한다.**

자기가 모르는 분야라고 전문가 의견만 맹신해서는 안 된다. 전문가 의견은 참고만 하는 것이고 최종적인 결정을 하는 것은 본인이다. 리더십 가르치는 교수라고 실제 조직을 잘 이끄는 것도 아니다. 신경정신과 의사도 우울증에 시달릴 수 있고, 철학과 교수라고 인격이 좋은 것도 아니다. 한 환자를 두고 의사마다 의견도 제각각이다. 사람마다 처한 상황이 다르고 할 수 있는 한계치도 다르니 풀 수 있는 방법도 다를 수밖에 없다. 몸에 이상이 있거나 정서적으로 불안할 때 결국 어떤 조치를 취할지 결정하는 것은 자기 자신이다.

조직에서도 마찬가지다. 윗사람이 지시하는 일이라고 해도 모두 옳은 것은 아니다. 틀릴 수도 있고 잘못 판단할 수도 있다. 겸손을 갖추어 자기 의견을 분명하게 전달할 의무가 있다. 논리가 부족해서 사실을 은폐시키거나 사실이 아닌 데도 시인하는 것은 거짓말을 하는 것 이상으로 좋지 않다. 신뢰를 잃게 된다.

자기 의견을 가지고 일하는 사람과 그렇지 못한 사람의 인생은 하늘과 땅만큼이나 차이가 난다. 자기 의견을 가지고 일하는 사람은 회사라는 조직의 부속품이 아니라 다른 사람으로 대체할 수 없는 경지에 이를 수 있다. 이런 사람들이 임원이 되고 대표이사가 된다.

자기 의견 없이, 혹은 의견이 있어도 이야기하지 않는 사람은 내내 그 자리에 있다가 그만둔다. 다른 회사에 가도 마찬가지다. 왜냐하면 부속품처럼 일하기 때문에 대체도 쉬운 것이다.

'회사에서 적당히 버티다가 나와서 사업할 거야' 하는 생각으로 사는 사람들이 많다는 것도 알고 있다. 그러나 그런 마인드로 살다가 제대로 사업하는 사람을 본 적이 없다. 과정이 제대로 되어야 결과가 있는 법인데, 수년을 허송세월로 보내고 결과를 바란다는 게 처음부터 말이 안 된다. 이왕 하는 일, 자기 생각과 자기 의견을 가지고 일해보자. 그 과정이 있고 나면 세상이 평가하고 세상이 기회를 만들어줄 것이다.

누군가 나에게 질문을 해왔을 때는 대부분 의미나 의도가 깔려 있다. '괜찮아요'라는 대답 대신, 자기 의견을 이야기할 줄 알아야 한다. 사회생활을 하는 사람이라면 이렇게 작은 것부터 개선해 나갔으면 좋겠다.

목표 설정

●

정기적으로 새로운 목표를 설정하라.

오래 일할 수 있는 필수 조건이다.

●

경제학에 '한계효용 체감의 법칙'이란 게 있다. 아무리 좋은 것도 사용하면 할수록 점점 가치가 떨어지는 것을 의미한다.

바나나를 많이 샀다. 처음 몇 개는 맛있게 먹지만 어느 순간부터 맛이 없다. 사실 모든 바나나 맛은 같다. 맛은 변함이 없는데 먹을 수록 맛이 줄어들었다고 느끼는 것이다. 그러다 결국 더 이상 바나나를 먹을 필요까지 느끼지 못하게 된다. **이처럼 상품은 변함이 없지만 사용자의 익숙함이 만들어낸 가치 하락, 이런 게 한계효용 체감의 법칙이다. 효용이 한계에 다다르기 전에 새로운 목표를 정하는 게 성공으로 이끄는 기술이다.**

인생도 이와 마찬가지다. 결혼한 지 오래된 부부 관계일 수도 있고, 오랫동안 전념해온 일일 수도 있다. 어느 순간 사람이나 일이 보기도 싫을 정도로 지겨워질 때가 있다. 일종의 권태기가 왔다는 신호다. 그 시기에 고민을 해결하지 못하면 긴 슬럼프에 빠진다.

한 가지 일을 오래 하다 보면, 평소 같으면 당연히 극복해냈을 어려움 앞에서 '이 일을 계속해야 하나?' 이런 근본적인 고민이 생길 때가 있다. 이 시기를 극복하는 가장 좋은 방법은 새로운 목표 설정과 동기 부여, 그리고 변화다.

지금 하고 있는 일이 수입 측면에서든 주변의 평가든 나쁠 것도 없는데 자기에게 맞지 않는 일이라는 생각이 들 때가 있을 것이다. 그때는 무조건 일을 바꾸기보다 지금 하는 일에서 새로운 가치를 찾아보는 노력이 먼저 있어야 한다. 모든 일은 잠재력을 내포하고 있는데, 본인이 생각해내지 못했거나 보지 못한 것일 수도 있다. 안으로 더 파고들다 보면 새로운 매력을 찾을 수도 있다.

행복이라는 것도 그렇다. 모두 마음의 문제일 수 있다. 채우고 채워도 끊임없이 갈증을 느끼는 것처럼 스스로 하는 일에 불만을 만들어내고 불행하다고 여기면 그 사람은 불행할 수밖에 없다. 행복은 다른 곳에서 찾을 것이 아니라 본인 마음에서부터 시작된다.

회사 인근에 자주 가는 음식점이 있었다. 고기 맛이 유별나게 뛰어나고 가격도 저렴해서 늘 손님이 들끓었다. 예약도 어려워서 사람들이 드문 시간을 골라서 찾던 곳이다.

그곳 사장은 이렇게 호황을 누리는 음식점을 시작하기 전까지 사업에서 여러 번 실패해서 정말 어렵게 살았다. 마지막이라며 시작한 식당이 간절함 때문인지 너무 잘됐다.

그런데 문제는 그다음에 생겼다. 그 사장은 돈을 벌고 난 후 더 이상 열심히 일할 이유를 찾지 못했다. 손님이 몰리는 것도 더 이상 반갑지 않았다. 효용이 한계에 이른 것이다. 이 시기에 새로운 목표를 만들고 동기를 강화하지 못하면 내리막길을 걸을 수밖에 없다. 실제 그 식당은 서비스가 나빠지면서 손님이 줄기 시작했고, 결국 그 사장은 식당 문을 닫았다.

만일 식당 주인이 '우리 식당은 맛뿐 아니라 서비스도 최고가 돼야 한다!'라고 목표를 새롭게 정했다면 결과는 달라졌을 것이다. 다른 곳에 2호점을 낼 수도 있고, 프랜차이즈 사업으로 발전시킬 수도 있었을 것이다. 그러나 그 사장은 한계를 넘어서지 못했다.

분야는 달라도 많은 사람들이 이 시기, 성장이 정체되는 시점에서 좌절을 경험한다. 결론부터 말하면, **한계효용 체감이 왔을 때 한 번 더 도약한 사람은 오랫동안 승승장구한다. 그때 비로소 진짜 성공이 찾아온다.**

기업에도 크고 작은 위기가 끊임없이 찾아온다. 처음에는 급성장하지만 어느 시기가 되면 정체되기 시작한다. 그 시기에 한 번 더 도약하고 지속적으로 발전하려면 '한계효용 체감의 법칙' 덫에서 벗어나야 한다. 새로운 목표를 만들고 동기를 강화해야 한다.

1992년 창원에서 용역 회사를 만들면서 사업을 시작했다. 방역, 물탱크 청소 용역을 주로 하다가 스포츠시설 관리, 아파트 관리, 빌딩 관리 용역을 맡으면서 회사를 점점 키웠다. 책임감 있게 일하다 보니 수주가 계속 늘었고 창업 5년 만에 경남 지역 대표적인 아웃소싱 기업으로 성장했다.

이 무렵 나에게도 한계효용 덫에 걸릴 수 있는 순간이 찾아왔다. 매년 비슷한 시기에 비슷한 업무만 하다 보니 '사업하는 재미'가 줄어들고 있었다. 혹독한 IMF 위기까지 겪다 보니 '이 사업을 계속할 수 있을까?' 이런 생각까지 들었다. 그러나 고민 끝에 내가 선택한 것은 '다른 사업에의 도전'이 아니라, '기존 사업 확장'이었다.

지역 한계를 극복하기 위해 부산에 법인을 설립했다. 창원에서 그랬듯이 처음 시작하는 마음으로 지속적으로 일했다. 열심히 영업하고 꼼꼼하게 일을 챙겼다. 부산 법인을 설립하자마자 곧바로 서울에 법인을 냈다. 부산이야 창원에서 가까워 확장이 자연스럽다고 할 수 있으나 서울은 당시 나에게는 생면부지 도시나 다름없었다. 서울 법인 창업 초기에는 회사에서 잠을 자면서 법인을 만들어갔다. 한계효용이 오면 목표를 다시 세우고 일 속에서 답을 찾았다. 한계효용을 반복적으로 체감해왔지만, 그걸 극복해내면서, 여섯 개 법인을 가진 지금의 '장풍'이 만들어졌다.

현재 국내에 인력 아웃소싱 회사는 2만 개가 넘는다. 그중 지방에서 창업해서 수도권에서 규모 있게 사업하는 업체는 우리 회사가 유일하다. 국내 모든 업체를 통틀어도 장풍이 가장 광범위한 산업 분야에 사업을 펼치고 있다. 우리 회사를 자랑하려고 꺼낸 말이 아니다. 이 모든 게 가능했던 건 단 한 가지다. 기업이 반복적인 한계에 부딪혔을 때 새로운 목표를 세우고 부단히 노력했기 때문에 이룰 수 있었던 성과였다.

효용한계를 자주 체감하는 대표적인 직업군은 운동선수들이다. 올림픽 메달같이 큰 성과를 이루고 나면 또 다른 목표 설정이 어렵고, 더 잘하려다 보면 한동안 슬럼프를 경험한다.

2018 평창 동계올림픽에서 성화에 불을 붙이던 김연아 선수는 그 슬럼프를 극복해 국내외 전문가들로부터 극찬을 받았다. 그녀는 2010년 밴쿠버 올림픽 금메달 이후 한동안 대회에 나오지 않았다. 은퇴한다는 이야기도 있었고, 실제 많은 사람들이 그렇게 생각했다. 그러나 그녀는 올림픽 2연패를 목표로 다시 운동을 시작했고, 2014년 소치올림픽에서 이전 못지않은 기량을 펼쳤다. 비록 금메달은 놓쳤지만 모두들 변하지 않은 스케이팅 실력에 깜짝 놀랐고, 김연아 선수가 승리자라는 말을 많이 했다.

기업이든 개인이든 한 가지 일을 오래 하게 되면 '목표 의식'이 사라진다. 변화의 이유도 찾지 못한다. '한계효용 체감의 법칙' 인식과 적용은 그때 필요하다. 무엇을 해야 하는지는 분명하다. 지금 하는 일에서 새로운 목표를 정하고 새로운 마음으로 도전하는 것, 그리고 기존 일에서 새로운 분야로 옮겨서 다른 일을 시작하는 것이다. 나는 첫 번째를 권하고 싶다. 본인이 가장 잘 알고 있는 일은 '좀 지겨워졌을 뿐'이지 '새로운 목표를 세울 수 없는 분야'는 아니기 때문이다.

평생 해온 일에서 손을 떼야 하는 상황이거나 실패를 하게 되면 깊은 우울감에 빠질 수 있다. 힘들겠지만 다시 한 번 목표를 설정하고 새로운 변화를 시도하길 권하고 싶다. 인생은 끊임없이 찾아오는 '효용한계'의 덫에서 벗어나려는 노력의 연속이라고 해도 틀린 말이 아니기 때문이다.

승화의 힘

●

분노가 긍정의 에너지로 전환되는 순간,

반전이 시작된다.

●

어릴 때, 한 번도 아버지에게 따뜻한 말을 들어보지 못했다. 나는
또래 다른 친구들과 다르게 자랐다. 좀 심하게 말하면, 한 가족의
구성원으로 제대로 대접받지 못하고 '머슴'처럼 자랐다.

아버지는 처음부터 나를 농부로 키우려고 했다. 나는 초등학교
에 들어가기 전부터 집안 농사일을 했다. 친구들이 한참 신나게 뛰
어놀 때, 논밭에 나가 일을 하고 산에서 땔감을 구했다. 처음에는
몰랐는데 한 살 두 살 나이를 먹고 나니 지게를 지고 산에 가다가
친구들을 만나면 창피했다. 가끔 남몰래 눈물을 흘리기도 했고 마
음이 답답해서 밤늦게 동네 어귀를 배회하기도 했다.

대구에 있는 고등학교에 입학하면서 고향을 떠났지만 농사일이

끝난 것은 아니었다. 토요일 저녁 고향 집에 도착하는 순간부터 일요일 저녁 대구행 막차를 탈 때까지 계속 일을 했다.

하루는 내 처지가 처량해 "내가 학생입니까? 농사꾼입니까?" 하고 아버지에게 화를 내고는 집을 뛰쳐나왔다. 대구로 가는 버스 정류장을 향하는데 어머니가 머리에 쌀자루를 인 채 내 뒤를 따라왔다. 대구 자취방에는 먹을 양식이 떨어진 상황인데도 어머니께 쌀을 가지고 가지 않겠다고 떼를 쓴 게 불과 몇 시간 전 일이었다. 버스에 오르면서 나는 어머니에게 인사도 다른 어떤 말도 하지 않았다. 버스가 떠나자 버스 창 너머 어머니가 집으로 힘없이 돌아가는 모습이 보였다. 그 모습을 보니 가슴이 답답해져서 한참 동안 눈물을 흘렸다.

당시 내 안에는 엄청난 에너지가 들끓었다. 내 처지를 원망하는 마음, 성공하고 싶은 마음이 한데 엉켜 복잡한 에너지가 풍선처럼 팽팽하게 커지고 있었다. 그때 세상을 부정하는 마음을 더 키웠다면 그 에너지가 나쁜 쪽으로 변질돼 불행한 선택을 할 수도 있었다.

그러나 쌀자루를 가지고 오시던 어머니를 떠올리면 그럴 수 없었다. 세상이 원망스러웠지만 그 에너지를 긍정으로 전환시키려고 노력해야 했다. 나 자신을 위해서 꼭 필요한 일이라고 생각했다. 지금 생각해도 참 잘한 것 같다.

아버지는 오래전에 세상을 떠났다. 내 나이 60세가 되어 생각해보면 아버지가 전해준 가르침은 화학 반응식 같다는 생각을 해본다. 어린 시절 내가 그토록 크게 분노했을 때 아버지 마음 역시 많이 아팠을 것이리라. 당신에게는 몇 대를 이어온 집안 농사의 대를 잇는 게 책무처럼 자리 잡았을 것이다.

나는 지금도 무엇을 하던 쉬는 날 없이 바쁘게 지낸다. 조금 쉬려고 하면 아버지가 하늘에서 "일하지 않는구나!" 역정을 내실 것만 같다. 이제 와서 곰곰이 생각해보면 쉼 없이 일하는 습관은 아버지에게 배운 것이고 사업에 많은 도움이 되었다.

아버지께서 내가 원하는 대로 순순히 지원을 해주었다면 내 인생은 전혀 다른 방향으로 흘러갔을 것이다. 어릴 적에는 참 많이 원망했지만 지금은 아버지가 많이 고맙다.

TV 프로그램 〈실제상황〉에 나온 이야기 한 토막이다. 어떤 남자의 동거녀는 사치가 심했다. 여자를 사랑했던 그 남자는 빚을 내서라도 돈을 만들어주었다. 하지만 그것도 한계에 이르렀다. 결국 여자는 남자를 배신하고 집을 나갔다. 남자는 심한 상처를 받았다. 동거녀는 빨간색을 좋아해 빨간색 옷이나 개인 물품이 많았다. 그 남자는 그게 자꾸 생각났다. 그래서 주변 다른 여자들의 빨간색 소지품을 훔치고 파손하기 시작했다. 상처가 결국 병으로 변질된 사례다.

사람은 주변으로부터 사랑을 받고, 때로 상처를 받기도 한다. 상처가 크면 심신이 바뀐다. 삶의 근간이 흔들린다. 잘못하는 줄 알면서도 잘못을 한다. 그러나 아무리 힘들더라도, 세상이 원망스럽더라도 중심을 잡아야 한다. 그게 인생이다.

세상을 살다 보면 분노를 가질 일도 생기고, 누구를 원망할 때도 있다. 자기 인생이 달린 일을 방해한 사람에게 특히 더 그런 마음이 생긴다. '그때 조금만 더 지원해주었다면' '내가 하고 싶은 일을 하게 해주었다면' 하는 마음들이 오랜 시간 원망 속에 살게 만든다. 그러나 **원망도 극복해야 할 대상이다. 원망을 '일 에너지'로 긍정적으로 승화시킬 줄 알아야 한다. 그래야 결과를 만들 수 있다.**

이야기를 하나 들려주려고 한다. A와 B는 동창 사이다. 학교에 다닐 적에, A는 공부를 잘했고 집에서 뒷받침도 잘해주었다. 좋은 대학과 좋은 직장에 들어갔다. 그러나 어릴 때부터 독보적인 존재로 성장한 탓인지 남과 잘 어울리지 못해서 조직 생활에서는 그다지 빛을 발하지 못했다. 반면 B는 학교 다닐 때 성적도 부족했고 집안도 유복한 편이 아니었다, 일류 대학과 대기업에 들어가지 못했다. 그러나 성격이 긍정적이어서인지 조직에 잘 적응했고 시간이 갈수록 성장했다. 나중에 그 회사 대표이사 자리까지 올라갔다.

간혹 학력 때문에, 집안의 뒷받침이 부족해서 성공이 어렵다고 생각하는 사람들이 있다. 힘들겠지만 그 마음은 '좁은 마음'으로 묻어두었으면 좋겠다. 일단 사회에 진입했다면 학력은 한동안 의미가 없다. 사회에서 자리 잡는 데에는 인간관계, 소속감, 긍정적인 태도와 노력이 더 중요하다. 이 부분이 충족되면 인정해주는 사람이 생기고 기회가 온다. 집안의 뒷받침이 부족해서, 명문대를 나오지 못해서 성공하지 못하는 게 아니다.

사업에서도 마찬가지다. 부모로부터 물려받은 재산이 많아서 어려움 없이 사업을 시작한 사람 중에 끝까지 성공한 예는 많지 않다. 인내력이 부족하고, 어려울 때 부탁도 못하고, 이래저래 척박한 시절을 견디기엔 부족한 부분이 많다. 오히려 가진 것 하나 없이 시작해서 하나하나 일궈가는 사람 중에 성공한 예가 많다. 어려움 따위는 오래전에 단련이 돼 있는 것이다. 거기에는 성공에 대한 간절한 열망이 큰 에너지가 된 것이다.

사업을 시작할 당시 나는 완전한 외톨이였다. 가진 게 없었고, 당연히 아무도 찾지 않았다. 그러나 누구보다 '절박'했고, 그로 인해 열심히 일할 수 있는 '열정'은 가지고 있었다. 그 열정이 하나둘 성과를 만들어냈고, 일과 사람들이 모여들었고 돈이 모여들었다. 사업은 저절로 성장했다. 지금은 외톨이도 아니고, 이제 그 누구도 원망하지 않는다.

후배 사업가 한 명이 자신도 모르는 사업에 손을 댔다가 크게 낭패를 봤다. 성실하고 착한 후배인데 수년 동안 모아온 재산을 완전히 다 날렸다. 계속 투자가 들어가야 하는 시기에 회사가 멈춰 서는 바람에 더 이상 투자도 받지 못하고 빚더미 위에 앉게 되었다. 그는 3년째 재기를 꿈꾸고 있지만 생각처럼 쉽게 일어나지 못하고 있다. 그를 만나면 세상에 대한 분노가 가득하다. 그 후배를 만날 때마다 이야기해준다. "그 억울함과 분노를 절박함으로 바꾸고, 한 번에 뛰지 말고 한 발 한 발 올라가"라고.

흥망성쇠

●

한때 잘나간다고 으스댈 필요도,

힘들다고 위축될 필요도 없다.

늘 한결같이 일하는 자세가 중요하다.

●

가만히 있어도 힘이 불끈불끈 솟아오르던 젊은 시절엔 무슨 일이
든 몸으로 부딪치고 싶은 충동이 인다. 이럴 때는 집에 가만히 있어
야 하는 겨울이 곤욕스럽다. 완연한 봄이 되기 전, 더 이상 기다리
지 못해 겨울에 입던 옷을 벗어 던지고 얇은 옷으로 밖에 나가지만
추워서 이내 다시 집에 돌아온다. 개나리꽃은 피었어도 여전히 날
씨가 추운 것이다.

산업 현장에서 이와 비슷한 상황을 많이 목격한다. 내 주변에는
어느 시기에 하늘 높은 줄 모르고 상승하던 기업들 중에 사라진 회
사들이 많이 있다. 그 회사들은 침체기를 견디지 못했다. 침체기에
는 낮은 자세로 바짝 엎드린 채 내실을 단단히 다져야 하는데, 조

금 풀린다 싶으면 성급하게 새로운 사업에 투자를 확대했다가 기본 체력이 더 약해져 다시 찾아오는 위기를 견디지 못했다. 마치 날씨가 좀 풀린다고 얇은 옷으로 갈아입고 꽃구경 가려는 젊은 청춘의 모습 같다.

과거 호황을 누리던 업종 중에 지금까지 유지된 것은 많지 않다. 10년 전만해도 세계 1위라던 한국의 조선업은 수년 전부터 중국에 밀리더니 아예 사양 산업이 되었다. 철강, 자동차 산업도 마찬가지다. 글로벌 시장 환경은 참 빨리 변한다. 앞으로 어떤 변화가 다가올지 두렵기만 하다.

그러나 시장 환경이 극도로 위축된다고 해서 모든 기업이 사라지는 것은 아니다. 그 안에서 자구책을 찾고 쇄신을 기하며 다가올 미래를 준비하는 회사는 역경을 딛고 일어난다. 현실을 제대로 읽고 뼈를 깎는 노력을 기울인 회사라 그렇다.

상황이 여의치 않을 때는 진행하던 사업을 포기하는 결단도 필요하다. 가능성이 없는 사업을 끝까지 끌어안고 있다가 영영 떠오르지 못하는 심해로 가라앉는 일도 발생하기 때문이다.

어느 재벌 기업 이야기이다. 10년 전에 정한 주력 사업 하나를 살리려다 그룹 전체가 위기에 직면해 있다. 그룹 내 다른 계열사를 매각하면서 지속적으로 투자하고 있지만 경기에 민감한 사업이라 재도약이 힘들었다. 문제는 기업의 오너는 여전히 그 사업에 목을 매고 있다는 점이다. 과거 한때의 영화를 잊지 못하고 있는 것이다. 대다수가 이 기업의 미래를 참담하게 보고 있다. 시대를 읽어내지 못한 오너의 고집과 독선이 그 큰 기업을 위기로 몰아가고 있다.

시대를 정확히 바라볼 줄 알아야 한다. 과거에 연연해서도 안 되고, 도박사처럼 막연한 기대로 사업을 진행해서도 안 된다. 단 한 번의 잘못된 판단으로 여러 사람의 인생이 나락으로 떨어질 수도 있다. 시대를 읽는 것은 '운'이 아니라 100퍼센트 냉정한 시선이다.

가끔 만나서 편하게 이런저런 이야기를 나누는 지인이 한 분 있다. 그는 늘 에너지가 넘치고 좋은 아이디어도 많이 가지고 있다. 그러다 보니 만날 때마다 전망 좋은 사업 아이디어를 계속 이야기한다. 그러나 아무리 좋은 아이디어가 있어도 사업으로 이어지기까지는 많은 것들이 필요하다는 사실은 모르는 것 같다. 아이디어 수준에 있으면서 이미 그 사업에서 성공한 것처럼 생각한다. 너무 위험한 생각이어서 "처음부터 하나하나 짚어보세요"라고 말해주곤 한다.

군에서 제대할 시기가 가까워져 오면 사회생활에 대한 의지가 최고조에 이른다. 사회에 나가면 열심히 일해서 성공하겠다는 열정이 끓어오르는 것이다. 그러나 사회는 막 제대한 군인이 쉽게 주무를 만큼 녹록하지 않다. 도전하는 것마다 10전 10패다. 이 사실을 깨달았을 때는 이미 많은 것을 잃었을 때라는 게 더 뼈아프다.

오랫동안 기업에 다니다 정년 퇴임한 후 이런저런 사업에 손을 댔다가 낭패를 보는 경우를 종종 목격하게 된다. 회사에서 시키는 대로 일하고 그에 상응하는 임금을 받고 생활하는 게 몸에 젖어 있어서 본인이 처음부터 끝까지 주도해서 무엇을 일궈내는 DNA가 아직 없는 게 가장 큰 패배 이유다.

시장을 보는 눈도 부족하다. 소비자들은 한정되어 있는데 특정 사업을 하려는 사람이 너무 많다. 모두 경쟁자들이다. 그러나 창업 5년 만에 문을 닫은 점포가 10개 중 8개다. 이게 현실이다.

뛰어난 능력의 사업가도 고전하는 게 요즘의 현실이다. 본인이 하려는 일은 무조건 잘될 거라는 '막연한 기대'도 버려야 한다.

사업에는 연습이 없다. 쉼 없이 생산 활동을 하고 조직을 먹여 살려야 한다. 사업에 실패하면 가정이 무너지고 사회에서도 죄인이 된다. 사업을 한다는 것은 정치로 치면 혁명과 같다. 혁명에 실패하면 대역 죄인이 된다. 그래서 조직 생활을 할 때는 그저 주어진 일만 열심히 하면 살 수 있지만, 사업에 뛰어들면 비장한 각오가 필요하다. 기회도 많지 않다. 자존심이나 경력 등 모든 것을 내려놓고 낮은 자세로 전력을 다해야 한다. 그런 자세로 적어도 5년 이상 숨죽이며 살아야 그나마 조금 견딜 정도가 된다. 현실이 이런데도 '하다 보면 잘되겠지' 이 정도 생각으로 덤비면 투자한 자금은 가문 여름철 자갈밭에 물 빠지듯 이내 모두 잃고 사업은 실패로 끝나고 말 것이다.

나 역시 그러한 경험이 없지 않았다. 한때 물류 터미널 관리 분야에서 독보적인 위치에 있었다. 특별히 어떤 기업 물류 터미널은 오랫동안 진행해온 터라 내용을 잘 알고 노하우까지 생긴 터였다.

그런데 고객사는 수익을 더 남기려고 기준을 더 타이트하게 해서 입찰을 진행했다. 물류를 모르는 어느 업체가 일만 하면 무조건 수익이 나는 줄 알고 낮은 가격으로 입찰에 참여했다. 수익 한계점을 알고 있었던 우리는 기존 가격보다 더 낮게 입찰에 참여해서는 안 된다는 것은 알았지만, 오랫동안 관리해온 것에 대한 미련 때문에, 다른 업체에게 넘기기 싫은 사업주로서 자존심 때문에, 언젠가는 고객사도 인정해줄 거라는 막연한 기대 때문에 손해를 무릅쓰고 사업을 가져오기 시작했다.

하지만 세상은 냉정하다. 고객사는 우리의 손해를 인정해주지 않았다. 매년 기준을 바꿔가며 입찰을 진행했고, 우리는 수년 동안 엄청난 손실을 감수해야 했다. 그러다 더는 버틸 수가 없어서 눈물을 머금고 그 사업에서 손을 뗐다. 환경이 바뀌던 순간에 손을 뗐다면 막대한 손실이 나지는 않았을 것이다.

사업이라는 게 흥망성쇠가 있다. 처음에 힘들더라도 나중에 잘 풀릴 수도 있다. 그러나 그런 상황을 만들기 위해서는 정말 '인간 한계를 넘어선' 노력과 인내가 필요하다. 위기가 찾아왔을 때 도망가지 않고 최선을 다해 문제를 해결하고 한 발이라도 앞으로 나아간다면 길이 보이고 성과를 얻을 수 있다. 물에 빠졌어도 정신을 가다듬고 전력을 다하면 살 기회가 찾아올 것이다.

사업에 실패한 사람들은 수년 동안 밤잠을 제대로 이루지도 못한다. 현실을 막아낼 용기도 없고, 막막한 앞날 때문에 더 위축된다. 허허벌판에서 몰아치는 비바람을 혼자서 온몸으로 받아야 할 때면 모든 것을 포기하고 싶은 생각까지 든다. 정말 고통스럽고 그 순간이 인생의 전부처럼 느껴진다. 주변 사람들에게 한없이 섭섭한 마음이 들기도 한다.

그러나 그렇게 위축돼 있다고 해결되는 것은 하나도 없다. 어렵고 힘든 시기를 견디고 나면 분명 좋은 날이 온다. 그날을 하루라도 빨리 맞으려면 바로 지금이 중요하다. 상황이 안 좋다고, 사업이 안 풀린다고 우울하게 시간을 보내지 말고 무엇이라도 해야 한다. 신발 끈을 조여 매고 밖으로 나가야 한다.

현명한 사람은 사업의 '흥망성쇠'를 생각한다. 잘나갈 때 오히려 조심하고 미래를 대비한다. 잘될 때가 있으면 반드시 힘들 때도 찾아온다는 사실을 알고 있는 것이다. 무슨 일이든 처음 시작할 때 마무리까지 생각해야 한다. 계속 성장할 수 있다는 생각은 버려야 한다. 일을 시작할 때 처음부터 마지막까지 로드맵을 그릴 수 있다면, 일단 일할 자격은 된 것이다.

한때 잘나간다고 으스댈 필요도, 힘들다고 위축될 필요도 없다. 늘 한결같은 모습으로 일하는 게 중요하다.

사람 사이에 '예의'가 있다

●

세상 모든 일은 사람이 한다.
일하는 관계에서도 예의가 중요하다.

●

사업 초기, 창원에 있는 유명 상가를 관리한 적이 있다. 관리 업무
를 원만히 하려면 입주사와 소통이 중요하다. 특히 운영 위원들로
부터 많은 협조를 받아야 한다. 그 상가도 예외는 아니었다. 대부분
운영 위원과 소통이 잘 이루어졌으나 딱 한 분이 이유 아닌 이유를
만들어 사업을 방해했다. 뿐만 아니라 나를 너무 하대했다. 나만 그
렇게 대하는가 싶었는데 그분은 '을' 입장에 있는 사람들을 모두 무
시하고 막 대했다. 그 사람의 강압적인 태도는 시간이 갈수록 심해
져 견디기 힘들 지경에 이르렀다.

인생사 새옹지마라고, 어느 날 그 사람이 자존심이란 자존심은
다 접어버린 채 나에게까지 일을 받으러 왔다. 딱한 사정을 봐서는

일을 주고도 싶었지만, 그동안 그가 다른 사람에게 해온 처세를 떠올리니 '이 사람에게 일을 주었다가는 문제가 생기지 않을까' 하는 생각만 강하게 들었다. 일을 줄 수가 없었다.

언젠가부터 사람들은 일만 생각하고 있지만 사실 일보다 더 중요한 것이 인간관계다. 세상 모든 일은 사람이 한다. 일이 원활하게 진행되려면 사람과 사람 사이 관계가 중요하다. 그리고 관계는 서로 예의를 갖추는 데서 시작된다. 이게 상식이다. 그런데 희한하게도 예의가 부족한 사람들이 많다. '기득권' '권위 의식' 같은 걸 먼저 떠올리는 사람들이 있다.

어떤 모임이든 처음 참석하면 전부 낯선 사람들뿐이다. 이때 누군가 조금만 도와주면 참 고맙다. 그런데 도움은 고사하고 위에 군림하려는 사람들이 있다. 본인 위치를 벼슬로 생각하는 것이다. 사회에서 친목을 도모하자고 만나는 것인데 누군가 그런 식으로 나오면 그 모임에 나가고 싶은 마음이 사라지고 만다. 사람의 상황은 언제 어떻게 바뀔지 모른다. 평소 겸손한 자세로 사람을 대한다면 오히려 큰 도움을 받을 수도 있는 게 세상 살아가는 이치다.

한 15년 정도 된 일이다. 사업을 하는 지인 한 분이 환경오염 문제가 발생해서 법적인 조치를 받아야 하는 상황에 처했다. 그분은 내가 지역 법원, 경찰청과 함께 봉사 활동을 한다는 사실을 알고 도와달라며 찾아왔다. 그동안 일을 받으려고 부탁만 하며 살았는데 '나에게도 부탁하는 사람이 있구나?' 싶은 생각에 최선을 다해 도와주었다. 그런데, 그의 반응이 이상했다. 나는 힘들게 뛰어다니면서 문제를 해결해 주었지만, 그는 조금도 고마워하지 않았다. 굳이 인사를 듣고 싶은 것은 아니었지만, 나를 '그 정도는 당연히 해줄 사람'으로 생각하는 것 같아서 거북했다.

어느 날 밤늦은 시간에 내 핸드폰에 기록되지 않은 번호로 전화가 왔다. 아주머니 목소리. 어린 시절 고향 동네 후배였는데 목소리가 다급했다. "밤늦게 미안합니다. 염치 불구하고 전화 드렸습니다. 아들이 현역 군인으로 근무하는데 농구를 하던 중 골대가 쓰러져 얼굴을 크게 다쳤어요. 큰 병원으로 옮겨야 한다는데 도와줄 수 있어요?" 큰 병원에 가는 방법도 몰라서, 내가 서울에서 사업한다는 소문을 기억해내 45여 년 만에 전화를 한 터였다. 당연히 내 주변 사람에게 부탁해 최선을 다해 도와주었다. 치료도 잘 끝났다. 그 고향 후배는 수도 없이 고맙다고 했다. 진정 고마워하는 마음이 전해져서 내가 더 고마웠다.

이게 바람직한 것 아닐까. 꼭 고마움을 전달받고 싶어서 하는 말이 아니다. 어떤 관계든지 주변 도움을 받으면 고마움을 전해야 한다. '나 몰라라' 하는 식으로 나온다면 두 번 다시 도움을 청할 수도 받을 수도 없다. 아주 기본적인 예의 문제다.

밥상머리 교육이라고, 나도 가끔 식사 자리에서 아들과 이런저런 이야기를 나눈다. 하루는 '훗날 결혼했을 때 며느리와 함께 있는 자리'를 설정했다. 나는 아들에게 "아빠가 잘못 판단할 수도 있다. 그럴 때는 아빠 이야기 끝까지 듣고 아빠가 불편하지 않게 의견을 이야기해. 문제가 심각하다 싶으면 별도로 시간을 내서 논리적 이야기를 하라"고 했다. "며느리가 있는 자리에서 정면으로 반박하면 분위기가 험악하지 않겠느냐?"라고 했다. 고맙게도 아들은 내 말에 수긍했다. 나중에 혹시 그런 일이 생길 수도 있어서 아들과 사전에 소통을 했다.

조직에서도 마찬가지다. 리더가 조직원들에게 과하게 말할 수도 있고 잘못 판단해 말할 수도 있다. 적어도 윗사람 말이니 그 순간에는 경청하는 게 예의다. 가끔씩 그 자리에서 격하게 반박하는 직원들이 있다. 오죽하면 반응이 저리 격할까, 싶기도 하지만 그래도 아닌 것은 아닌 것이다. 이야기하는 게 문제가 아니라 말하는 태도가 문제다. 전체 조직원 상대로 말하고 있는 리더에게 개인의 생각을 앞세우는 것은 예의가 아니다. 리더의 체면이 깨지지 않는 범위 내에서 겸손을 갖추어 논리적으로 이야기하는 게 맞다, 조직원의 대변인처럼 투사처럼 리더를 공격하거나 선동하는 말은 아무리 맞는 말이라도 해서는 안 된다.

예의라는 것은 '어떤 상황에서 어떻게 행동하라!' 딱 떨어지게 정해져 있는 것은 아니다. 본인이 속해 있는 조직 분위기를 흐리지 않게 행동하는 게 예의다. 자기감정을 이기지 못하고 밖으로 표출해서 조직 분위기를 이상하게 만드는 행동은 옳지 않다. 다른 사람 감정을 생각하지 않는 것만큼 예의 없는 행동도 없다.

상갓집이나 결혼식장에 등산복처럼 편한 복장으로 오는 사람들이 있다. 내가 고지식해서인지는 모르겠지만, 참 예의가 없어 보인다. 특히 나처럼 사업을 하는 사람이 그런 복장으로 나타나는 것은 정말 예의가 아니라고 생각한다.

만일 불가피하게 복장을 챙기지 못했다면, 잠깐 인사하고 빨리 자리를 피해주어야 한다.

나도 그런 경우가 있었다. 부담스럽지 않은 행사 자리여서 편안하게 캐주얼한 옷을 입고 참석했는데 다른 사람들 모두 양복을 입고 있으니 참 어색했다. 잠깐 인사만 하고 얼른 자리를 떴다. 자리에 맞는 복장을 하는 것은 상대에 대한 최소한의 예의다. 이처럼 예의에서는 내면도 중요하지만, 상황에 맞는 형식도 중요하다.

내가 다니는 스포츠클럽에서는, 만나는 사람마다 먼저 인사하고 엄지손가락을 치켜세워주는 사람이 있다. 처음에는 '친하지도 않은데 나에게 왜 과도하게 인사하지?' 이렇게 생각했다. 시간이 지나고 그분과 담소를 나눌 정도로 가까워져서 이유를 물었다. 그랬더니, "인사를 안 하는 게 더 이상한 것 아닌가요?" 하고 말했다. 순간 아차 싶었다. 생각해보니 그분이 우리 클럽에 나오고 나서 인사하는 사람들도 많아졌다. 참 지혜로운 사람이라고 생각했다.

가까이 지내는 한 지인의 이야기다. 그에게는 젊은 시절 자신을 잘 챙겨주던 선배가 회사에 한 분 있었던 모양이다. 지인은 그 호의에 늘 감사하게 생각하고 선배를 잘 따랐다. 선배는 먼저 퇴직했고 지인은 최고경영자 자리까지 올라갔다. 지인은 은퇴 임직원들 모임에 참석하곤 했는데, 그 자리에서 선배가 여러 사람 있는 자리에서 자신에게 "야! 자!" 이렇게 부르고 하대하는 바람에 그 모임에 나가지 않게 되었다고 했다. 그래도 큰 기업에서 최고경영자 자리까지 올라간 사람인데, 한때 후배였다고 하대하는 것은 예의 없는 행동이다.

주변에서 이와 비슷한 이야기를 자주 듣는다. 나이를 먹는다고, 좋은 직장에 근무했다고, 돈이 많다고 예의가 갖춰지는 것은 아니구나, 새삼 깨닫게 된다. 만나는 상대가 현재 큰 고민과 고통 속에 있을 수도 있다. 그러니 늘 예의를 갖춰 말을 꺼내야 한다. 가까운 사이라도 말을 조심해야 한다.

사람과 진심으로 소통하는 일은 생각처럼 쉽지 않다. 좋은 이야기를 나누어야 할 때도 있지만 안 좋은 이야기를 전해야 할 때도 있다. 상대 기분이 나쁘지 않게 예의를 지켜서 설명하는 건 기본이다.

인간관계에서 인정받고 싶은가? 예의를 몸에 익히려는 노력부터 해야 한다. 예의 바른 사람 중에 성공하지 못하는 사람 보지 못했다.

이해 혹은 오해

●

내 입에서 나간 말은 내 말이 아니다.
상대방의 귀에 들린 말이 내 말이다.

●

나의 누나는 척추암 환자였다.

지방에 살던 누나는 서울의 유명한 병원에서 수술을 받았지만 척추에 신경이 있어 암세포를 완벽하게 제거하지는 못했다. 수술 후 2년간 항암 치료가 진행되었다. 누나는 그 기간 동안 운동과 식이조절에 최선을 다했다. 그러던 어느 날 누나가 운동한다고 산에 갔다가 다리를 크게 다쳤다. 지방 병원에서 수술을 받았으나 결과가 안 좋아서 서울에서 다시 수술을 받았다. 수술 후 한 달이 채 지나지 않았을 때, 이미 약해질 대로 약해져 몸 전체에 암이 퍼졌다.

병문안 자리에서 누나에게 위로한답시고 마음에 평화를 찾으려고 노력해보라고 했다. 누나는 "그게 말처럼 쉽지 않아!"라고 대답했다. 그 말을 듣자마자 후회와 자책이 일었다. 누나 심정을 이해하지 못하고 쉽게 말을 꺼낸 것 같아서였다. 누나는 얼마 지나지 않아 세상을 떠났다. 그때 차라리 아무 말 하지 말걸, 지금까지도 미안한 마음이 드는 순간이다.

사람은 누구나 상대를 마음까지 이해하기 힘들고 상대 역시 나를 완전히 이해하기 어렵다. 그래서 완전한 소통이란 불가능에 가깝다. 하지만 상대를 이해하려고 최대한 노력해야 한다. 그런 노력 없이 이야기를 꺼내면 서로 상처를 주고받는 일이 생긴다. 상대에게 상처 주는 일은 소통 안 함만 못할 때도 있다.

어떤 모임의 뒤풀이 자리에서 있었던 일이다. 한 회원이 내 사업을 부정적으로 표현했다. 이분이 왜 이러나 싶었다. 이야기를 끝까지 들어보니 내 사업을 정확하게 이해하지 못하고 있었다. 그래서 그의 말에 일일이 대꾸를 해주었다. 내 태도에 문제가 있었던 것이었을까? 그 일이 있고 나서 나는 그 모임에서 부정적인 사람으로 인식된 것 같은 분위기를 느꼈다.

물론 내가 잘한 것은 아니다. 또박또박 반박하며 설명하는 태도도 좋지 못했고, 평소 그에게 나의 사업에 대해 설명해주었다면 오해하는 일도 없을 것이다. 그러나 그가 실수한 것은 엄연한 사실이다. 다른 사람 이야기를 할 때는 우선 역지사지 입장이어야 한다. 그러한 태도 없이 자신이 알고 있는 게 전부인 양 이야기하는 것은 큰 잘못이다.

지금은 많이 달라졌지만, 그동안 사업에 워낙 몰입하다 보니 가족들과 제대로 소통하지 못했다. 누구보다 좋은 남편, 최고의 아빠가 되고 싶었지만 이 마음을 행동으로 옮기지 못했다.

아이들이 초등학생일 때, 약 1년간 뉴질랜드로 유학을 보냈다. 당시는 사업이 워낙 바쁘다 보니 깊이 생각해보지 못하고 아이들을 보냈다. 좀 더 좋은 환경을 마련해주고 싶다는 마음만 컸고 세밀하게 알아보지는 못했다. 나중에 알고 보니 하숙집 주인이 아이들 밥도 제대로 챙겨주지도 않았고, 현지 생활이 엉망이었다. 아이들의 환경을 상상하니 숨이 멎을 것 같았다. 유학을 포기시키고 한국으로 데려왔다. 친구의 권유만 믿고 보낸 게 잘못이었다. 너무 미안해서 아이들 앞에서 눈물을 흘렸다.

나는 아이들을 키우면서 살갑게 대하지 못했다. 그런 탓인지 아이들과 제대로 대화한 적이 많지 않다. 불과 몇 년 전만 하더라도 아이들의 속내를 알지 못했고, 아이들 역시 내가 어떤 노력을 하며 살아왔는지 알지 못했다. 그러다 최근 들어 서로 이해하는 마음이 확 바뀌었다. 아이들이 사회생활을 시작하면서 사업이 얼마나 힘든 것인지 알게 되고, 아빠가 누구보다 열심히 살아왔다는 것을 이해하게 되었다. 나 역시 부족한 아비였다는 사실을 고백했다.

아이들은 이제 어떤 자리에 가서도 나를 자랑스럽게 이야기한다고 말한다. 너무 고맙다. 아이들은 내가 생각했던 것보다 훨씬 어른이 되어 있었다.

소통이 부족하면 사람 관계에서 '오해'가 싹튼다. 서로 소통이 없거나 상대에 대한 이해 없이 이야기를 주고받을 때 오해가 쉽게 생긴다. 소통 없이 혼자서 생각을 키운 탓이다.

누구와 관계를 오래 지속하고 싶다면 노력이 필요하다. 자주 만나면 가장 좋고, 종종 전화라도 해야 한다. 그러면 상대를 이해하게 되고, 상대도 나를 이해하게 된다. 오해가 생길 일이 없다.

A사업장 현장에서 있었던 일이다. 그곳엔 현장 책임자, 팀장, 사이트 매니저가 업무를 진행하고 책임진다. 고객사가 현장 책임자에게 오더를 주었다. 현장 책임자는 열심히 보고서를 작성했으나 처음 하는 일이라 결과물이 부실했다. 고객사로부터 곧바로 지적을 받았다. 나는 보고서를 다시 만들어서 제출하라고 지시했다. 그러고 나서 얼마 후 팀장이 "사이트 매니저가 다시 잘 만들어 보냈고 고객사로부터 칭찬을 들었습니다"라고 나에게 자랑삼아 이야기했다. 그러나 내 생각은 조금 달랐다. 나는 팀장에게 "당신이 처세를 잘못했어요"라고 지적을 했다.

사실 사이트 매니저와 팀장이 한 일은 별로 없었다. 현장 책임자가 초기에 기획한 서류 위에 손을 좀 보고, 전체적으로 깔끔하게 다듬었을 뿐 내용이 달라진 것은 없었다. 발령받은 지 얼마 안 된 현장 관리자는 상황은 파악하고 있어도 형식에 맞게 보고서를 만들지 못했을 뿐이다. 대부분의 사람들은 본질을 보지 못하고 결과만 가지고 평가를 한다. 고객사에서는 결과만 보니 그런 판단을 내린 것이라고 생각했다.

문제는 더 있었다. 현장 책임자가 만든 서류는 사이트 매니저 확인을 거쳐 고객사로 제출해야 하는데 애초에 그렇게 하지도 않았다. 현장 책임자 서류는 우리 회사 품질인데 오해가 생기고 말았다. 한 배를 탄 동료를 무능한 사람으로 만들고 자신은 일 잘하는 사람처럼 생색내는 것이야말로 가장 수준 낮은 처세에 불과하다.

좋은 리더는 말을 잘하는 사람이 아니다. 소통을 잘하는 사람이다. 상대를 이해하는 자세부터 갖추고 이야기를 꺼내니 소통이 자연스럽다. 사람들 사이에 안정적인 관계를 만드는 것은 대화의 내용이 아니라 대화하는 '태도'다. 지식이 많은 의사보다 환자의 마음을 사는 의사가 명의인 법이다. 이게 기본이다.

우리 회사가 입주해 있는 빌딩에서 있었던 일이다. 기존 건물주가 건물을 매각해 새로운 사람이 건물주가 되었다. 새로운 건물주는 무더운 여름에 냉방 시간을 한 시간 이상 단축시켰다. 우리 회사 직원이 건물 관리기사에게 따지니, 기사는 "본인은 권한이 없으니 건물주에게 항의해주세요"라고 딱 잘라 말했다. 우리 직원은 어이없어하면서도 건물 관리소장을 찾아가 똑같이 이야기했다. 그런데 관리소장은 기사와 달리 예의를 갖춰서 "에너지를 절감하려고 냉방 시간을 줄이는 것인데 근무에 차질이 있으시다면 냉방 시간을 연장하는 게 좋겠다고 건물주에게 직접 이야기하시는 건 어떨까요?" 하고 부탁했다. 내용은 같은데 이야기하는 자세가 다르다. 우리 회사 직원은 그의 태도가 좋아서 들끓던 마음을 가라앉히고 관리소장의 뜻에 따라 에너지 절감에 동참하기로 했다. 그의 말이 이해가 된 것이다.

이해와 오해는 백지 한 장 차이다. 같은 내용을 어떻게 전달하느냐에 따라 이해도 되고 오해도 산다. 충분한 설명, 예의 바른 말투, 바른 자세로 내용을 전달한다면 상대는 충분히 이해할 테고 오해가 생길 일도 없다. **내 입에서 나간 말이 내 말이 아니라 상대 귀에 들린 말이 내 말이다.**

사람 사이에 생기는 거의 모든 갈등이 오해에서 비롯된다는 사실만 명심하고 행동해도 인간관계는 훨씬 좋아질 수 있다.

긍정 연습

●

부정적인 시각에 사로잡혀 있으면 동료가 적으로 여겨지고,

긍정적인 시각으로 보면 곳곳에 내 편이 있다.

●

사람은 주변 사람의 영향을 많이 받는다. 하버드 대학교의 니컬러스 크리스태키스와 제임스 파울러가 쓴 『행복은 전염된다』에는 '행복한 삶을 살고 싶다면 행복한 사람 옆에 있는 것이 좋다'라는 구절이 있다. 저자는 지역 공동체 사람들의 SNS 분석을 통해 '행복한 사람은 행복한 사람끼리 모여 살고, 불행한 사람은 불행한 사람끼리 모여 산다'고 결론 내렸다.

구체적으로, '내 친구가 행복하면 내가 행복해질 가능성이 15퍼센트 증가하고, 그 친구의 친구가 행복해도 내가 행복해질 가능성이 10퍼센트 증가하며, 내 친구의 친구의 친구가 행복하면 내가 행복해질 가능성이 약 6퍼센트 증가한다'고 주장했다. 네 단계 이상

에서는 영향력이 적어진다고 한다. 이게 '네트워크 3단계 법칙'이다. 그만큼 '지금 어떤 사람과 함께 있는지'가 중요하다는 이야기다. 이심전심인 셈이다.

부지런하고 책임감 강한 사람이 우리 회사 현장 책임자로 오래 근무한 적이 있다. 그는 현장 관리자로서 정년이 훨씬 넘는 나이까지 근무했다. 그러다 고객사 요청으로 현장 관리직에서 물러나게 되었다. 평소 그분에게 감사한 마음을 가지고 있던 터라 본사에서 근무하게 배려해주고 다른 현장에 관리자로 발령을 냈다. 그렇게 몇 년 근무를 더 했다. 결국 칠십이 훨씬 넘는 나이까지 근무했다. 회사를 그만두는 날 저녁 전화가 왔다. 그는 "회장님 그동안 너무 감사했습니다" 이 말을 몇 번이나 반복했다. 내가 "제가 더 감사합니다. 다른 일이 있는지 알아보겠습니다" 이렇게 답했다. 한동안 그분이 이야기한 "감사합니다"라는 말이 머리를 떠나지 않았다.

우리 회사에서 오래 근무한 여직원이 결혼식을 올렸다. 결혼한다니 내 자식 같기도 해서 마음이 먹먹해지기까지 했다. 그러나 더 감동스러웠던 건 그녀와 나눈 대화다. 그녀는 퇴직하기 전에 "회장님, 정말 고맙습니다. 회장님 덕분에 오랫동안 회사도 잘 다녔고 이렇게 결혼도 하게 되었습니다. 회장님과 함께해서 행복했습니다"라고 말했다. 그 말을 듣고 여운이 오래갔다. '내가 잘못 살지는 않았구나!' 하는 생각에 뿌듯했다. 문득 이런 생각이 들었다. '나도 이 사람들처럼 다른 사람에게 행복을 전해주는 사람일까?'

모든 사람이 자신이 조직원과 관계에서 아무 문제가 없는 사람이길 바란다. 나 역시 그렇다. 그런데 내가 정말 상대에게 긍정적인 기운을 주는 사람인지는 정확히 모르겠다. 어떤 모임에서는 주변에 좋은 영향만 주는 사람으로 평가받지만, 다른 모임에서는 그렇지 않다는 평가를 받을 때도 있기 때문이다. 정말 모르겠다. 하지만 정말 중요한 것은 좋은 사람으로 살려고 노력하는 자세 아닐까 싶다.

행복이나 열정처럼 긍정적인 요소도 주변에 쉽게 전달되지만 시기, 질투, 비방처럼 부정적인 요소는 더 쉽게 전염된다. 회사 조직 내에는 조직원 간 결속을 해치는 인물들이 있다. 그들이 하는 대표적인 행동이 있다.

첫째, 동료 업무 방해하기.
둘째, 동료 선동하기.
셋째, 동료 비방하기.

이런 행동은 자신도 모르는 사이에 나온다. 이미 부정적으로 사고하는 버릇이 든 것이다. 이런 행동을 두고 순간적으로 옳은 일을 한다고 착각하지만 지극히 어리석은 생각일 뿐이다. 이런 식으로는 어느 조직에 가든 신뢰를 받지 못한다.

대기업의 경우는 어떠할지 모르겠지만, 우리 같은 중소기업은 '안하무인' 식으로 행동하는 사람들이 종종 등장한다. 그들은 자신들이 없으면 회사가 돌아갈 수 없다는 이야기도 서슴지 않는다. 같은 무리끼리 모여서 회사를 흔드는 일까지 한다. 조직원들을 선동하고 회사를 자기 것으로 생각하는지 직원을 부하 부리듯 한다. 생각하는 게 얇은 종이 한 장 무게도 안 되는 사람들이다. 치고 빠지는 습관이 몸에 밴 사람들이다. 인생에 대한 고민을 덜한 사람들이다. 세상을 아무리 살아도 다듬어지지 않는 사람들이다. 다소 심하게 표현했지만, 이렇게밖에는 설명할 길이 없다. 회사가 살아야 본인도 사는데 왜 대의를 거슬러 가려는지 이해할 수 없다. 파벌을 만들어 자기 세력을 넓히는 걸 큰일 하는 것처럼 느낄 수 있지만, 그래 봐야 찻잔 속 폭풍에 불과하다. 그 부정적인 영향은 순간에 불과할 뿐이고, 결국 큰 흐름에 휩쓸려 사라지고 말 뿐이다.

조직 내 누군가가 자꾸 부정적인 언행을 일삼으면 그 조직의 분위기가 좋을 리 없다. 분위기가 좋지 않으면 실적에 영향을 미치고, 심한 경우 회사 경영에 심각한 타격을 줄 수도 있다. 회사에서 부정적인 직원에게 퇴사 등 극단적인 조치를 내리는 데에는 다 이유가 있는 것이다.

부정적인 시각에 사로잡혀 있으면 조직 내 동료가 적처럼 여겨지고, 세상을 긍정적으로 보면 곳곳에 내 편이 있다. 일을 할 때도 '안 됩니다' '할 수 없습니다'는 생각보다 '됩니다' '할 수 있습니다' 긍정적으로 생각하다 보면 좋은 에너지가 생긴다.

사람이 '고통' 속에 있을 때는 어쩔 수 없이 세상을 보는 시선이 부정적이 될 수밖에 없다. 고통의 원인을 자신보다 상대에게서, 회사에서, 세상에서 찾고 어떤 대상이든 부정하고 원망한다. 하지만 그래 봐야 힘든 시기만 길어진다. 좋은 것은 상대에서 찾으려 하고, 어려워진 원인을 본인에게 찾으려 한다면 많은 것이 달라진다.

이런 시기를 빨리 돌파할 수 있는 방법은 오로지 '노력'뿐이었던 것 같다. 할 수 있다는 믿음을 갖고 열심히 노력하다 보면 삶에 대한 태도가 바뀐다. 새로운 용기가 생긴다.

세상에 영원한 고통은 없다. 고민하고 노력한다면 고통의 시간 뒤에는 언제나 '행복'이 따라온다. 배고픔 뒤에 양식이 있고, 갈증 뒤에 물이 있으며, 고된 일 뒤에 휴식이 온다. 이처럼 행복은 늘 뒤에 온다는 사실을 잊지 않는다면 생각이 바뀔 수 있다.

평소 아이들 앞에서 "나는 다시 태어나도 너희 아빠 같은 사람 만날 거야!"라고 이야기하는 엄마가 있고, "나는 다시 태어나면 너희 아빠 같은 사람은 절대 만나지 않을 거야!"라고 말하는 엄마가 있다. 이런 이야기를 들으면 굳이 후자처럼 이야기할 필요가 있을까 싶다. 설사 남편이 조금 무능하더라도, 성격에 문제가 있더라도 "너희 아빠 같은 사람 없어!"라고 말한다면, 아이들도 아빠를 좋은 사람으로 생각하게 될 것이고, 이런 이야기를 들은 아빠는 더 열심히 일하게 되지 않을까 싶다.

긍정적인 사람과 부정적인 사람은 따로 정해져 있는 게 아니다. 마음가짐 차이고, 살아가는 태도 차이다. 작은 일에도 고마워할 줄 아는 사람이 있고, 가진 게 많아서 다들 부러워하는데 본인만 불행하다고 생각하는 사람이 있다. 필요 이상으로 욕심이 많은 사람은 현실을 아무리 긍정하려고 해도 잘되지 않는다. 모든 일에서 자기 중심적이기 때문이다. 본인 욕심을 채워야 비로소 다른 사람을 생각한다. 주변에 사람이 있을 리 없다. 다른 사람으로부터 받는 행복을 모른다.

욕심이 크지 않은 사람은 자기보다 다른 사람을 먼저 챙길 줄 안다. 다른 사람을 챙기다 보면 주변으로부터 많은 도움을 받는다. 긍정으로 사는 삶이고, 주변에 좋은 영향을 끼치는 사람이다. 긍정은 노력이다. 자신과 가족과 회사를 생각하고 더 나은 미래를 만들겠다는 각오를 다진다면 그렇게 될 수 있다. 이게 시작이다.

다홍치마

●

지위가 오를수록 하는 말에 무게가 실려야 한다.

높은 사람이 가볍게 말하는 것처럼 보기 싫은 것도 없다.

●

회의 때 앉아 있는 자세가 좋지 않은 직원이 있었다. 그 직원에게 평소 회의를 하거나 고객사와 미팅을 할 때 허리를 펴고 상대를 응시하면서 밝은 표정을 지으라고 조언해주었다. 같은 과일이라도 백화점 상품이 될 것인지, 노점상의 과일이 될 것인지, 이 구분은 포장의 차이일 수도 있다. 자기 품격은 자기가 만드는 것이다.

옷을 단정히 입고 행동에 매너가 배어 있으면 사회생활에서도 강점이 될 수 있다. 실력이 비슷하다면 옷차림이나 매너가 좋은 사람에게 더 높은 점수를 주는 게 인지상정이기 때문이다. 겉모습으로 평가한다는 이야기가 아니다. 이왕이면 잘 정돈된 사람에게 점수를 더 줄 수밖에 없다. 격식을 차려서 옷을 입고, 매너 있게 상대를 대하고, 밝은 표정으로 일을 하면 보는 사람도 기분 좋고 본인도 업무가 잘될 것이다.

업무 처리 능력은 뛰어난데 자신을 드러낼 줄 몰라서 평가에서 손해 보는 사람들이 있다. 처음에는 진가를 몰랐다가 나중에 결과물을 보고 그 사실을 알게 된다. 다행히 나중에라도 가치를 알게 되면 그에 맞는 보상을 해주면 되지만, 그 많은 직원을 일일이 체크할 수도 없으니 모르고 지나가는 경우가 많을 것이다. 이런 직원들을 발견할 때마다 안타깝다.

자신의 일을 일부러 생색내는 것도 나쁘지만, 자기 노력이나 성과를 애써 감추는 것도 좋은 태도가 아니다. 본인이 들인 노력만큼 대가를 받는 게 프로다운 자세다. 이런 소극적인 성향 때문에 더 큰 기회를 놓치게 된다면 너무 아까운 일이다. 그 사람 때문에 찾아온 좋은 기회는 아마도 소극적인 사람을 이용한 누군가가 가져갔을 것이다.

잘 정돈된 유니폼을 입으면 당장 행동이 달라진다는 말이 있다. 업무에도 도움이 된다. 반대로 옷을 아무렇게나 입으면 행동도 그렇게 나온다. 비싸고 좋은 옷을 입으라는 이야기가 아니다. 격식을 갖추어서 입으면 일하는 태도도 달라지니 본인에게도 도움이 된다.

장기 군 복무를 마치고 우리 회사에 입사한 직원들이 몇 명 있다. 다 그런 것은 아니지만, 군인 출신들은 대체로 자기 관리를 잘하는 편이다. 그래서 좋은 평가를 받는다. 그들은 군 생활을 마친지 오래되었지만, 지금까지 머리를 단정하게 하고 있다. 언제 보아도 믿음이 간다.

사회생활 하는 사람은 자신의 몸도 청결하게 관리해야 한다. 자신의 몸에서 냄새가 나면 상대가 불편해한다. 좋은 인상을 심어주기 어렵다. 기본적으로 담배는 피우지 않는 게 나은 것 같다. 건강도 건강이지만, 담배 냄새를 용납해주는 사회가 더 이상 아니다.

나는 사업 초기부터 외모에 많은 신경을 썼다. 멋을 부리는 게 아니라 최대한 단정하게 했다. 고객에게 불편을 주지 않으려고 그랬다. 과음한 다음 날 고객을 만나면 상대가 말은 안 해도 많이 불편해했다. 인격까지 낮춰 보는 것 같았다. 그 이후로는 술도 조절해서 마셨다.

이런 기억도 있다. 결혼하기 전 소개로 만난 아가씨 입에서 단내가 많이 났다. 피곤한 일이 있어서 일시적으로 나는 냄새일 수도 있는데 나에게는 그 여자가 '자기 관리도 못하는 사람'으로 각인되었다.

나를 포함해서 직원 한 명 한 명이 곧 회사의 이미지고, 회사의 품격이다. 격식 없이 옷을 입고 청결하지 못한 상태로 고객사 관계자와 만나면 상대가 긍정적으로 사업을 검토할 가능성도 떨어진다. 이런 것까지 생각하면 회사 얼굴에 먹칠하는 것이나 다름없다. 그래서 **평소에 직원들에게 "일하기 전에 몸가짐부터 정돈하라"는 말을 잔소리처럼 자주 한다.**

제안서를 만들 때도 정돈이 중요하다. 보통 나는 최종 버전만 확인하는데 가끔 오탈자를 발견할 때가 있다. 그럴 때는 전체 제안서가 엉망인 것 같은 느낌이 들어서 많이 불편하다. 마지막까지 꼼꼼하게 체크해야 하는데 그걸 하지 않은 것이다. 내 눈에 보이는 것은 평가자 눈에도 보인다. 물론 내용이 중요하겠지만, '한글도 제대로 쓰지 못하는 회사가 일을 잘할 수 없다!'고 생각하는 평가자도 있을 수 있다. 나라면 그렇게 생각할 것이다. 제안서도 회사의 이미지다. 디자인 요소를 많이 넣어서 아름답게 만들라는 이야기가 아니다. 오류 없이 잘 다듬어내는 게 중요하다.

제안서와 다른 의미로, 거래 관계에서 상대를 이해시켜야 할 때는 말보다 글이 효과적이다. 다른 회사와 비교해 우리 회사의 장단점을 잘 정리해서 보내면 상대가 좀 더 진지하게 파악할 수 있다. 물건을 판매하려고 하면 물건에 대한 전문적인 식견이 있어야 하고, 고객을 뛰어넘는 이해와 논리가 있어야 한다. 이해와 논리를 만드는 데에는 말보다 글이 훨씬 낫다. 말로 하다 보면 기록이 남지 않아서 상대가 아무리 도와주려고 해도 도움을 받기 어렵다. 이왕이면 효과적인 방법으로 의사를 전달하는 게 낫지 않겠는가.

나 역시 직원들에게 메시지를 전달할 때는 말보다 글을 활용한다. 정기적으로 생각을 정리해서 게시판에 글을 올린다. 내뱉고 나면 사라지는 말보다는 글이 메시지 전달에 효과적이라고 생각해서 그렇게 한다. 기록으로 남는 측면도 있다.

말을 하는 데도 품격이 있다. 실력자는 조용하다. 많은 것을 알고 있기 때문에 굳이 말을 하지 않아도 된다고 생각하는 것이다. 반대로, 빈 수레는 요란하다. 내용물이 없다 보니 자꾸 듣기 싫은 소리를 낸다.

어느 기업 회장님 이야기다. 남부러울 것 없이 사는 사람인데 마음 씀씀이가 너무 인색하다. 사석에서 만나면 늘 하는 이야기가 돈

타령이다. "거래처가 도산했지만 나는 그전에 물고 늘어져서 받을 것 다 받았다" "자동차를 바꾸면서 서비스로 받을 것 다 받았다" 이런 이야기가 대부분이다. 내용을 알고 싶지도 않지만, 말하는 투도 너무 천박해서 만나고 싶지 않다.

지위가 오르면 오를수록 하는 말에 무게가 실려야 한다. 망해가는 거래처 찾아가서 본인 받을 것을 다 받아냈다는 말이, 과연 누구에게 자랑할 만한 일인가? 설사 그렇다고 해도 본인 입으로 할 말은 아니다. 얼마나 따지고 들었으면 그 거래처에서 그렇게 했을까? 지위가 있으면 차림새도 챙겨야 하지만, 속을 채우는 게 우선이다. 그분은 사회적인 지위만 올라갔지 내실을 기하지 못한 것이다. 스스로 자신을 포장하지도 못한 것이다.

말이나 행동, 옷차림과 헤어스타일에서 품위를 갖추는 것도 일의 연장이다. 최대한 정돈하고 깔끔한 상태에서 일을 하고, 거래처를 만난다면 그 노력만큼 결과가 따라온다. 사람을 만날 때 옷매무새를 다시 하는 것은 자신만을 위한 게 아니다. 자신의 모습이 자신이 속한 조직의 모습이다.

한계 극복

●

세상은 당신에게 한계를 그어준 적이 없다.

●

처음 번지점프를 하는 사람들은 점프대 앞에서 벌벌 떤다. 건장한 사람도 그렇다. 못 뛰어내린다고 도중에 내려오는 사람도 생긴다. 그러다 주변의 권유에 용기를 얻어 졸인 가슴을 쓰다듬으며 아래로 뛰어내린다. 막상 뛰어내리고 나면 벌벌 떨었던 기억은 사라지고 이루 말할 수 없는 시원함을 경험한다.

성공의 맛도 이와 비슷하다. **성공한 사람들은 상식만큼 노력한 사람들이 아니다. 상식을 넘어선 노력과 도전으로 결과를 만들어낸 사람들이다.** 그 과정에서 한계를 경험하기도 한다. 그래도 다시 일어나서 결실을 맺는 게 진짜 성공이다.

나도 비슷한 과정을 거쳤다. 창업 초에는 며칠 밤을 새워가며 일하는 것은 예사였다. 몇 사람 몫을 일하면서 쉬는 날도 없었다. 주변에서 "서 사장은 열 사람 몫은 합니다!" 이런 소리를 수없이 많이 들었다. 발목이 부러져도 깁스한 채 현장에서 일한 것도 몇 년이다. 집안 애경사는 거의 가보질 못했다. 친구들 술자리는 나간 적도 별로 없다. 이런 나를 보고 누군가는 나에게 '미친 사람'이라고까지 말했다. 부인하지 않았다. 실제로 나는 일에 미쳐 있었다.

나와 같은 사람들은 일반인들이 이해하지 못하는 수준으로 몹시 열심히 일할 뿐이지 잘못된 것이 아니다. 성공은 그냥 오지 않는다. '미친' 노력이 있어야 찾아온다. 상식을 뛰어넘어야 불가능해 보였던 것이 가능으로 변하고, 누구도 가지 못한 곳까지 가게 된다.

불가능을 '가능'으로 만들기 위해서는 필요한 게 더 있다. 바로 성공에 대한 신념이다. 신념이 없다면 도전 자체가 있을 수 없다. 혹시 지금 하는 일이 어렵고 결과가 두렵다면, 마음가짐부터 고쳐야 한다. '할 수 있다' '불가능은 없다' 의지를 다져야 한다.

사업 초기, 내가 영업해서 가져온 일들은 대부분 주변에서 "너는 해내지 못할 거야"라는 소리를 들었던 일들이었다. 그러나 내 생각은 달랐다. '불가능은 없다. 열심히 준비했으니 내가 일을 가져올 수 있다!' 이렇게 생각했다. 이 믿음이 큰 힘이 되었고 많은 결과를 만들어냈다. 스스로 한계를 지었다면 할 수 없는 일들이었다.

한번은 고객사 임원 한 분이 나를 만나자고 했다. 그는 우리가 관리하는 현장의 인력 관리 문제가 오랫동안 해결되지 않는다고 지적했다. 언뜻 이해가 되지 않아 되물으니, 그 임원은 "현장 직원들이 문제를 해결하려는 노력 없이 모두 월급쟁이 마인드로 한계를 긋고 일합니다"라고 말했다. 그 말을 들으니 무슨 뜻인지 이내 이해가 되었다. 바꾸어 말하면, '돈 받는 만큼만 하겠다'는 마인드로 '딱 거기까지만' 일하고 있다는 뜻이다. 고객사로부터 그런 이야기를 듣고 나서 내가 서비스 교육을 제대로 시키지 못한 것 같아 많이 부끄러웠다.

무슨 일을 하든 적당히 일하고 적당히 끝내는 사람들이 있다. 조금만 더 하면 결과가 확 달라질 것을, 참으로 이상하게도 꼭 거기까지는 가지 않는다. 스스로 한계를 긋는 것이다. 본인은 편할지 모르겠지만, 그런 식으로는 평범함 이상의 결과물을 얻을 수 없다. 업무에서 한 단계 발전하려면 '한계'를 극복하는 과정이 있어야 한다. 회사를 위해서가 아니라 본인에게 필요한 일이다.

일은 운동과 비슷한 부분이 있다. 어떤 운동이든 적당히 해서는 체력이 늘지 않는다. 목표를 높게 잡고 목표를 달성하기 위해 한계 이상으로 힘을 가하고 그 고통을 이겨내야 체력이 는다. 심한 말로 '혹사'를 당하고 나야 한 단계 위로 올라간다. 일도 마찬가지다. 혼신을 다해야 실력이 는다. 기존에 하던 식으로 똑같이 해서는 절대로 늘지 않는다.

사업에서 한계를 극복하겠다는 마음가짐은 매우 중요하다. 일을 수주하려면 협상이 중요한데, '할 수 있다'고 마음을 다잡고 협상에 응할 때 불가능해 보이던 일도 가져올 수 있다. 협상을 할 때는 확신을 갖고 테이블에 앉아야 한다. 상대가 부정적으로 나오고 부족한 부분을 지적할 때, 위축되거나 포기하지 않는다는 마음을 갖고 협상에 임해야 한다. 시인할 것은 시인하고 부족한 부분을 극복해내겠다는 이야기를 꺼낼 줄 알아야 한다. 이런 게 협상에서 한계를 극복하는 자세다. 이 세상에 그냥 가져오는 일은 없다. 어떤 걸림돌이든 극복해야 자기 것이 된다.

사업을 시작할 때 필요한 것들이 있다. 그중 중요한 세 가지 사람, 자본, 기술을 창업의 3요소라고 부른다. 그런데 결과를 보면 이 창업의 3요소를 모두 갖추고 시작했다고 해서 사업에 성공하는 것도, 이 세 가지가 부족한 가운데 사업을 시작했다고 성공에 이르지 못하는 것도 아니다. 아무것도 없이 창업을 시작해서 큰 성과를 이룬 사업가들은 얼마든지 있다. 나도 창업 당시 아무것도 없었지만 지금까지 26년간 사업을 정상적으로 해나가고 있다. 주어진 여건에서 최선을 다한 결과다. 사업은 조건만으로 계산할 수 없다. 한계를 극복하겠다는 마음가짐, 강한 정신력이 더해지면 창업의 3요소를 능가할 수 있다. 이게 기업가 정신이라고 생각한다.

좋은 환경에서 사업을 시작해서 승승장구하는 경우도 있지만, 결과가 좋은 예가 많지 않다. 조건이 좋으면 거기에 어울리는 수준의 일을 받으려 한다. 그게 한계가 되어서 도전하려는 마음이 줄어든다. 그보다 한시라도 움직이지 않으면 바로 동사凍死하는 허허벌판 같은 환경에서 역사가 만들어지는 예가 훨씬 많다.

일의 묘미는 조건을 완벽하게 갖추고 시작하는 것이 아니라, 가지고 있지 않은 조건을 하나씩 채워가는 데 있다. 사업은 아무것도 없는 상황에서 실체를 만들어가는 과정, 한계를 극복하는 과정이다.

회사에 관리직 직원이 있다. 대학도 잘 나왔고, 성격도 온순해서 일이 많거나 어려워도 불평불만 한마디 안 하고 묵묵히 열심히 일했다. 혼자 수습이 어려운 것만 말하고 일상적인 말은 전혀 하지 않는다. 회의 자리에서도 아무 의견도 내지 않으니 참 답답했다.

가정에서는 그렇게 평범하게 생활해도 되지만, 치열한 경쟁 사회에서는 그런 자세로 일해서 성과를 낼 수 없다. 적어도 관리자라면 성과를 내기 위해 치열하게 일하고 적극적으로 사업 아이디어를 제안할 줄 알아야 한다. 그렇지 않으면 살아남을 수 없다. 본인 스스로 업무 범위를 정해놓고 그 정도만 일하려고 하니 그의 미래를 감안해도 답답한 일이 아닐 수 없다.

한 번이라도 한계를 넘어서 봐야 본인이 어디까지 일할 수 있는지 알게 된다. 본인이 먼저 본인 능력을 한계 지으면 발전도 있을 수 없다. 적어도 어느 특정 시기는 모든 것을 걸고 일하겠다는 생각을 가지고 있어야 한다.

지금 하는 일이 힘든가? 정말 그런가? 혹시 스스로 자신의 한계를 긋고 있는 것은 아닌가? 그 한계를 넘어서는 도전부터 시작해보자. 할 수 있다는 마음만 있으면 누구나 가능하다.

4장

정도의 힘

오늘과 다른 내일

●

당장 편안함이 좋아 미래를 준비하지 못하면

이내 위기가 찾아온다.

●

어릴 적 우리 집에는 감나무가 네 그루 있었다. 두 그루는 재래종이었고 나머지 두 그루는 개량종이었다. 재래종은 모양이나 크기가 작고 고르지 못해서 상품성이 떨어졌다. 어느 날, 아버지는 커다랗던 재래종 두 그루를 높이 2미터 크기만 남겨두고 잘라낸 후 개량종으로 접붙였다. 다시 자라기까지 수년간 감을 수확하지 못했지만, 그 이후부터는 이전보다 좋은 감을 더 많이 수확했다. 재래종을 그냥 두었던 이웃들은 우리 집을 부러워했다.

아버지의 선택을 보면서 미래를 위해 현재를 희생해야 할 때가 있음을 배웠다. 사업을 하면서도 아버지의 '결단'이 도움이 되었다. 당장 손해를 보더라도 장기적인 계획을 세우고 사업을 추진할 수 있었다. 결과는 늘 좋았다. 사람들이 미래가 좋은 줄 알면서도 막상 결단을 내리고 행동으로 옮기는 경우는 그리 많지 않다.

지난 2년 동안 회사의 규정을 꼼꼼하게 정비했다. 여섯 개 법인이 하나의 규정으로 움직이게 함으로써 법인 간의 불평등을 없애고, 불필요한 지출을 줄이려는 조치였다. 과정은 생각보다 순탄하지 못했다. 비용도 제법 들었고, 과거 습성에 젖어 있는 직원들의 반대도 거셌다. 그러나 미래를 준비하는 자세로 개혁을 추진했고, 성과가 나왔다. 예산을 먼저 세우고 사업을 진행하게 되었고 불필요한 지출도 많이 개선되었다.

리더는 회사의 운명을 결정하는 사람이다. 그 결정에 따라 기업의 미래가 바뀐다. 기업의 운명, 직원의 운명, 자신의 운명을 등에 쥔 리더는 최대한 신중하게 판단하고 결정해야 한다.

리더가 판단을 잘해도 조직원이 따라오지 않으면 그건 더 큰 문제다. 사람은 누구나 편하게 일하길 원하고 변화를 두려워한다. 특히 오래된 기업, 오래 근무한 임직원들이 이런 성향을 갖기 쉽다. 위기의식을 느낀 기업의 리더가 개혁 의지를 보여도, 임원들이 "천천히 합시다" 이렇게 나오면 변화를 이끌지 못한다. 리더에게는 자신이 내린 결정을 주변인에게 공감시킬 줄 알아야 한다. 끊임없이 현실을 인식시키고 다가올 변화를 이해시켜야 한다.

변화를 이끄는 시기도 중요하다. 모든 것은 때가 있다. 내년 봄 농사는 올해 가을에 준비를 끝내야 하는 법이다. 늦가을이나 겨울에는 아무리 씨를 뿌리고 가꾸어도 농사를 지을 수 없다. 아차, 하는 순간 이미 추운 겨울이 성큼 다가와 있다.

인생도 마찬가지다. 젊어서 노후를 대비하지 않으면 늙어서 불행을 맞이한다. 현실에 안주하고 적당히 사는 버릇이 들면 그렇고 그런 인생이 된다. 다람쥐 쳇바퀴 돌듯 미래가 없는 인생이 되는 것이다. 살아지는 대로 사는 것은 인생이 아니다. 현재는 힘들더라도 미래를 준비하는 게 진짜 인생이다.

사업을 시작하면서, 나는 '편하게 살겠다'는 마음을 완전히 버렸다. 목표가 있으면 실행할 수밖에 없는 이유와 동기를 지속적으로 만들어내서 반드시 실행에 옮겼다. 돈을 많이 벌기 위해 '편안함'을 버린 것이 아니다. 스스로 발전하고 건강한 미래를 만들기 위해 나 자신을 계속 채찍질했다.

회사 일만 열심히 한 것도 아니다. 사업에서 한계에 부딪히면 지인들을 만나 해법을 찾았고, 대학원에 다니면서 미래를 준비했다. 일이 바쁘다 보면 자신을 계발하는 것도 귀찮을 수 있다. 그러나 성공을 위해서, 미래를 위해서 부단히 노력했다.

사업을 하면서 박사 학위를 진행할 때는 너무 힘들어서 '사업만 열심히 하면 되지 내가 학위를 받아서 뭘 하겠는가?' 이런 생각을 자주 했다. 따로 공부할 시간 내는 것도 쉽지 않았지만, 교수로부터 지적을 받아가면서 논문을 수정하는 과정은 엄청난 인내를 요구했다. 시간이 너무 오래 걸렸고, 회의감도 많이 느꼈다. 그런데 막상 박사 학위를 받고 뒤를 돌아보니 절대 허튼 시간이 아니었고 남은 게 많았다. 학문을 깊이 탐구하면서 나 자신이 한층 성장했고, 주변에서도 높이 평가해주었다. 미래를 위해 큰 포석 하나를 둔 느낌이었다.

우리는 어쩔 수 없이 치열한 경쟁 속에서 살아간다. 경쟁에서 살아남기 위해 더 노력하고 열정을 잃지 않으며 살아간다. 생존을 위해 노력하는 것은 '욕심'과 다르다. 스스로 노력해서 재화를 얻는 과정은 삶을 역동적으로 만든다. 건강한 미래를 만들기 위해서는 바로 지금 노력을 게을리해서는 안 된다.

물 흘러가는 대로 의지 없이 사는 사람들은 나 같은 사람들이 이해되지 않겠지만, 나 역시 적당히 사는 사람들이 이해되지 않는 부분이 있다. 이 세상에 할 게 얼마나 많고, 할 수 있는 것은 또 얼마나 많은가? 무엇이든 새로운 것을 찾아서 해야 하는 것 아닌가. 지나가는 시간이 아깝지 않은가?

적당히 사는 삶이 편할 것 같지만 미래를 준비하는 삶보다 오히려 더 고달프다. 노력하지도 않고 미래가 막막한 것만큼 고통스러운 일도 없기 때문이다. 반대로, 미래를 만들어가는 삶은 계속 목표가 만들어지고 노력이 지속된다. 삶이 건강해진다. 미래를 준비하기 위해 동기가 계속 부여된다.

내일도 오늘과 똑같은 날을 만들고 싶은 사람은 없을 것이다. 무엇 하나라도 변화된 하루를 만들고 싶을 것이다. 그걸 해내려면 바로 오늘 바뀌어야 한다. 오늘 바뀌어야 다른 내일이 오는 것이다. 그렇게 하루하루 쌓이다 보면, 인생이 바뀌고 본인이 바라는 인생을 만들 수 있는 것이다.

바로 지금이 미래 준비를 시작할 시간이다. 오늘이 척박한 현실이라고 해도 미래를 준비한다면 내일은 희망이 된다. 그 희망을 현실로 만들려면 바로 지금 변해야 한다. 일에서 실수를 줄이고 부족함을 채워야 한다.

맹자는 '인간의 본능은 원래 선한데 악이 생기는 것은 인간이 외물外物에 유혹되기 때문'이라고 했다. 순자는 인간의 도덕성이 선천적이란 것을 부정하며, '사람의 성性은 악惡한 것이고 선善은 인위적인 것이다'라고 했다. 무엇이 맞는지는 여전히 풀지 못한 숙제다. 그러나 두 성인 모두 공통적으로 이야기한 것이 있다. 모든 사람들은 살아가면서 '예禮를 따라야 한다'는 점을 중요하게 여겼다.

인간은 누구나 이기적이다. 그래서 성찰이 필요하다. 이 과정이 없으면 자기 행동이 어떤 상황인지도 모른 채 잘못된 방향으로 나아갈 수 있다. 아무리 돈을 많이 벌면 무엇 하겠는가? 가치를 만들지 못하면 아무 의미가 없다. 자기반성과 성찰은 오늘과 다른 내일을 만들기 위해 가장 필요한 부분이 아닐 수 없다.

이런저런 생각을 하다 보면 아버지가 개량종으로 접을 붙인 두 그루의 감나무가 떠오른다.

능력보다 책임감

●

문제에 봉착했을 때 가장 먼저 가져야 할 마음은 책임감이다.

●

자식이 잘못하면 그 부모가 용서를 구한다. 사회는 자식을 제대로 관리하지 못한 책임을 부모에게 묻는다. 조직도 그렇다. 실무자가 잘못하면 그 위에 있는 팀장, 본부장, 대표이사가 줄줄이 고초를 치른다.

이런 상황이 벌어졌는데도 책임감을 느끼지 못하는 실무자들이 있다. 혹시 한 발 더 나아가서 '잘못 가르친 당신들 책임이야!'라고 생각하는지도 몰라서 무섭기까지 하다.

'사람은 지휘고하를 막론하고 누구나 자신의 위치에 맞게 책임을 져야 한다.'

이 말은 누구나 인정한다. 그러나 의미를 진정으로 받아들이는 사람은 드물다. 우리 사회에는 거짓말을 해서라도 위기만 극복하려는 사람들이 많다.

언젠가 사석에서 TV 토론에 자주 참석하는 정치학 박사 K씨를 만났다. 그에게 이렇게 질문을 던졌다.

"정치에 관심이 많아서 정치학으로 박사 학위까지 취득하신 것 같은데 왜 실제로 정치는 하지 않는지요?"

그러자 K씨는 "우리나라 정치인들은 자신의 말에 책임지지 않습니다. 그 안에 들어가고 싶지 않습니다"라고 대답했다. 그의 이야기를 듣고 고개를 끄덕일 수밖에 없었다.

선거철이 되면 정치인들이 표를 얻기 위해 온갖 공약을 쏟아내고 선거가 끝나면 공약에 따라 이런저런 사업이 시작된다. 그런데 사회에 도움이 되는 사업도 있지만, 세금만 낭비한다고 비난받는 사업도 생긴다. 왜 이런 일이 벌어질까? 유권자를 현혹시키려고 공약을 남발한 탓이다. 책임감이 부족해서 일어나는 일이다.

회사에서도 마찬가지다. 직원들이 동일한 실수를 반복하는 걸 막기 위해 교육하고 또 교육한다. 그래도 몇몇 직원은 같은 실수를 반복하고 회사에 막대한 손실을 일으킨다. 그럼에도 부채 의식이나 미안한 마음을 전혀 갖지 않는다. 그러니 같은 실수를 반복하는 것이다.

어떤 문제가 생길 때마다 부하 직원에게 "내가 왜 책임을 져야 하나?" "너희들이 다 책임져!" 이렇게 말하는 부서장도 있다. 그는 자기 일을 부하 직원에게 미루면서 "내 업무량이 너무 많아요"라고 말한다. 회사에서 직급을 정해주는 것은 그 위치에 맞게 행동하고 책임도 지라는 의미다. 조직원들의 업무 태도, 생활 태도 모두 부서장 책임 안에 있다. 그러면 본인이 책임져야지, 조직원에게 책임지라는 것은 무슨 의미인가? 스스로 '팀장으로서 자격이 없다' 선언하는 것이나 다름없다.

책임감 없는 부서장은 자기가 관리하는 팀에도 관심이 없다. 불편한 지시를 내려야 할 때는 직원을 시킨다. 문제가 생겼을 때 조직원이나 다른 부서로 이관시키는 데 달인이다. 본인 부서에 이토록 책임감이 없으니 당연히 그 부서 직원들은 그를 상사라 여기지도 않는다. 이런 사람들은 조직에서 크나큰 장애물이다. 웬만큼 문제가 있는 직원은 회사 분위기에 적응시킬 자신이 있지만, 이런 사람은 정말 어렵다. 이유가 있다. 보이지 않는 곳에서는 말도 안 되게 행동하다가 리더 앞에서만 그럴듯하게 말하니 참 어렵다.

조금 어렵거나 심각한 문제에 봉착했을 때는 목적과 목표를 명확하게 하고 책임감 있게 움직여야 한다. '어떻게 해결할 것인가?' 많이 고민하고 1차, 2차, 3차 해결책을 만들고 실천해야 한다. 반드시 책임지고 해결하겠다는 의지를 보여야 한다.

회사에는 책임을 회피하기 위해 보고서를 조작하는 관리자도 있다. 문제가 생기면 원인을 찾아내서 치료해야 하는데, 그 조작된 보고서 때문에 골든타임을 놓치고 만다. 결정권자는 보고서를 보고 판단한다. 보고서를 조작하면 언제고 문제가 생긴다. 그런 관리자는 문제가 도드라지질 때 실무자에게 책임을 뒤집어씌운다. 그래도 책임을 물으면 "그 많은 일을 어떻게 다 챙겨요?" 말하며 오히려 따지고 나온다. 이럴 때면 나는 "그 많은 것을 전부 챙겨야 하는 게 당신입니다!"라고 말해 준다.

나는 창업 초에 아파트 관리 일을 많이 했다. 당시에는 아파트 관리 사업이 시장에 나오면 경쟁 업체끼리 치열하게 경쟁했다. 선의의 경쟁은 얼마든지 좋다. 그런데 이해하기 힘든 장면이 자주 벌어졌다. 경쟁 업체에서 사업을 수주하겠다는 마음에 '아파트를 공짜로 관리하겠다!'고 말하고 나선 업체도 있었다. 세상에 이윤 없이 사업하는 사람이 어디 있는가? 그 말은 '편법'으로 돈을 남기겠다는 의미고, 일만 가져오고 보겠다는 생각이다. 선거를 앞두고 공약을 남발하다가 당선 이후에 모르쇠로 일관하는 정치인과 똑같다. 정말 책임감 없는 태도다.

사회에서 하는 일은 크든 작든 모두 책임이 따른다. 그 책임을 피해간다는 말은 일을 하지 않겠다는 말과 다르지 않다. 책임감은 아무리 과도해도 좋다. 그 누구도 책임감 강한 사람을 탓하지 않는다. 실력이 좀 부족하더라도 책임감 있는 사람이 좋은 성과를 가져 올 가능성이 높고, 꼭 그렇지 않더라도 신뢰는 남길 수 있다.

노숙자를 챙기는 어느 봉사자 이야기다. 그는 노숙하는 한 아주머니를 발견하고 '노숙자 쉼터'로 가자고 했으나 그 아주머니는 한사코 가지 않으려 했다. 봉사자는 눈물까지 흘리면서 애원했다. 그래도 요지부동이었다. 나는 그 봉사자의 눈물에 대해서 깊이 생각해보았다. 왜 저렇게까지 해서 도움을 주려고 하는 걸까? 인간에 대한 애정은 기본이고 자기가 맡은 일에 대한 책임감도 깊게 가지고 있는 분이라는 생각이 들었다. 그 노숙자 아주머니는 결국 쉼터로 가게 되었다.

자신이 한 말을 손바닥 뒤집듯 바꾸는 사람들이 있다. 말을 바꾸다 보면 거짓말을 하게 되고 일이 계속 꼬여 간다. 큰 사고를 친다. 정말 책임감 없다.

조직을 이끌다 보면 어쩔 수 없이 말을 바꿔야 할 때도 생긴다. 그럴 때는 은근슬쩍 바꾸지 말고 조직원들에게 양해를 구해야 한다. 직원들과 진심 어린 관계를 유지하고 싶다면 그렇게 해야 한다. 본인의 실수를 쉽게 덮는 리더는 조직원들의 잘못을 지적할 수 없다. 그의 말에 어떤 힘도 실릴 수 없다. 말을 바꾸게 된 이유를 설명하고 실수를 시인하는 것은 창피한 일이 아니다. 오히려 자기 말에 책임을 지는 행동이다. 좋은 리더가 되려면 적어도 자기 말에 책임질 줄 알아야 한다.

조직에서 리더가 되는 사람은 보통 두 부류다. 뛰어난 실적을 이루면서 회사 생활을 열심히 한 사람이 한 부류고, 힘 있는 임원과 관계를 잘 맺어서 덕을 보는 게 또 한 부류다. 후자를 보통 '정치로 성공했다'고 표현한다. 그런데 '정치로 성공'한 사람은 일 처리가 산뜻하지 못하다. 누군가에게 도움을 받았으니, 대가를 지불해야 한다. 일이 뒷전이 될 가능성이 높다.

'진짜 책임감'은 자기 일을 성공적으로 완수해내는 태도다. 앞에 나서서 일을 좌지우지하는 게 아니라 자기 자리에서 묵묵히 완성시켜 나가는 사람이 진짜 책임감 있는 사람이다. 혼자 있어도 많은 사람들이 지켜볼 때처럼 일하는 사람이다. 책임을 다했다고 말할 필요도 없다. '진짜 책임감'은 주변에서 알아주는 것이지 스스로 밖에 이야기하고 다니는 것이 아니기 때문이다.

요즘에는 자기 말에 책임지고 행동으로 옮기는 사람이 줄어드는 것 같다. 자기 말에 책임만 지고 살아도 성공할 수 있다고 생각하는데 그런 사람이 좀처럼 없다. 자기 일에 책임지는 자세부터 갖춘다면 많은 것을 얻을 수 있을 것이다.

준비보다 중요한 '실천'

●

준비는 실천을 전제로 한다.

준비가 끝났으면 무엇이든 시작해야 한다.

●

대학을 졸업할 무렵이 다가오면 두려움이 더욱 많아진다. 마치 호랑이 새끼가 처음 혼자서 굴 밖으로 나가오는 것처럼 망설이게 된다. 수십 년 학교라는 울타리 안에 있다 보니 사회에 나가는 것 자체가 무서운 것이다. 바로 '취업' 문제다. 그러다 보니 원래 계획에 없던 대학원 진학을 결정하는 학생들이 생긴다. 그러나 그게 본질적인 해결책은 아니다. 시간을 좀 번 것뿐이지 대학원을 졸업할 때 똑같은 상황이 벌어진다.

이렇듯 도망가는 게 버릇이 되면 안 된다. 앞으로 인생이 계속 고달파진다. 차라리 철저히 준비하고 당당하게 부딪히는 게 낫다.

나는 높은 학벌이나 많은 돈을 가지고 사업을 시작하진 않았다.

앉아서 하는 공부보다 현장에서 실천하고 경험을 쌓으면서 한 발씩 나아갔다. 당시는 어렵고 힘들었지만, 생존할 수 있는 힘이 생겼다. **준비가 완벽하게 끝난 후에 실천한 것이 아니라, 준비와 실천을 동시에 해야 한다. 26년이나 지나서 시대 상황은 많이 변했지만 내 생각은 여전히 유효하다고 생각한다.** 우리는 지나치게 준비만 하고 있지 않은가?

요즘 젊은이들은 어학연수는 기본이고 각종 자격증에 석사 학위까지 취득한 후 취업 활동에 나가는 모양이다. 그러다 보니 사회에 나오는 나이가 점점 늦어진다. 퇴직 나이는 점점 젊어지고 있으니 직장에 몸담을 시간이 그만큼 준다는 사실도 알아야 한다.

가깝게 지내는 지인의 아들은 외국에서 오랫동안 공부했다. 지출도 많았고 빚도 많이 생겼다. 부모는 대학을 마쳤으니 바로 직장을 구해서 더 이상 경제적인 부담이 생기지 않길 바라고 있었다. 그런데 아들은 한국에 와서 직장은 구하지 않고 박사 학위까지 진행하겠다고 했다. 이 문제 때문에 부모 자식 간에 갈등이 생겼다.

물론 본인도 뜻과 계획이 있겠지만, 외국에서 대학까지 나왔으면 경제 활동을 시작하는 게 맞는다고 생각한다. 사회 경험을 쌓고 학위를 해도 된다. 평생 공부해도 남을 만큼 집안이 부유하다고 해도 그게 맞다고 생각한다.

일반적으로 기업에서 사원을 선발할 때 자격증이나 학위의 높낮이를 크게 따지지 않는다. 기업에 들어오면 하나부터 열까지 다시 가르쳐야 하기 때문이다. 많이 배운 건 인정받아 마땅하지만 학교에서 공부한 것을 기업에서 사용하는 경우는 많지가 않다.

기업 입장에서 보면 필요 이상의 스펙과 학력이 높은 사람을 뽑기도 부담스럽다. 회사마다 정해진 기준이 있으니 임금을 특별히 많이 주기도 어렵다. 학력과 스펙이 좋은 사람은 그렇지 못한 동료에게 위화감을 줄 수도 있다. 면접에서 '부족한 임금에도 열심히 일하겠다'는 발언만 믿고 뽑았는데, 본인 스스로 견디지 못해 떠나버려서 난감한 적이 한두 번이 아니다.

결혼 준비도 취업 준비와 비슷한 측면이 있다. 안정적인 직업을 갖고, 돈도 넉넉하게 모아놓고 결혼하겠다? 이상적이다. 그런데 그 정도 준비하려면 적어도 직장 생활을 10년 이상 해야 한다. 남자로 치면 40대에 가까워진다. 이때 배우자 찾는 일은 생각보다 쉽지 않다. 나이를 맞추기도 어렵고 이미 높아진 눈높이를 맞추기도 어렵다. 그러다 40대를 맞이하고 현실에 타협해서 결혼한다.

이렇게 결혼하려고 10년 넘게 고생하면서 살았다고 생각하면 너무 허무하지 않은가? 그리고 40대부터는 회사에서 언제 쫓겨날지 모르고, 아이를 키우는 시기도 너무 늦어서 좋지 않다. 그보다는 고생스럽더라도 좀 일찍 결혼해서 가족과 함께 만드는 재미를 느끼면서 사는 게 낫다.

나는 결혼 적령기에 선을 많이 보았다. 연애할 시간도 없었고 외로움이 많지도 않았을뿐더러 로맨스에 로망이 있는 스타일도 아니었다. 당시 특별히 배우자 상像을 가지고 있지 않았다. 그저 착하고 책임감 있는 사람이면 괜찮겠다 싶었다. 그런데 그게 더 힘들었다. 선을 보는 자리에서 상대 마음속까지 알 수 없었다. 그렇게 선을 여러 번 보게 되었고 스트레스가 가중되었다.

시간을 끈다고 특별한 상대를 만날 것 같지 않아서 착해 보였던 한 사람과 결혼을 약속했다. 양가 부모가 인사도 나누고 혼인 성사 단계까지 갔다. 그러자 가정을 이루고 살아야 한다는 사실이 엄청난 압박으로 다가왔다. 그 스트레스를 못 이겨 결국 파혼을 선언했다. 나 스스로 결혼할 마음의 준비가 안 돼 있었던 것이다. 결혼에 대한 기준이 없었던 것이다.

그 사람에게 미안해 한동안 불편한 마음으로 지냈다. 그때 처음으로 결혼에 대해 진지하게 생각하기 시작했다. 고민 끝에 '절대 이혼은 하지 않겠다' '이혼하지 않기 위해 아이를 빨리 갖겠다' '아내에게 손찌검하지 않겠다' '아내에게 돈벌이 시키지 않겠다' 4가지 기준을 정했다. 그리고 운명에 맡겼다. 겉으로 드러나는 것만으로 상대와 나의 미래를 알 수 없기 때문에 잘되는 것도 못 되는 것도 내 운명이라고 마음을 정리했다. 이렇게 원칙을 정하고 다짐하니 더 이상 결혼이 두렵지 않았다.

아내와는 선으로 만났다. 아내는 직장을 다녔고 넉넉하지 못한 집안 살림을 돕고 있었다. 중매 선 아주머니는 이게 조금 마음에 걸린다고 했으나, 오히려 나는 그게 더 마음에 들었다. 돈을 벌어서 집안 살림을 돕는다는 것은 착하고 책임감이 있다는 이야기와 다르지 않다고 생각했다.

아내를 처음 만나고 2주 후, 결혼하자고 프러포즈를 했다. 아내는 "집에 도움을 주어야 해서 당장은 결혼이 힘들어요"라고 말했다. 내가 그것까지 책임지겠다고 하자 아내가 "내가 돈을 벌 수 있는 여자여서 선택하는 건가요?" 하고 물었다. 나는 "절대 일을 시키지 않겠어요, 혹시 내 벌이가 부족하면 '포장마차'나 '때밀이'라도 해서 채울 겁니다" 하고 말했다. 그 자리에서 '결혼 생활에 대한 네 가지 기준'을 이야기해주었다. 아내는 거기에 감동했다. 우리는 처음 만난 날 기준으로 25일 만에 결혼식을 올렸다.

당시 내 돈벌이가 좋았던 것은 아니다. 그러나 열심히 일할 자신은 있었다. 이 하나의 자신감이 미래를 만들었다. 돈을 많이 벌어놓고 결혼하려고 했으면 결혼이 많이 늦었을 것이다. 그러나 시간이 늦을수록 결혼해야 한다는 압박감이 강해지고 그게 더 힘들 것 같아서 적령기 결혼을 감행했다. **모든 일에 결정이 어려울 때는 최선을 다하되 나머지는 운명에 맡기는 것도 추진력을 발휘하는 방법이다.**

사업도 마찬가지다. 필요한 돈 마련해놓고 사업을 시작하려다 보면 시기를 놓칠 수 있다. 산업마다 큰 흐름이 있어서 창업하는 시기를 결정하는 일은 매우 중요하다. 콘텐츠가 있고 계획이 수립되었으면 부족한 부분이 조금 있더라도 바로 도전하는 게 현명하다고 생각한다. 부족한 것은 일을 하면서 채워가는 것도 좋은 방법이다. 준비만 하다가 시기를 놓친다.

사람이 사회에서 일할 수 있는 시간은 그리 길지 않다. 그 시간을 가장 유용하게 사용할 수 있는 방법을 찾고, 계획을 세우고, 실천하며 살아가는 게 중요하다. 준비만 하다가 아까운 시간 다 지나가는 우를 범하지 않았으면 좋겠다. 다소 부족하더라도 출발하고 시행착오는 수정 보완하면서 일을 완성해가는 것도 지혜로운 인생이다.

세상 이치

●

배려, 세상이 정해준 더불어 사는 방법.

●

능력이 있으나 기본이 되어 있지 않은 사람보다 능력이 부족하더라도 기본이 되어 있는 사람이 훨씬 좋은 인재로 성장한다.

처음에는 일 잘하는 사람이 눈에 띄지만 조직에 위기가 닥쳤을 때는 기본이 되어 있는 사람이 위력을 발휘하는 경우를 많이 봤다.

기본이 되어 있다는 것은 인성, 태도, 매너 등 사람의 성품과 관련이 있다. 이런 부분은 어느 순간 갑자기 생겨나는 것이 아니다. 타고난 부분도 있고, 어릴 때부터 교육을 통해 몸에 밴 것도 있고, 살면서 스스로 깨우쳐 변화하는 부분도 있다. 타고난 기질이 그렇지 못하더라도, 노력으로 채울 수 있는 부분이다.

자식이 주변으로부터 좋은 평가를 받으며 살아가길 바라는 것은 모든 부모의 마음이다. 나도 마찬가지다. 그러니 자꾸만 신경 쓰게 되고 가르치게 된다.

어느 아침에 있었던 일이다. 식사를 앞두고 욕실에서 세면을 하고 있는데 아이들이 "아빠, 식사하세요"라고 했다. 세수를 하고 나오니 다들 식사를 하고 있었다. 내가 그 앞에 나타나도 나에게 아무 인사도 없이 밥 먹기에만 여념이 없었다. 이건 아니다 싶었다. 방금 인사를 했기 때문에 다시 이야기하지 않아도 된다고 생각했을 수도 있다. 그래도 눈앞에 나타나면 '식사하세요' 정도는 말해야 한다. 이게 우리네 사는 법이다. 그날 아이들에게 잔소리를 좀 했다.

내가 좀 예민한지도 모른다. 그러나 사회에서 너무 자신만 생각하는 젊은 사람들을 보면서 느낀 게 있어서 훈계를 하게 되었다. 자녀들이 그러면 안 되는데, 우려가 되어서 말이다.

"요즘 젊은 사람들은 예의가 없어."

주변 내 또래 사람들이 이런 소리를 많이 한다. 그러나 젊은 세대만 탓할 게 아니다. 젊은 세대를 제대로 교육시키지 않은 우리 책임도 있으니, 내 자식부터라도 좀 가르쳐야겠다는 생각을 했다.

내가 나가는 모임에서 있었던 일이다. 회원 가운데 가장 연세가 많은 한 분이 회장을 맡고 있다. 그분은 모임에 헌신적이고 회원들에게 배려도 많이 한다. 모임을 가질 때마다 좋은 자리는 회원들에게 양보하고 자신은 항상 입구 앞 가장 불편한 곳에 앉는다. 그런데 안타깝게도 회원들은 그분이 양보하고 배려하고 있다는 사실조차 모른다. 좋은 자리가 당연히 자기 자리인줄 알고 자연스럽게 그곳에 가서 앉는다. 뭐라 이야기하기도 그렇고 참 민망하다.

지난봄, 첫째 딸이 결혼을 했다. 딸에게도 "시댁 어른들이 괜찮다고 해도 한두 번 더 권하렴" 하고 일렀다. 당시에 딸은 그 의미를 이해하지 못했으나, 지금은 그것 때문에 시댁 어른들로부터 칭찬을 듣는 모양이다. 사돈어른 생신이었던 모양이다. 딸이 먼저 "아버지 뭐 필요하세요?" 했다고 한다. 사돈어른이 "너희 살기도 바쁠 테니 선물은 필요 없다"라고 답했다고 한다. 그래도 딸이 몇 번 더 물었고, 골프 모자가 필요한 것 같아서 그걸 사드리고 용돈도 드렸다고 한다. 사실 부모 입장에서는 선물은 중요하지 않다. 자식들이 여러 번 말을 꺼내서 원하는 것을 알려고 하는 자세가 고마운 것이다.

사회에서 성공하려면 좋은 인간관계를 만드는 것이 기본 중 기본이다. 좋은 인간관계를 맺는 데 특별한 스킬이 필요한 게 아니다. 조금 더 다가가고 조금 더 챙겨주는 노력이고 성의다. 그런데 시간이 갈수록 그런 문화가 사라지는 것 같아서 안타깝다.

사회라는 곳이 냉정해서 능력으로만 평가하는 것 같지만 꼭 그렇지만은 않다. 인성이나 품성이 결정적인 역할을 하는 경우가 더 많다. 어떤 기회에 누구를 추천하려고 할 때 떠오를 수 있는 사람이 되어야 한다. 그러려면 스스로 타인을 배려하며 살겠다는 마음을 가져야 한다. 기업 CEO 자리에 있는 사람치고 타인과 관계가 나쁜 사람 별로 보지 못했다.

정기적으로 가는 사우나에서 만나 가까워진 어르신이 한 분 있다. 하루는 사우나에 갔다가 그분이 자기 몸을 씻은 후 주변을 물로 깨끗하게 청소하는 모습을 보게 되었다. 생각해보니 그는 매번 주변을 청소했다. 순간 부끄러웠다. 나는 그렇게 정리하지 않았기 때문이다. 나뿐만이 아니라 우리 사우나에서 이런 사람은 거의 찾아보기 어렵다. 대부분은 자신이 흘린 거품도 그냥 남겨두고 떠난다. 자기 집 목욕탕이라면 그렇게 하지 않았을 것이다. 다른 사람을 배려하는 그 어르신 모습에 많이 반성했고 그분을 따라 내 주변을 정리하기 시작했다.

세상 이치는 유명한 지식인이 책으로 규정해놓은 게 아니다. 오랜 시간 동안 수많은 사람들이 서로 몸 부딪히고 살아가면서 자연스럽게 만들어졌다. 간혹 '나는 싫어' '내가 왜 세상 이치를 따져가며 살아가야 해'라고 말하는 사람이 있다. 그럴 수도 있다. 그러나 혼자 살 게 아니라면, 세상의 이치를 인정하고 순응하면서 사는 게 현명하다. 자기 생각이 맞는 것 같아도 넓게 보면 그렇지 않다.

우리 회사가 관리하는 현장은 서울에도 있고, 지방에도 있다. 그러다 보니 각 지역마다 직원들 특성이 다르다는 것을 알게 되었다. 서울 직원들과 지방 직원들은 조금 다르다. 서울 직원들은 대체로 빠르다. 그런데 지나치게 계산한다. 지방 사람들은 다소 느리다. 그러나 아직 인간미는 살아 있다.

갈수록 근로 시간 준수가 엄격해지고 있다. 예전에는 일이 몰리면 예정돼 있지 않았어도 자연스럽게 밤샘 야근으로 이어지는 경우가 많았다. 지금은? 서울에서는 이런 일이 거의 불가능하고, 지방에서는 그나마 어느 정도 가능한 편이다. 일도 사람이 하는 것인데, 너무 칼같이 따지다 보니 정이 메말라가고 있다는 느낌을 많이 받게 된다.

어느 모임이든 경제적으로 여유가 있는 사람이 조금이라도 비용을 더 지불한다. 그런데 가끔씩 그런 위치에 있는 사람은 지출하는 식사 비용만 해도 상당할 것 같다는 생각을 하게 된다. 상대는 가끔 한 번이지만 비용을 내는 사람은 사람을 만날 때마다 비용을 낼 테니 말이다. 그런데 식사를 대접받는 사람들은 그 입장을 생각하지 않는다. 당연하게 생각한다. 대접받는 사람들이 계산하는 사람의 밥 사주는 재미까지 앗아가는 것은 아닌지 모르겠다.

나 역시 대체로 비용을 지불하는 입장이다. 오랫동안 식사비를 지불하다 보니 내가 계산하는 것을 당연히 여기게 되었지만, 가끔 누가 "잘 먹었다"고 하면 무척 고마움을 느낀다. 이것도 정상은 아니다. 사실 당연한 인사인데 왜 이런 가벼운 인사조차 드문 세상이 되었을까?

세상은 갈수록 고도화되고 사람들은 점점 똑똑해지고 있지만 그러는 사이 무엇인가 자꾸 잃어버리는 게 생기는 것 같다. 아마도 혼자서도 잘 살 수 있는 세상이 되어서 그런 것 같다. 그러나 그건 착각에 지나지 않다. 제아무리 똑똑하고, 제아무리 잘나가도 혼자 할 수 있는 것은 많지 않다.

지금 먹고 있는 농산물은 누가 만들 것이며, 자신이 버린 쓰레기는 누가 치우고 있는가? 누군가 생산하고 처리하고 있는 것이다. 남을 먼저 배려하는 자세를 버려서는 안 될 것 같다. 어떤 행동을 할 때 혹시 다른 사람에게 피해가 되지는 않을지 생각하고, 다른 사람이 나에게 배려하면 정말 고맙다는 이야기 정도는 하면서 살아야 할 것 같다.

결혼은 귀농 같은 것

•

결혼, 기대했던 낭만은 눈 녹듯 사라지지만
결실을 맺을 수 있는 좋은 선택.

•

얼마 전 '귀농'을 다룬 TV 다큐멘터리를 봤다. 그 프로그램에 나온 사람들이 공통적으로 전하는 메시지가 있었다. 귀농을 낭만적으로 생각하고 시도하면 큰 낭패를 본다는 이야기였다. 자연과 더불어 사는 것은 누구에게나 로망이지만 농촌 역시 삶의 현장이기 때문에 도시 생활보다 더 고단하고 치열할 수밖에 없는 것이다.

그 프로그램을 보면서 결혼도 귀농과 비슷하다는 생각을 했다. 로망만 생각하고 결혼을 결정했다가는 이내 후회하고 만다. 결혼 생활은 사회생활만큼 치열한 측면이 있기 때문이다. 사랑하는 남녀가 만나서 시작하는 신혼 초기는 정말 꿀 같다. 하지만 그 행복은 길지 않다. 얼마 지나지 않아 경제 습관, 각자의 집안 분위기, 종교, 심지어 입맛까지 모든 게 문제가 되어 서로 갈등하게 된다. 한 동안 이런 시간을 겪고 나야 깨닫게 되고 자신을 낮추어 상대를 이해한다. 그렇다고 모든 문제가 해결되는 것은 아니다. 참기 힘든 순간은 끊임없이 찾아온다. **'행복은 순간이고 불행은 길다'라는 사실을 깨닫게 된다.**

이상적인 부부 관계는 남편은 열심히 일해서 가족을 부양하고, 아내는 자녀를 세심하게 관찰하고, 교육하고, 가정을 탄탄하게 다지는 거라 생각한다. 가족 구성원이 서로 고마움을 전할 줄 알고, 남편은 더 열심히 일하게 되는 단계.

그러나 이게 말처럼 쉽지는 않다. 이 모든 게 남편의 경제력이 탄탄해야 가능한데, 우선 이것부터 쉬운 일이 아니다.

남편도 가정에서 해야 할 일이 있는데, 밖에서 격무에 시달리다 보니 가정을 돌볼 시간이 없다. 그렇게 서로 결핍을 만들어가는 시간이 생긴다. 결국 아내는 남편에 대한 기대를 저버리기 시작한다. 세심한 관심을 원하는 아내와 더 많은 돈을 벌기 위해 뛰어다니는 남편 사이가 점점 더 벌어지고, 급기야 아내가 말한다.

"당신은 나와 안 맞아!"

남편은 드라마에서나 들어왔던 이 말을 아내가 쉽게 꺼내는 것처럼 느낀다. 사실은 그렇지 않다. 오랜 기간 서로 사이가 벌어진 걸 알고 있었고, 아내 역시 참고 참다가 꺼낸 말이다. 그 말을 듣고 남편은 가정에 좀 더 신경 쓰려고 한다. 그러나 습관이 들지 않아서 생각처럼 되지 않는다. 다시 안 좋은 상태로 돌아간다. 그러고 나면 '이혼'이라는 단어가 나오기 시작한다. 이런 대화가 몇 번 오가다 보면 정말 도저히 같이 못 살 것 같은 생각이 들 때가 있다. 어디서 부터 잘못된 것일까?

얼마 전 양소영 변호사가 TV에 출연해 부부 사이가 멀어졌을 때 아내는 남편이 먹는 밥그릇도 엎어버리고 싶은 심정이 된다고 했다. 그 갈등이 커지면 한집 안에서도 각방을 사용하게 되고, 물리적으로 멀어지고 나니 오해가 더 커져서 감정이 에스컬레이터처럼 계속 올라가게 되더라는 말도 했다.

대부분 남편과 아내는 애초부터 서로 바라보는 시선이 너무 다르다. 평소 이 시선을 조율해야 하는데 그걸 못했을 때 '이혼' 이야기가 오간다. 배우자에게 너무 엄격한 잣대를 들이대는 것도 문제다. 주변에서, 혹은 방송에서 어떤 이야기를 들어서 그런지는 모르지만, 머릿속에 '내 배우자는 많이 부족하다'는 인식을 갖고 있는 사람들이 많다. **사람은 전부 불완전한 존재다. 완벽한 사람은 없다는 생각을 하고 잘하는 것과 부족한 것을 구분해서 일하면 효과가 있다.**

김동길 교수가 언젠가 우리 역사상 가장 위대한 인물로 칭송받는 세종대왕도 '삐딱한 시선'을 들이대면 전혀 다른 사람이 될 수 있다고 말한 적이 있다. 세종대왕은 거대한 정원과 노비를 거느린 귀족을 지지하며 계급사회를 견고히 했다. 집안은 아주 가관이다. 쿠데타를 일으켜 나라를 찬탈한 태조가 할아버지고, 살인마 태종이 아버지다. 큰형 양녕대군은 부녀자를 강간하는 불륜을 저질렀고, 아들 수양대군은 손자까지 죽이는 패륜도 서슴지 않았다. 본인 자체가 호색가이기도 했다.

그러나 지금 그 누구도 세종을 욕하지 않는다. 시대 상황을 이해하고 평가하기 때문이다. 이혼도 그렇다. 시기에 따라 배우자에 대한 생각이 달라질 수 있으니 이내 결정해서는 안 된다.

조직 생활도 마찬가지다. 다양한 사람들이 모여 있는 곳이다 보니 당연히 자신과 성향이 다른 사람들이 있다. 또한 마음 상할 일도 생긴다. 동료와 감정이 쌓일 수도 있고 윗사람으로부터 이유 없이 미움받을 수도 있다. 그러나 그런 것에 감정이 상해서 회사를 그만두면 안 된다. 직장을 바꿔도 비슷한 상황을 수 없이 맞이할 텐데 그런 태도로 어떻게 사회생활을 지속할 수 있겠는가?

입사한 회사가 마음에 들지 않을 때도 있다. 임금은 다른 회사보다 적은데 일은 더 많은 것 같다. '이 월급에 이런 고생을 해야 하나?' 이런 생각이 들면 다른 직장을 찾기 시작한다. 그러나 직장을 옮겨도 비슷한 상황이 벌어질 가능성이 높다. 그제야 자신의 시선이 잘못돼 있다는 것을 알게 될 것이다.

회사가 마음에 들지 않는다고 이내 그만두기보다는 한동안 열심히 일해보는 게 맞다. 시간이 흐르면 처음 눈에 보이지 않은 것들이 보일 수 있고, 자신의 노력에 따라서 다시 좋은 평가도 받을 수 있다. 자신이 변해야 한다. 회사를 바꾼다고 본인이 가지고 있는 문제가 해결되지는 않는다.

부부 관계도 이와 같다. 서로 의견이 안 맞으면 만신창이가 되도록 싸울 때도 있다. 서로 상처를 너무 주고받아서 자존심은 온데간데없이 사라지고 헤어지고 싶다는 마음만 커질 때도 있다. 그러나 감정이 차오른 순간일수록 더 생각하고 고민해야 한다. 내가 꺼낸 말 한마디, 내가 한 행동이 상대에게 '혹시 상처가 되지 않았을까?'

이런 생각부터 해야 한다.

나는 가정을 '우물'이라고 생각한다. 가족 구성원들이 그 우물의 물을 먹고 살아가고 앞으로도 그 우물을 사용해야 한다. 그러니 모두 깨끗하게 관리하고 소중하게 여겨야 한다. 구성원 중에 우물에 오물을 던지는 사람들이 있다면 어떻게 될까? 이내 오염이 되고 우물은 썩어갈 것이다. 파장은 일파만파 커질 수밖에 없다. 그러니 우물을 사용할 수 있는 지금의 소중함을 알아야 한다.

결혼은 사람 관계에 능숙한 사람들이 만나서 아무 문제없이 지내는 게 아니다. 마치 준비 없이 시골에 내려가 농사를 시작한 사람처럼 고생과 고통이 계속될 수밖에 없다. 그러나 노력하고 인내하면 극복할 수 있다. 봄에 씨를 뿌린 후 결실을 맺는 시기까지는 일하는 게 고통스럽겠지만 가을이 되면 서로 웃으면서 열매를 딸 수 있다. 이런 마음으로 인내해야 한다.

나는 세심하게 가정을 돌보는 남편은 아니었다. 그동안 워낙 바쁘게 살았다. 지금도 바쁜 것은 여전하지만 첫째 딸을 출가시키고 나니 새삼스럽게 결혼 생활을 돌아보게 된다. 상처받은 일보다 상처 준 일이 더 많이 생각난다. 특히 결혼 초는 내가 그렸던 내 모습은 아닌 것 같아 많이 후회스럽다.

결혼은 귀농 같은 것. 기대했던 낭만은 어느새 사라지고 없지만, 그래도 결실은 맺을 수 있는 좋은 선택이라고 생각한다. **자신을 객관적으로 바라보고 상대에 맞춰가는 과정을 경험할 수 있는 가장 좋은 관계가 바로 부부 관계다.** 나이가 듦에 따라 성숙해가고 있다는 생각을 가질 수 있는 기회가 바로 결혼 생활이다.

사는 재미

●

작은 것부터 하나씩 해나가는 것보다 더 큰 재미가

인생에서 또 있을까?

●

'과한 결혼'을 볼 때가 있다. 아직 나이가 어려서 돈벌이도 제대로 못하는 남녀가 분에 넘치게 혼수와 패물을 준비한다. 부모도 못 가져본 귀금속과 집이 오간다. 때로는 은행에 빚을 내서 결혼을 준비하기도 한다. 그런 모습을 보면 '남들도 이 정도는 하니 우리도 그만큼은 해야 한다'는 생각을 가지고 있는 것 같다. 지나친 혼수는 직접 관련이 없는 사람이 보기에도 부담스럽다. 큰 혼수와 패물을 보고 부러워하는 사람은 많지 않다.

하객이 지나치게 많아서 식장에 앉지 못해 곧바로 식당으로 가는 결혼식도 있다. 예전 우리 경조사는 상부상조 측면이 강했다. 축의금이든 축하하는 마음이든 조금이라도 도움이 되려는 마음으로 결혼식에 가질 않았던가? 최근 복잡한 결혼식장에서 음식을 먹다 보면 '결혼식이 원래 이런 것이었을까?' 이런 생각이 든다.

이런 결혼은 후유증도 있을 수 있다. 비싼 귀금속이나 집을 쉽게 얻으면 세상 어려운 것을 모르고 살 수 있다. 진짜 어려움이 닥쳤을 때 어떻게 극복해낼지 우려스럽다. 부족하게 시작해서 하나씩 채우는 행복을 모를 수 있는 것도 아쉬운 부분이다.

내가 경험한 것만 봐도 어려웠던 신혼 시절에 살림살이 하나씩 모으는 재미가 컸다. 열심히 일해서 통장에 돈 쌓이는 재미도 마찬가지로 컸다. 그 재미에 부부 사이도 좋아졌다.

사업을 열정적으로 하고 있는 지인이 한 분 있다. 워낙 성실하고 주변 사람들도 잘 챙겨서 사회에서 명망도 높다. 그분이 얼마 전에 아들을 장가보냈는데, 한참 지나서야 그 사실을 알게 되었다. 전화를 걸어 '초청 못 받아서 섭섭하다'고 말했다. 알고 보니 그 지인은 가족과 친지 몇 분만 결혼식에 초대했다. 그동안 수많은 애경사에 찾아가면서 정작 본인 아들 혼사는 조용하게 치른 것이다.

"우리 결혼식이 언제부터인지 분수에 넘치는 것처럼 보이더라고요. 바뀌어야 한다고 생각했어요. 간소하게 치르니 예식에 집중도 잘되고 주변에 부담을 주지 않은 것 같아서 마음도 편하더라고요."

이 대답을 듣고 현명하다는 생각을 했다. 그분에게 굳이 이런저런 질문을 던진 데에는 이유가 있다. 당시가 내 첫째 딸 결혼이 임박한 시점이었다. 나 역시 청첩장을 어느 범위까지 보내야 할지 고민하고 있었다. 사돈댁만 불편하게 생각하지 않는다면 조용하게 치르고 싶었던 차에 그 이야기를 들으니 용기가 생겼다.

나 역시 사업을 하는 사람이고, 여기에 오기까지 주변으로부터 많은 도움을 받아왔다. 결혼식에 초대하지 않는 게 섭섭하게 해석될 수도 있지만, 그분들에게 부담을 주지 않는 게 더 나은 결정이라는 생각이 더 크게 들었다. 사업하는 사람은 사회에서 모범이 되어야 하는 측면도 있다. 나 역시 아주 가까운 사람만 초대해서 조촐하게 딸 결혼식을 치렀다.

경제적인 능력이 있든 없든 과한 결혼식은 자중해야 하는 게 맞는 것 같다. 결혼식은 그 자체에 의미가 있다. 기념이 되는 결혼식이 되었으면 한다. 결혼식이 끝나면 공식적으로 배우자가 생긴다. 그리고 특별한 이유가 있지 않는 한 자식이 생긴다. 그렇게 하나의 '팀'이 완성된다.

가족 구성원과 관계를 쌓아가는 과정도 사는 재미 중 큰 부분이다. 가족 간에 쌓이는 관계는 함께 보낸 시간과 추억이 많을수록 두터워지는 것 같다. 우리 세대는 대부분 이 부분을 잘하지 못했다. 평소에 짬짬이 가족에게 신경을 써야 했지만, 일에 치여 살다 보니 그러지 못했다. 그렇게 수십 년 정신없이 보내다 어느 날 불현듯 과거를 돌아보게 된다. 가족들에게 미안하다. 내 진심을 알아주길 바란다.

오래전 일이다. 내 아내는 평소 물을 잘 마시지 않는다. 아내에게 건강을 위해 물을 자주 먹으라고 권했다. 아내를 챙겨주려고 한 말인데 아내는 내 말을 그저 잔소리로 받아들였다. 부부는 한 몸이다. 남편이 아프면 아내가 고생하고, 아내가 아프면 남편이 고달파진다. 아내 건강을 생각하지 않을 수 없다. 나는 오직 이것만 생각하고 한 말이었지만 진심이 제대로 전달되지 않았다.

지금은 달라졌지만, 딸 역시 마찬가지였다. 평소 나에게 칭찬받는 게 익숙하지 않다 보니 내가 어쩌다 "잘했다"라고 칭찬하면 "부담스러워요"라고 말하곤 했다. 그때마다 머쓱했다. 평소에 대화라도 많이 오갔다면 이런 반응이 돌아오지는 않았을 것이다. 우리 세대만 하더라도 자녀에게 살갑게 대하는 게 어색하다. 내가 부모로부터 사랑받으며 자란 기억이 없어서 그러한지 모르겠다. 어쨌든 이것 역시 내 책임이다.

가족 간 소통에서 문제가 생기는 것은 평소 함께하지 못해서 대화나 스킨십이 부족한 탓이 크다. 서로 얼굴을 맞대고 대화가 없으니 상대를 이해하기 어렵고 간혹 오가는 대화는 자기 입장을 이해받으려는 게 대부분이다.

기본적으로 남자는 밖에서 일한다는 사실을 들어 가정에서 많은 부분을 배려받으려 하고, 아내는 작은 배려도 없는 것에 서운함을 느낀다. 아이들은 철이 덜 들어서 직설적으로 말하다가 부모에게 상처를 준다. 대개 이렇다.

수년 전 일이다. 내 아들은 이미 성인이었지만 세상을 개척하며 살아가기에는 아직 미숙했다. 그래서 아들에겐 교육이 필요하다고 생각할 때가 많다. 하루는 정성껏 편지를 써서 아들에게 전달했다. 앞에 앉혀놓고 '이건 이렇고 저건 저렇다!' 이야기하다 보면 잔소리가 될 것 같아서 그랬다. 그런데 아들은 "아빠 편지야 읽어보나 마나 뻔하지 뭐" 하더니 편지를 대충 훑고 말았다.

그날 이후 아들이 인사를 해도 일부러 받지 않았다. 스스로 '내가 아버지에게 뭔가 잘못했구나!' 느끼게 해주고 싶었다. 내 태도를 보고 뭔가 느꼈는지 아들이 계속 내 눈치를 봤다. 며칠이 지나고 아들에게 말을 꺼냈다.

"내가 그동안 너에게 말도 건네지 않은 이유를 알고 있어?"

"네."

"그럼 왜 아빠에게 사과를 하지 않았느냐? 나는 네가 먼저 다가와 사과하길 기다렸다. 눈치만 보지 말고 먼저 사과했으면 아빠는 이해했을 것이다. 그런데 그조차 하지 않으니 마음이 불편했다. 앞으로는 할 말이 있으면 먼저 이야기를 꺼내라."

눈치만 보는 아들의 태도부터 고쳐야겠다는 생각에 설득을 했다. 이전에 써준 편지는 이미 '흘러간 옛 노래'가 됐다. 사실 마음이 불편하기도 했다. 생각해보니 아들을 가르치려는 마음보다 소통하고 싶은 마음이 더 컸던 것 같다. 한집에 사는 한 가족인데 마음을 터놓고 이야기하는 게 참 쉽지 않다. 그래도 시간이 지나다 보면 서로에 대한 이해가 달라지는 걸 느낀다. 나도 그렇고, 아이들도 그렇고, 아내도 그렇다. 성숙해지고 있다. 상대를 이해하기 위해서는 시간과 노력이 필요하다.

가족이 함께 사는 기간은 생각보다 길지 않다. 서로 떨어져 살면 얼마나 그리울지 미리 생각해보면 진심으로 다가설 수 있다. 어느 순간 세상에서 가장 밉고 보기 싫은 사람이 세상에서 가장 소중한 존재였다는 사실을 깨달을 때가 있다. 그때 후회 말고 바로 지금 가까이 있는 사람에게 다가가 진심을 전하는 게 현명한 일이다.

우린 왜 떨어져 있을까?

●

초심으로 돌아가라는 말이 가장 필요한 곳은 가정이다.

●

어떤 문제가 생겼을 때, 사람들은 대부분 원인을 상대로부터 찾으려고 한다. 그러니 갈등만 더 쌓인다. 이것은 해결 방법이 못 된다. 문제 원인을 자기 안에서 찾아야 비로소 문제가 풀리기 시작한다.

사람들이 힘들어하는 문제 대부분은 가정에서 만들어진다. 특히 부부 사이에 갈등이 생기면 일이 손에 잡힐 리 없다. 그 갈등을 해결하지 못하면 사회생활을 그르칠 수도 있다.

종편 방송국이 생긴 이후 패널들이 나와서 가정 문제를 이야기하는 프로그램이 많아졌다. 방송에 출연한 사람들은 어쩐 일인지 배우자와 각방을 쓰는 경우가 많았다. 이해는 간다. 매시간 보고 싶은 신혼 시절도 아니고, 권태기라는 것도 찾아오기 마련이다. 각자 공간에서 생활하면 부딪힐 일도 줄어들고 훨씬 편하다는 것도 안다. 그러나 이건 함께 사는 게 아니다. 싸우더라도 한 공간에 있어야 오해도 풀고 할 텐데, 떨어져서 생활하니 오해가 더 쌓이지나 않을까 걱정이다.

한번은 방송에 출연한 여배우가 마음 아픈 고백을 했다. 그는 권태기가 시작되고 나서 각방을 쓰다가 나중에는 아예 남편과 별거를 했다. 별거를 하니 각방을 쓰는 것보다 더 편했다. 자유롭게 하고 싶은 거 다 하고 살았다. 여행도 원 없이 다녔다. 그러나 그렇게 1년이 지나고 나서 무엇인가 알게 되었다. 친구도 그 무엇도, 함께 할 사람 없이 온전히 혼자가 되었다는 사실을 깨달았다. 마음이 허전해서 남편에게 연락을 취했지만, 그도 이미 마음을 정리한 이후였다고 쓸쓸하게 말했다.

부부가 한방을 써야 하는 이유는 또 있다. 부부 관계가 좋아야 가정에 기운이 모아지고 외부 일도 잘된다. 갈등이 심하면 기운이 분산되어 일도 풀리지 않는다. 부부의 몸, 마음, 행동이 삼위일체가 되어야 만사가 풀리기 시작하는 법이다.

가정은 따뜻한 곳이어야 한다. 사람은 일에 지칠 대로 지치면 오랜 시간 힘들게 유지해왔던 것까지 포기하고 싶은 마음이 든다. 인생을 걸고 도전하던 일이 실패로 돌아갔을 때는 정말 허탈하다. 위로받고 싶다. 그러나 사회에는 그 마음을 받아주는 사람이 없다. 술도 한두 번이지, 근본적으로 위로가 되지 않는다. 그때 배우자가 손을 잡아준다면 새로운 용기를 얻을 수가 있고 관계는 참으로 돈독해질 수 있다.

그러나 일도 제대로 못하는 사람이라는 타박이나 들을 것 같아서 말도 제대로 꺼내지 못하는 사람들이 많다. 그렇지 않아도 힘든데 배우자로부터 억장이 무너지는 소리까지 들어야 하니 집에 들어가기가 싫다. 밖에서 최대한 오래 시간을 보내다 집에 들어가고, 잠만 겨우 자고 새벽에 나오는 상황이 반복된다.

서로에게 불만이 있다면 감정은 최대한 배제한 상태에서 남편과 아내의 기본 도리가 무엇인지 생각해보면 답이 보인다. 분명 서로에게 필요 이상으로 상처를 주었다는 사실을 깨닫게 될 것이다. 기본적인 것도 지키지 못했다고 반성하게 될 것이다. 가정에서 자신의 역할도 다하지 못하면서 종교 시설에 가서 '행복하게 해주세요' 기도하는 것은 산에 가서 생선 찾는 격이다. 그 시간에 차라리 본연의 자세로 돌아가 기본적인 것부터 역할을 다하는 게 훨씬 현명한 일이다.

내가 아는 A는 스트레스가 많다. 직장 내에서도 치열한 경쟁 속에 있다. 실적에 따라서 승진이 밀려날 수도 있고 명예퇴직을 할 수도 있는 상황이다. 늘 불안해하고 긴장 속에서 살고 있다. 일을 할 때 자신의 모든 것을 쏟아부으니 힘이 들 수밖에 없다. 그러나 A의 아내는 아무것도 모른다. 친구들 만나서 놀고, 명품 쇼핑하고, 여행 다니는 게 일상이다. 옆에서 봐도 너무하다 싶다. 남편은 처절하게 고생하고 있는데 아무것도 모르다니, 이럴 때 A는 모든 것을 포기하고 싶은 심정이라고 한다.

부부는 사이에 일방적인 것은 없다. 한쪽에서 열심히 노력하면 상응하는 응답이 있어야 한다. 겉으로 드러나는 문제가 없다 해서 언제 터질지 모르는 뇌관이 존재하는 것이다. 상대에게 배려가 없으면 결국 문제는 생긴다. 성격 문제가 아니다. 노력이 필요하다. 부부 생활은 물리적인 것만 있어서는 안 된다. 화학적인 결합이 필요하다. 가정이라는 게 적당히 꾸려놓고 적당히 끌고 갈 수 있는 게 아니다. 정말 많이 노력해야 한다. 세심하게 돌보아야 한다.

상대를 세심하게 관찰하고 배려하는 것은 결국 가족 구성원 전체를 위한 일이다. 그게 부족해서 남편이나 아내의 건강이 나빠지면 무슨 일이 벌어지겠는가? 당장 경제적인 문제가 생기게 되고 자녀들까지 고생한다. 반대로, 서로 잘 배려해서 가정을 건강하게 만들면 당연히 잘 살 가능성이 높아진다. 행복까지는 너무 큰 욕심이고, 이처럼 현실적인 생각만 해도 서로에게 잘 해줄 이유는 크다.

회사에서 일을 마무리 못해서 집으로 일을 들고 오는 경우가 생긴다. 열심히 일해도 부족해서 그런 것일 텐데, 아내가 "밖의 일을 가지고 오지 말아요" 하면 속이 많이 상한다. 남자는 "알았어요"라고 말하지만 마음속에 서운함이 쌓인다.

당연히 반대 경우도 있다. 아내가 고민하고 고민해서 할부로 그릇 세트를 구입했는데, 남편이 "집에 그릇이 천지인데, 왜 또 샀느냐!"라고 따지면, 참 할 말이 없다. 그것 하나 사기 위해 이것 줄이고 저것 줄이고 얼마나 노력했는지 알아주지 않으니, 일일이 설명할 수도 없고, 아내는 아예 말문을 닫는다.

가정에서는 큰일보다 사소한 일로 갈등이 만들어진다. 무관심, 실수로 툭 내뱉는 말 한마디, 그런 것에 깊은 상처를 받는다. 상대에게 이야기를 꺼낼 때는 이런 부분까지 감안해서 행동해야 한다.

부부가 각자 기본적으로 해야 할 일을 하지 않으면서 상대방에게는 그것을 바라는 게 가장 큰 갈등의 원인이다.

우리나라 TV 연속극은 부부 사이 갈등을 그린 내용이 많다. 유부남 유부녀가 우연히 만나 사랑을 한다. 그러나 그 사랑은 오래가지 못하고, 다시 가정으로 돌아가려 하나 배우자도 이미 떠나버리고 없는 상황들. 실제에서도 이런 상황들이 적지 않은 것으로 알고 있다. 오랜 시간 살아온 부부가 순간적인 판단으로 헤어지는 것은 참으로 안타깝다.

'부부 간 물맛이 냉수 맛이라고 하면 애인 사이 물맛은 설탕물 맛'이다. 냉수보다는 달콤한 설탕물을 찾게 될 테지만, 늘 설탕물만 먹으면 건강을 해치게 된다. 사람 몸을 건강하게 유지시켜주는 냉수의 소중함을 알아야 하지 않을까?

경제적으로 윤택해질수록 사람은 교만해지고 거칠어진다. 본인도 모르게 자신의 생활에 익숙해지기 때문에 늘 생각하고 반성해야 한다. 부부 사이도 그런 것 같다. 경제적으로 힘들 때는 오히려 갈등이 덜한데, 먹고살 여유가 생기면 교만한 마음이 들어 상대를 낮춰보려고 한다. 참 보기 싫다.

늘 초심을 생각해야 한다. 경제적으로 올라갈수록 자신을 낮추고 겸손할 줄 알아야 한다. 부부의 초심은 언제인가? 바로 처음 만나 사랑하고 가정을 꾸릴 때다. 조금 부족하더라도 행복한 가정을 꾸미기 위해 노력하던 때다. 어떤가? 그 시기를 떠올리고 나서도 배우자가 미운가? 한집에 있으면서도 각방을 쓰고 싶은가?

신뢰, 그 자체가 감동

●

인간관계는 관심으로 시작해서 신뢰로 마무리된다.

●

내가 아는 지인 두 사람이 사돈이 되었다. 결혼식 때 가서 축하도 해주었다. 그러고는 얼마 후 일이 있어서 신부 부친을 만났다. 딸 안부를 물으니 이혼했다고 해서 크게 놀랐다. 그는 "사위가 자기를 속이면서 돈을 썼다고 우리 딸을 여러 번 의심한 게 이유"라고 말했다.

며칠 뒤 역시 상의할 업무가 있어서 신랑 부친을 만났다. 그는 아들 가정이 아직 독립적으로 살 형편이 안 돼서 매월 생활비를 줬다고 한다. 부족하지 않게 주었다고 생각했는데 아들이 가끔씩 돈을 더 요청해서 이상하게 여겼다고 한다. 아들이 아내가 요구하는 대로 돈을 주다 보니 그런 일이 생긴 것이다. 아들도 더 이상은 안 되겠다는 생각에 "가계부를 정리해!"라고 말했는데 며느리가 이에 응하지 않아 갈등이 증폭되었다고 한다. 아들 입장에서는 "생활비를 이렇게 사용했습니다"라고 아버지에게 알려드리려는 목적이었는데 어떤 오해가 있었던 모양이다.

기본적으로 이 부부 문제는 아내가 잘못한 것 같다. 낭비 여부를 떠나서 가계부 정리를 해야 했다. 그러면 규모 있게 소비할 수 있고, 추가로 돈을 요청할 일도 줄어들었을 것이며, 남편에게 의심받을 일도 없었다. 가계부까지는 아니더라도 아내가 사용 내역을 정리해서 이야기해주는 게 맞다. 그런데 아내는 내역은 고사하고 "지금 나를 의심하는 거야?" 오히려 큰소리를 냈다고 하니 남편도 인내하기 힘들었을 것이다. 차라리 가계부 정리가 성격상 맞지 않다고 말했으면 풀 수 있는 방법을 만들었을 것 같아 안타까웠다.

생활비 내역을 정리해서 서로 공유하는 일은 부부 간에 당연히 해야 할 일이다. 그래야 잘못된 소비 습관을 찾을 수 있고 저축도 할 수 있다. 이런 공유 없이 필요할 때마다 돈을 구해오라고 하면 남편은 너무 힘들다. 일을 하고 돈을 벌어도 재미가 없다. 벌면 뭐 하는가? 늘 부족하다고만 말하는데.

회사도 마찬가지다. 상사가 물어보지 않아도 알아서 돈의 수입 지출 내역을 상세하게 정리해서 알려주는 것은 직원의 도리다. 그런데 상사가 물어보면 그제야 영수증을 찾는 사람들이 있다. 영수증도 부족하고 내역도 맞지 않는다. 돈을 사적으로 유용했다고 의심하는 것이 아니다. 사용 내역이 정확해야 다음에 같은 돈을 들여도 조금 더 유용하게 쓸 수 있는 것이다. 돈의 사용처를 명확하게 입증하지 않으면, 작은 것으로도 상사와 신뢰에 문제가 생긴다.

　동창회에서 있었던 일이다. 어느 날 모임에 가보니 동창회비가 바닥났다고 난리가 났다. 정기적인 회비 외에도 여유 있는 동문들이 수시로 기부했으니 돈이 말랐다는 통보는 어이없이 들렸다. 동문들은 동창회를 총괄하고 있는 사무장이 개인적으로 썼을 거라고 의심했다. '우리 사무장이?' 그럴 리가 없다. 양심이 있는 사람이다. 동창회를 위해 대가 없이 봉사하는 자리에 있는 사람이었다. 그런 사람이 의심까지 받으니 안타까웠다.

　구조적인 문제가 있었을 것이다. 아니면, 사람만 좋고 꼼꼼하지 못해서 그때그때 체크하지 않은 것일 수도 있다. 지출이 있을 때마다 상세하게 기록하고, 회비를 관리했으면 그럴 일이 벌어지지 않았을 것이다. 설사 회비가 바닥났다고 해도, 내역을 보여주고 특별회비 명목으로 다시 걷으면 될 일이었다.

　사람마다 성향이 있다. 계산을 꼼꼼하게 할 수 있는 사람이 있는 반면, 좋은 게 좋다는 식으로 넘어가는 사람이 있다. 성향은 좀처럼 바뀌지 않는다. 가족이든, 사회 모임이든, 회사든 돈과 관련된 일은 그런 성향을 가진 사람이 해야 한다. 조직에서 그런 역할이 주어지면 본인 성향을 고려해서 일을 맡을지 고사할지 잘 선택해야 한다. 성향이 맞지 않는 일을 맡게 되면 주변에 피해를 주게 되고 그동안 쌓아온 신뢰도 무너지게 된다.

　이혼까지 간 지인의 자식 부부처럼 완전히 갈라설 수도 있다. 애초에 할 수 없는 일은 맡는 게 아니다. 그 부부도 아내가 먼저 "내가 계산이 흐린 편이니 제정은 당신이 맡아줘"라고 했으면 별문제 없이 지나갈 수도 있었을 것이다. 관계를 너무 편하게 생각하고 고민 없이 일을 맡아서 문제가 생긴 것이다.

어렸을 때 있었던 일이다. 아버지가 일을 시켰으나 친구들과 놀다 보니 일을 제대로 끝내지 못했다. 아버지가 집에 들어왔을 때 나는 "날씨가 추워서 일을 다 하지 못했어요"라고 말했다. 그때 아버지가 무섭게 혼을 내셨다. 내가 친구들과 놀고 있는 모습을 눈으로 직접 확인하신 터였다. 한동안 아버지가 함께 일을 할 때도 나를 바로 쳐다보지도 않았다. 신뢰하지 못하게 된 것이다. 가까운 사람으로부터 자신의 신뢰가 떨어지면 기분은 말할 수 없이 참혹하다. 그때 차라리 '놀고 싶어서 놀았다'라고 말해야 했다. 순간적으로 거짓말을 했으나 후회스러웠다.

어린 시절 그러한 경험 때문이었을까? 나는 거짓말하는 것을 진절머리 날 정도로 싫어한다. 우리 회사 직원들에게도 "일은 못해도 좋으니 거짓말은 하지 맙시다" 이야기하는 것도 이런 마음이 숨어 있다.

생각해보면 주변 사람들의 거짓말로 상처받은 경험이 많다. 습관적으로 거짓말이 입에 밴 사람들도 있었고, 심지어 자신이 독실한 종교인이라 "절대 거짓말하지 않습니다"라고 말하면서 거짓말하는 사람까지 있었다. 사소한 거짓말은 신뢰를 잃게 만든다. 사람 관계에서 신뢰를 잃으면 모든 걸 잃는 것이다.

대부분 철이 들기 전에는 사람 관계에서 신뢰가 얼마나 중요한지 잘 모른다. 그래서 실수도 하게 된다. 어릴 때는 어느 정도 이해받을 수 있는 부분이 있다. 그러나 성인이 되어서도 실수를 반복한다면 돌이키기 힘들다. 신뢰가 무너지는 것은 한순간이나 만회하는 데까지는 너무 많은 시간이 걸린다.

사업이 힘들어져서 주변에 돈을 구하는 사람이 있다. 처음에는 사람들이 도와준다. 그러나 한 번 더 요구하면 도와주는 게 쉽지 않다. 처음 도와주었던 것은 그동안 쌓아온 관계를 생각해서 도와주는 것이다. 두 번째 거절하는 것은 이미 신뢰할 수 없는 관계가 됐다고 판단하기 때문이다. **인간관계는 관심으로 시작해서 신뢰로 마무리된다.**

남의 돈을 받으면서 일하는 사람은 기본적으로 정직해야 한다. 말과 행동 모두 정직해야 한다. 일한 것보다 덜 가져가는 것도 안 되고, 일한 것보다 더 많이 가져가려 하면 안 된다. 공정하게 계산되어야 한다. 반대로, **신뢰가 쌓이면 감동이 된다.**

우리가 살아가면서 가장 듣고 싶은 말은 무엇일까? 열정, 노력, 인간성, 사랑 등 좋은 말이 많지만, 그런 모든 단어보다 '신뢰'가 더 가치 있는 말이라고 생각한다. 이유가 있다. 신뢰는 추상적인 단어가 아니기 때문이다. '열정은 있지만 신뢰를 못한다' '열심히 노력하지만 신뢰는 못한다' '그 사람 인간관계는 참 좋은데 신뢰를 못한다' '그 사람 사랑은 하는데 신뢰는 못한다' 이런 말을 들으면 좌절감이 클 수밖에 없다.

대신 이런 말들은 어떤가? '열정은 좀 부족하지만 신뢰한다' '실력은 좀 부족하지만 신뢰한다' '인간관계는 원만하지 못하지만 신뢰한다' '사랑하는지는 모르겠지만 신뢰는 한다' 등등. 뭔가 내용이 있어 보이지 않는가?

평생 믿고 갈 수 있는 사람. 그게 다른 누가 아니라 자신이 된다면, 그 자체가 성공일 수 있다.

세월에 맞출 줄 아는 지혜

●

가는 세월을 거스를 수는 없다. 하지만!

●

한동안 '안티 에이징anti aging'이란 단어가 유행했다. 미용 업계에서 '노화방지' 상품을 내놓으면서 나온 말로, '나이 드는 것을 막는다'는 단어가 사회 전반에 엄청난 관심을 불러일으키며 유행했다. 그런데, 언젠가부터 이 말이 쏙 들어가고, 그 자리를 '헬시 에이징 healthy aging'이라는 말이 대체하고 있다. 세상 사람들은 '나이 드는 것을 막을 수 있다는 게 매혹적이긴 하나 현실적이지 않다'는 생각을 하게 된 탓일 것이다. 그보다는 차라리 '건강하게 나이 드는' 법을 알아가는 게 현명하다고 생각하기 시작했다는 의미인 것 같다.

모든 사람이 다 비슷하겠지만, 마음은 그렇지 않은데 어느 순간 나이를 인식할 때가 있다. 이미 먹을 만큼 나이를 먹었다는 사실이 갑자기 자신에게 무섭게 다가오는 것이다.

나 역시 그렇다. 얼마 전부터 자식을 결혼을 시키거나 손자를 봤다는 친구들이 부쩍 늘었다. 그 소리를 들을 때마다 세월을 자각하게 된다. 우리 사무실을 둘러봐도 자식 또래 직원들이 점점 채워지고 있다. 내 자식 결혼도 한참 뒤 일로 생각하고 있었는데 지난해 갑자기 큰딸이 시집을 갔다. 내가 벌써 그런 나이가 되었다. 지금 생각해봐도 놀랄 일이다.

평소 나는 '세상 모든 것이 마음먹기에 달려 있다'고 생각하는 사람이다. 그러나 이 정도 나이가 되니 그게 꼭 맞는 말이 아니라는 것을 알게 되었다. 몸 컨디션이 좋지 않은 날은 아무리 마음을 긍정으로 전환하려 해도 잘되지 않는다. "할 수 있다" "할 수 있다" 소리 질러 외쳐도 몸이 따라오지 않는다. 시간이 빨리 가고 해야 할 일이 벅차게 다가온다.

나는 기초 체력이 좋은 편이었다. 중학교 다닐 때 체력장에 나가면 전 종목 1등이었다. 그 체력으로 사업을 했다고 해도 과언이 아니다. 사업 초기에 본거지는 창원이었지만, 부산, 울산, 구미에도 현장이 있었다. 하루에 모든 현장을 돌았다. 끼니는 차 안에서 빵으로 때웠고, 거의 매일 밤을 샜다. 그래도 견딜 만했다.

90년대 중반, 울산의 모드니 백화점 관리를 수주한 일이 있다. 단가가 낮아서 다른 용역 회사가 계약 기간 중 포기한 현장으로 사업성은 떨어졌다. 백화점에서 "잔여 기간만 일을 잘해주면 다음 해에 용역비를 올려주겠습니다"라고 해서 참여하게 되었다.

막상 일을 시작하고 보니 현실은 생각보다 훨씬 심각했다. 백화점 청소를 할 줄 아는 미화원이 없다는 게 가장 큰 문제였다. 그나마 할 줄 아는 미화원들은 의지가 부족해서 시간만 때우는 식으로 일했다. 이래선 고객사에게 신뢰를 보여줄 수 없을 것 같아서 내가 직접 전문가로부터 열흘 동안 백화점 청소 방법을 배웠다. 미화 분야 반장이 되려면 경력이 10년은 되어야 한다. 그러나 열흘 동안 얼마나 열심히 배웠는지 청소에 대해서 다 터득한 것 같았다. 그 과정을 거친 후 내가 직접 미화원들을 이끌고 일을 진행했다. 창원에 있는 직원들을 울산으로 데려와 밤새 백화점을 쓸고 닦기도 했다. 지금이야 1시간 이내에 가는 거리지만 당시는 창원에서 울산까지 2시간 걸렸다.

지금 생각해보면 어떻게 그 많은 일을 해냈나 싶다. 그러나 지금은 그렇게 할 수가 없다. 하고 싶다는 의지가 줄어든 게 아니다. 내가 나이를 먹고 체력이 떨어진 것이다.

나이가 들수록 꿈이나 기회가 줄어드는 것은 어쩔 수 없다. 대학을 마치고 취직을 하면 현실적으로 공부할 수 있는 기회가 사라진다. 결혼을 하고 나면 다른 상대와 로맨스를 만들 기회가 사라진다. 이처럼 나이에 맞춰 무엇인가를 선택하고 나면 더 이상 할 수 없게 된다. 마치 인생이라는 이름의 '파우치' 같은 게 있어서 그 안에 있는 한 번밖에 쓸 수 없는 카드를 하나씩 선택해 사용하는 것 같다. 그러나 이런 게 인생일 테니 어쩌겠는가? 나이에 맞는, 그래도 최대한 가치 있는 삶을 살아야 하지 않겠는가?

이런 생각을 하면 하루 한 시간이 아깝다. 잠을 실컷 잘 수도 없다. 죽고 나면 계속 잘 잠을, 살아 있을 때 무엇 하러 많이 자는가?

일도 할 수 있을 때 열심히 하고 인정받고 신뢰를 받아야 한다. 나이가 들고 몸담았던 회사에서 퇴직을 하고 나면 많은 것이 사라진다. 이때 깊은 상실감이 찾아온다. 인생에서 가장 큰 고비를 맞는 것이다.

사회 활동에서 완전히 은퇴한 지인 한 분이 있다. 그는 은퇴를 하고 나서 오히려 혈색이 좋아졌다. 비결을 물어보면, "재미있게 시간을 보내니 하루가 너무 즐겁습니다"라고 말한다. 그는 취미 생활도 열심히 하고, 운동도 열심히 하고 노는 것도 열심히 한다. 그것만 하는 데도 너무 바쁘다고 한다. 그는 마음도 건강하고, 몸도 뒤처지지 않게 하려고 노력도 많이 한다.

반면에 마치 죽을 날만 기다리는 듯이 우울한 세월을 보내는 사람들도 있다. 과거 영광에서 벗어나지 못하는 사람들이다. '예전에는 많은 사람들이 약속을 원하고 기다렸는데' '과거에는 좋은 차에 기사도 두고 다녔는데' 이런 생각에 빠져 있다. 그러나 과거는 다 지나간 일이다. 현재가 중요하다. 마인드가 혁명적으로 바뀌어야 두 번째 삶을 건강하게 살 수 있다.

부산에서 한의원을 하고 있는 사촌 동생이 있다. 나보다 나이가 세 살 아래인데, 몸과 마음이 건강하지 않다. 하체도 부실하고 정신적으로도 불안정하다고 한다. 정신 수양을 위해서 늘 책을 읽고 종교 단체를 비롯해 이곳저곳 다닌다. 그러나 마음이 편안해지지는 않는다고 말한다. 그 동생이 하루는 나에게 "형님은 공기 좋은 시골에서 나무하고 풀 베고, 농사짓고, 큰아버지 원성에 고생하면서 자란 게 지금은 오히려 도움이 된 것 아니에요?" 하고 물었다.

이어서 "축복받았어요" 이야기했다. 시골에서 자라서 육체적으로 건강하고, 아버지와 갈등하고 독립해 살면서 정신력도 강해졌다는 의미였다. 고생한 시간이 길어서 내 스스로 '축복'이라고까지는 생각하지 않지만, 동생 말에는 맞는 부분도 있다.

사촌 동생은 경찰 간부직 공무원인 삼촌 밑에서 나름대로 유복하게 자랐다. 나는 어릴 적에 삼촌의 양옥집이 부러웠다. 삼촌 집에만 가면 왠지 모르게 주눅이 들기도 했다. 사촌들은 공부만 전념했다. 그런데 지금 그 사촌은 정신적으로나 육체적으로 건강하지 못한 삶이었다고 스스로 고백했다. 반면에 나는 아주 어린 시절부터 집안 농사를 도우면서 천하게 자랐다. 그랬던 내가 경제적인 어려움을 스스로 다 이겨내고 사업도 잘하는 게 부럽다는 말을 여러 번 했다. 예순을 앞에 두니 이런저런 생각이 드는 모양이었다.

살아온 날보다 살아갈 날이 적게 남았다는 사실을 인지하는 순간부터 생각이 조금씩 바뀌는 게 사람 마음인 것 같다. 지나온 날들이 점점 아쉽고 그리워지는 나이다. 자신의 나이가 어디쯤인지 생각하고, 생체 시계도 확인하고, 인생을 돌아보면서 남은 생을 다시 계획하게 된다. 열심히 살았고, 앞으로도 더 열심히 살 것이며, 가치라는 것도 따지면서 살겠다고 의지를 다진다.

인생의 시간은 한정돼 있고 물보다 빨리 흐른다. 흐르는 물은 무엇으로도 막을 수 없듯이 시간도 그렇다. 가끔 한 번씩 인생의 마지막을 어떻게 준비해야 할지 진지하게 고민하게 된다. 가슴이 먹먹해질 때도 있다. 주어진 여건 속에서 최대한 열심히 노력하고 정신적으로 육체적으로 건강하게 살아야 한다고 정리하게 된다.

욕심을 버리고, 사람들과 갈등도 줄이고, 반드시 해야 할 것은 하면서 살아야 한다. 끊임없이 삶의 가치를 생각하면서.

핑계 없는 삶

•

성공한 사람들은 핑계를 대지 않는다.
한 번뿐인 삶을 핑계와 바꾸고 싶지 않기 때문이다.

•

유달리 핑계를 잘 대는 사람이 있다. 이미 내용 파악을 끝내고 문제
를 지적하는데, 마치 100미터 육상선수가 심판 출발 신호와 함께
튀어나가는 것처럼 변명을 쏟아낸다. 이런 사람 중에 좋은 결과물
을 만들어내는 사람 본 적 없다. 반복적인 핑계로 스트레스만 준다.

세상을 살아가다 보면 일이 잘될 때도 있지만 안 될 때도 있다.
일이 잘될 때 어떻게 행동하고 살아야 하는지는 많은 사람들이 알
고 있다. 그러나 잘 안 되었을 때 어떤 태도를 취해야 하는지는 제
대로 모르는 것 같다. 허둥거리기 일쑤고 자꾸 핑계만 찾는 사람들
이 많다. 안 좋은 결과가 두렵고, 그 결과 이후 벌어질 파장이 자꾸
생각나고, 그래서 자신의 잘못을 감추거나 남에게 미루고 싶은 마

음이 생기는 것이다. 그러나 결론부터 말해서 핑계는 문제 해결에 아무런 도움이 되지 않는다. 오히려 걸림돌만 된다.

오랜 시간 열정을 쏟은 일이 실패로 끝나면 상실감이 크다. 자기가 살아온 방법이 모두 잘못된 것처럼 느껴져 한없이 부끄럽다. 도망가고 싶은 마음도 생긴다. 그러나 도망가게 되면, 그것으로 끝이다. 핑계를 대는 것도 도망가는 것과 다르지 않다. 힘들더라도 주변 탓 하지 말고 진짜 원인을 찾아야 한다. 모든 실패에는 이유가 있다. 그걸 찾아내고 고치려고 노력해야 연이은 실패를 막을 수 있다.

성공과 실패는 보는 시각에 따라 달라질 수도 있다. '부정적인 부분'만 보느냐, 힘들어도 '긍정할 수 있는 부분'을 찾을 수 있느냐에 따라 미래가 달라진다. **실패를 실패로만 받아들이면 실패로 끝나지만, 문제 해결을 위해 몸부림치면 반등할 수 있다.** 오랜 시간 공들여 쌓은 탑을 일순간에 전부 다 무너뜨릴 수는 없다. 기단이라도 살려 놔야 한다. 주변을 탓하고 핑계를 대다 보면 사람도 떠나고 아무것도 얻을 수 없지만, 잘못을 인정하면 결과는 다를 수 있다.

당장은 핑계가 쉽다는 것을 안다. 그러나 본인의 판단이 잘못되었거나 의지나 노력이 부족해서 일이 잘못되었음에도 '안 될 수밖에 없는 이유'를 찾는 건 너무 큰 실책이다. 주변을 탓하기 전에 본인의 잘못부터 바라보는 자세가 필요하다.

많은 사람들이 사업이 안 될 때 '경기가 안 좋아서' '자금이 부족해서' '직원들에게 문제가 있어서' 등의 여러 가지 이유를 든다. 이는 왠지 핑계로 들린다. 왜냐하면, 성공한 사업가들은 '경기가 안 좋아도' '자금이 부족해도' '직원들에게 문제가 생겨도' 잘 극복해내기 때문이다.

핑계는 나이가 들수록 더더욱 피해야 한다. 푸념에 불과해지기 때문이다. 주변에 본인과 연관이 없는 사업에 투자했다가 피해를 보았다는 사람들이 많다. 그것도 사회 경륜이 있는 사람들이다. 그들에게 "왜 그런 사업에 참여하게 됐습니까?" 물으면, "회사도 탄탄해 보이고, 사업성도 있어 보였습니다"라고 말한다. 그럴 리가 없다. 본인이 잘못 판단해놓고 이런저런 핑계를 대는 것이다.

핑계가 버릇이 되면 좋지 않다. 자신도 모르는 사이에 핑계를 사실로 받아들이게 되고, 하고 있는 일에 노력도 덜 기울이게 된다. 그러면 정말 문제가 된다. **핑계를 대는 사람에게는 주변 사람들의 평가도 박해지고 스스로 역량을 키울 기회가 사라진다. 반대로, 실패를 인정하고 재기를 위해 노력하는 사람에게는 주변에서 손을 내밀어준다. 당신이라면 어떤 삶을 선택하겠는가?**

내 주변 성공한 사업가 중에 매우 불우한 환경에서 어렵게 자란 분이 있다. 학교도 제때 제대로 다니지 못했다. 그러나 청소하는 일부터 시작해서 지금은 큰 건물도 갖고 있다. 그는 "어린 시절만 기억하는 사람들이 지금 저를 보고 많이 놀라요" 말한다. 도무지 성공할 수 없는 환경에서 어떻게 큰일을 이룰 수 있었는지 믿기 어렵다는 이야기다.

"사람들은 내가 어렵게 자랐다고 이야기합니다. 당시는 실제로 어려웠지만, 그게 현실이라고 받아들이고 열심히 일해서 한 푼 두 푼 모았습니다. 환경이 열악해서 성공하지 못한다는 말은 믿지 않습니다. 지난 과거를 지금에 생각해보면 정말 재미있는 삶이었다고 생각합니다."

큰 어려움을 극복한 사람들은 핑계를 대지 않는다. 그 사람들은 본인들의 삶을 핑계와 바꾸지 않았고 그래서 성공을 이룰 수 있었다. 만일 그분이 '주어진 환경이 안 좋으니 나는 성공할 수 없어!'라고 생각했으면 성공하지 못했을 것이다. 그러나 그는 환경 탓을 하지 않고 자신의 힘으로 한 발 한 발 올라가서 결국 꿈을 이루었다. 그의 인생에서 핑계는 없다.

핑계를 잘 대는 사람은 언뜻 보기에 순발력 있고 융통성까지 많은 사람처럼 보인다. 그러나 오래가지 못한다. 조직에서 핑계를 잘 대는 직원과 진정성 있게 대답하는 직원은 따로 있다. 나는 그들의 미래가 보인다. 성장 속도가 다르다. 핑계가 많은 직원은 순간순간 위기를 잘 모면하지만 성과는 만들어내지 못한다. 반면 핑계보다 자신의 잘못을 먼저 말하는 직원은 나중에 만족스런 결과를 들고 온다.

기본적으로 핑계 안에는 어느 정도 거짓이 포함돼 있다. 핑계는 진실을 피하는 방법이다. 실제와 다른 사실에 의존한다. 완전한 거짓은 아닐지 몰라도 거짓에 가깝다. 핑계가 싫은 이유가 이것이다. 핑계는 결국 독이 되어 돌아온다.

실패를 극복하는 가장 좋은 방법은 사실을 인정하는 태도다. 그래야 다음 기회가 찾아온다. 핑계를 만들 시간에 노력을 기울인다면 얼마나 건강한 인생이 될까? 생각해본다.

따지고 보면, 핑계나 변명 없이 살아온 사람이 어디 있겠는가? 나도 철없던 시절에는 대체로 핑계와 변명으로 살았던 것 같다. 아버지가 엄하게 키워서 성격이 소심했다. 집에서 농사일을 시켜서 공부에 집중할 수 없었다. 집에서 뒷바라지를 해주지 않아서 제때 대학에 가지 못했다. 이런 이유들이 머릿속에 가득했다. 그 시절에는 삶도 우울하고 처절했다. 이 모든 게 핑계고 변명이다. 엄한 아버지 밑에서도 당당하게 살 수 있었고, 농사를 하면서도 학업에 매진할 수 있었다. 그런데 그렇게 하지 않았다. 그저 핑계나 변명만 대고 살았다.

그러나 20대 초에 인생을 긍정으로 전환한 이후 더 이상 핑계를 대지 않고 현실과 대응하면서 살았다. 설령 나에게 손해가 오더라도 사실대로 이야기했다. 그게 나의 신뢰와 회사의 신뢰를 지키는 일이라고 생각했다. 우리와 인연을 맺은 고객들이 오랫동안 일을 의뢰해온 것도 이와 무관하지는 않다고 생각한다.

어떻게 살아야 하는가? 사실 처음 던졌던 이 질문에 대한 대답은 간단하다. 자신에게 주어진 인생이니 스스로 주도하고 거짓 없이 당당하게 살면 되는 것이다. 본인의 인생인데 주체적으로 살아야지, 핑계를 대면서 살 수는 없지 않은가?

유연함의 미학

●

신념과 고집은 다르다.

●

세상을 사는 데 가장 필요한 조건은 '정직'이다. 그러나 주변 상황을 고려하지 않고 '고지식하게' 살아서는 안 된다. 정직하되 유연함도 가지고 살아야 한다. 나는 직원들에게 '정직하라'고 말하곤 하는데, 일부 직원들은 그 말을 '고지식하게 일하라'는 의미로 받아들이는 것 같아 답답할 때가 있다.

'현장 인건비'는 매년 조정되는 '최저임금 기준' 때문에 매년 인상이 불가피하다. 한 명씩 따지면 큰 금액이 아니지만, 우리 회사 소속으로 일하는 현장 인력이 많아서 임금이 조금만 올라도 전체 인건비 부담은 엄청 커진다. 인건비 인상은 우리 회사에 매우 예민한 부분이다.

그동안 잘 해왔고 매년 부딪히는 문제여서 담당자에게 구체적으로 지시하지는 않았고 이 문제를 '유연하게' 해결하라고만 말했다. 그러나 담당자는 그 말뜻을 전혀 이해하지 못했다. "계약이 차기년도 6월까지 돼 있습니다. 1월부터는 인상해서 집행해야 합니다!"라고 당당하게 말했다.

그걸 모르는 게 아니다. "문제를 해결하라"고 말한 것은, '인건비 상승이 불가피하니 고객사에 추가로 예산을 만들어달라는 협조를 구하라'는 의미다. 그 직원의 이야기를 그대로 해석하면 '예산은 이미 정해져 있으니 인건비 인상 폭을 우리가 해결해야 한다'가 된다. 그 직원은 어느 회사 소속인가? 그 직원은 정직한 게 아니고 고지식한 것이다. 유연하게 일하라는 것은 규정을 무시하라는 뜻이 아니다. 규정을 준수하되 상황에 따라 적절하게 대처하라는 의미다. '정직하게 일한다!'는 원칙을 본인 편한 쪽으로만 활용하는 것은 그저 '고지식한' 행동일 뿐이다. **정직하되 고지식하게 일하는 게 일 잘하는 직원이 아니라, 정직하되 유연하게 일하는 게 일 잘하는 직원이다.**

기획력이 좋아서 스타 프로듀서가 된 A는 왜 좋은 평가를 받을까? 해답은 간단하다. 생각이 유연하다. 모방도 절묘하게 해낸다. 기존 것에서 새로운 것을 창조한다. 이것도 고지식하게 해석하면 '모방은 나쁜 짓'이라고 일갈할 수 있다. 그러나 다들 잘한다고 인정한다. 모방 없이 새로운 콘텐츠를 만든다는 것은 불가능하다는 것을 대중이 먼저 알고 있는 것이다. 창조로 이끌기 위해서는 기존의 것을 이해하고 결합하고 변형하는 노력이 필수적이고, 이런 노력을 나쁜 짓으로 치부할 수 없는 것이다. 이런 것이 유연함이다.

초등학교 1학년 운동회 때 일이다. 우리 학년은 긴 고깔모자를 쓴 채 사다리 구멍을 통과하는 왕복 릴레이 달리기를 했다. 나는 우리 반에서 키가 제일 컸고 운동도 잘해서 마지막 주자가 되었다. 그런데 그 고깔모자는 너무 길어서 키까지 컸던 나는 사다리 통과가 쉽지 않았다. 내 앞에 달리는 아이 중에도 고깔모자 때문에 경기 진행자들의 도움을 받아 통과하는 경우가 많았다. 내 차례가 되었을 때 우리 팀은 상대에 10미터 정도 뒤져 있었다. 나는 순간적으로 사다리를 통과할 때 아예 고깔모자를 벗어 사다리에 집어넣은 후 그 공간을 재빠르게 통과했다. 우리가 이겼다.

그 경주에서 고깔이 꼭 머리에 붙어 있어야 한다는 규정은 없었다. 이 정도는 유연한 행동으로 이해될 수 있다.

조직에서 조직원으로 무리 없이 생활하려면 기본적으로 조직에서 정한 규정을 준수해야 한다. 그러나 규정과 규정 범위 안에서 유연하게 일하는 것도 필요하다. 무조건 규정을 앞세우다 보면 일이 더디게 진행되는 경우가 흔히 발생한다. 급한 사안으로 서류 결재에 앞서 구두로 먼저 보고하고 진행하는 기질도 필요한 것이다.

문제가 생길 때는 정직하지도 유연하지도 않은 사람들이 자기주장만 앞세우는 경향이 있다. 잘못을 하고도 본인은 잘못이 없다고 우기는 사람들, 규정 안에서 유연하게 해석해 일했다는 사람들이다.

내가 가끔 이용했던 백화점이 있다. 그곳 주차장이 협소했다. 그래서 백화점 이용자 중에는 바로 옆 구청의 소유 공용 주차장을 이용하는 사람들이 많았다. 가격은 10분당 300원이었다. 그러다 어쩐 일이지 언제부터 1년 동안 요금을 200원으로 낮추어 받았다. 이용하는 입장에서는 좋은 일이었으나, 이면에는 다른 사연이 있었다.

구청은 200원으로 낮춘 그 1년 평균 금액을 기준으로 그 백화점에게 주차장 위탁 경영권을 주었다. 그것도 공개 입찰이 아닌 수의계약이었고, 그리고 이 일을 추진한 구청 담당 과장은 그 백화점 이사로 이직했다. 사전 거래가 있었을 가능성이 크다.

이 사실이 세상에 알려지고 문제가 되었다. 구청 관계자는 어느 신문 인터뷰에서 "특수한 경우에는 수의계약도 할 수 있다"고 말했다. 이 인터뷰를 보면서 상식이 아니라는 생각이 들었다. 설사 수의계약을 할 수 있는 조항이 따로 마련돼 있다 하더라도, 상황이 아니다. 특정 회사와 계약이 진행되려면 과정이 필요한데 애초에 '수의계약 할 수 있다'고 말하는 것은 상식에 맞지 않는 행동이다. 규정 안에서 유연하게 처리했다고 우기는 사람들이다.

어느 곳, 어느 상황이든지 모두 사람이 하는 일이니 실수와 잘못이 있을 수 있다. 그러나 어쩔 수 없이 발생한 실수와 고의적인 잘못은 완전히 다르다. 고의적으로 잘못을 저지르고도 자신이 틀리지 않았다고 우기는 것은 고지식함을 넘어선 행동이고, 유연함으로 이해할 수도 없다. 규정을 넘어선 유연함은 사회에 피해를 주고 비판받아 마땅하다.

정직하되 유연하라. 이 말은 기본적으로 규정을 준수해야 가치를 얻을 수 있는 말이다. 정직함을 이용해 고지식함으로 일관하거나, 유연함으로 포장해서 본인에게 유리하게 해석해서는 안 된다.

상대에게 피해가 안 되는 범위 안에서 적절하게 활용해야 진짜 정직이고 유연함이다.

협상 자리에 가면 대체로 성격이 세심해서 준비를 많이 한 사람들이 일처리를 유연하게 한다. 사전에 많은 생각을 하고 상대의 제안에 따라 어떻게 대응하겠다는 준비를 많이 한 사람들이 유연하게 협상을 잘 이끌어낸다. 세밀하지 못하거나 융통성이 없는 사람들은 상대 제안에 고지식하게 대응하고 결국 협상이 결렬되거나 손해 보는 협상을 한다.

방송 토론에 나오는 정치, 경제, 경제, 문화 전문가들은 대체로 말도 잘하고 상대에 대응도 잘한다. 그런데 간혹 왜 나왔을까 싶을 정도로 유연함이 부족한 패널도 있다. 그럴 때면 '내가 더 잘하겠어' 이런 생각까지 든다. 조직에서도 어떤 문제가 생기면 급하게 토론할 일이 생긴다. 이때 당사자들이 문제의 본질을 이해하지 못하거나 사고가 유연하지 못해 엉뚱한 대응책을 만들기도 한다. 유연하지 못하다는 것은 사고가 단순하다는 이야기도 된다. 상대보다 논리가 부족하다 보니 설득을 당하거나 허점만 드러내고 만다. 스스로 너무 고지식하다는 생각이 들면 토론을 위해 준비하는 노력이라도 열심히 해야 한다.

유연한 사고는 사회생활에서 큰 장점이 될 수 있다. 기본적으로 유연하다는 것은 세상사는 공부를 많이 해서 상황에 자연스럽게 대처할 줄 안다는 것과 의미가 통한다. 위기에 처해 있을 때 문제를 해결하는 능력을 발휘할 수 있다. 인생이든 사업이든 유연하게. 정직하되 유연하게.

모든 시작은 '마음 환기'로부터

●

내 마음은 내 그릇의 크기만큼 고여 있는 공기다.

●

온 열정을 다 쏟았으나 결과가 좋지 않을 때, 함께 일하는 사람으로부터 엄청난 스트레스를 받을 때, 굳게 믿었던 일이 실패로 돌아갔을 때 큰 상처를 받는다. 마음의 갈피를 잡지 못한다. "신이시여! 왜 나에게 이런 고통을 줍니까? 왜 갈 길 바쁜 내 발목을 잡습니까?" 심정이 절박해져서 이런 말이 저절로 나온다. 한동안 방황의 시간이 이어진다. 그 시간이 지나고 마음을 가라앉히고 보면 모두 자신이 결정하고 자신이 해결해야 문제가 풀린다는 사실을 깨닫게 된다.

나는 새벽 5시면 일어나 하루를 시작한다. 운동을 하면서 오늘 하루 동안 해야 할 일을 떠올린다. 기분이 좋을 때도 있지만 회사에서 해결해야 할 이런저런 일로 큰 걱정이 엄습해오기도 한다. 그럴 때면 문제를 어떻게 해결해야 할지 몰라 마음이 다급해지기도 한다. 그때 마음속으로 '마음의 평화!' '마음의 평화!'라고 여러 번 외친다. 그러면 불안했던 마음이 어느 정도 잦아든다.

모든 사람들이 그렇겠지만, 나 역시 창업 초에 간절한 마음으로 모든 일에 임했다. 그 당시는 앞날이 보이지 않아서 아침에 출근하려면 거대한 산이 앞을 가로막고 있는 것 같았다. 그럼에도 "할 수 있다! 나는 할 수 있다!" 외치면서 일터로 나갔다. 이런 마음과 자세가 일하는 데 큰 힘을 주었다고 생각한다.

그러다 정말 큰 어려움이 닥치면 산에 올라가 기도했다. 하늘을 향해 팔을 벌리고 '천지만물의 신이시여 나를 도와주십시오!', 해를 바라보면서는 '태양신이시여 나를 도와주십시오!', 숲을 향해서는 '산천초목의 신이시여 나를 도와주십시오!' 심지어 시가지 불빛을 바라보면서 도와달라고 기도하기도 했다. 힘든 일이 있을 때 마음을 환기시키는 게 가장 중요하다고 생각했다.

나는 안다. '기氣'라는 것이 실제 존재한다. 기도할 때마다 힘과 기운이 모아지는 것을 느꼈다. 그 기운은 일할 때 에너지가 되었다. 운동선수들이 반드시 이기겠다는 마음으로 소리를 지를 때 엄청난 기가 쏟아져 나온다.

내 말이 허무맹랑하게 들릴 수도 있다. 그러나 묻고 싶다. 한 번이라도 해보았는가? 정말 간절하게 기도를 해보았는가?

나중에 이런저런 책을 통해 '간절하게 기도하고 성공할 수 있다는 믿음을 가지면 실제 좋은 기운이 온다'는 사실을 여러 종교학자, 심리학자, 철학자, 경험자들이 주장하는 내용이라는 사실을 알고 격하게 공감했다. 내가 스스로 수십 년 동안 몸으로 채득한 사실들이 적혀 있었으니 놀라지 않을 수 없었다. **이 세상에는 과학으로 설명할 수 없는 신비한 현상들이 너무 많다.**

반대로, 불안한 마음으로 하루를 시작하면 일이 잘 풀리지 않는다. 다른 사람에게 이유 없이 짜증을 내기도 하고, 일이 손에 안 잡히니 급한 일도 미루고 만다. 그럴수록 마음이 더 불안해진다. 그렇게 하루를 망치고 나면 다음 날까지 영향을 미친다. 이런 날이 반복되면 인생도 그렇게 된다.

모든 게 마음이다. 마음이 혼란스럽지 않으면 무슨 일이든 해결할 수 있다.

어릴 적 살던 고향 마을에서는 매년 음력 1월 15일 밤 12시에 당제를 올렸다. 마을의 모든 사람들이 한곳에 모여 정성껏 제를 올리며 평화와 안녕을 빌었다. 제관들은 당제 1개월 전부터 부정 탈 일은 일체 하지 않았다. 또 마지막 2주일 동안은 마음을 가다듬고 정신을 맑게 하기 위해 집 안에 머물면서 외부인과 접촉도 하지 않았고, 마을에서도 외부인 출입을 통제했다. 모두 마음을 최대한 정돈하기 위해 하는 행동이었다. 당시 그 모습이 꽤나 신성하게 느껴졌다.

나도 사업을 하면서 중요한 일이나 복잡한 문제가 생기면 다른 것은 차단하고 마음을 집중하는 일부터 했다. 이른 새벽 당제를 올리는 제관처럼 마음을 가다듬고 기도를 올린다. 한동안 마음을 모으고 정신이 집중되었다는 생각이 들어야 일터로 향한다. 최대한 집중한 상태에서 일을 시작하는 것이다. 이렇게 마음을 가다듬고 집중해서 일하면 대부분 문제는 원하는 방향으로 풀려가곤 했다. 설사 결과가 나쁘더라도 후회가 크지 않았다.

기도를 한다고 해서 특정 종교를 염두에 두는 것은 아니다. 사실 기도를 할 때는 어느 종교든 상관없고, 종교가 없어도 된다. 마음을 긍정 모드로 전환하고 간절하게 원하는 것을 되새기면 된다.

기도는 기본적으로 본인이나 본인이 처한 상황을 긍정하는 행위다. 그래서 중요하다. 긍정하는 마음은 긍정적인 결과를 가져오고, 부정적인 말이나 행동은 좋은 기운을 분산시키고 소멸시키기 때문이다. 상대에게도 나쁜 영향을 미치고 그 영향은 다시 자기에게 돌아온다. 마음이 정돈된 상태에서 일을 하면 어떤 사람을 만나도 자기 사람처럼 느껴지고, 배려하고 싶은 마음이 생긴다. 일이 잘되지 않을 수 없다. 모든 시작은 마음을 어떻게 가지느냐, 여기에 달려 있다.

예전에 어르신들은 "남을 어렵게 하지 말라!"는 말을 종종 했다. 남을 어렵게 하면 자기 자손이 어려워진다고 했다. 상대에게 부정적인 기운을 전하면 그 기운이 나중에 자식에게 갈 수 있다고도 했다. 당시에는 그저 착하게 살라는 말 정도로만 인식했지만, 지금은 그 말을 아주 깊게 이해한다. 부정의 힘은 강하고 부정은 부정을 전염시킨다. 그것도 순식간에 그렇게 만든다.

남에게 해를 가하거나, 자기 이득만 취하는 것은 단순히 그 개인이 맺은 사회관계에만 영향을 미치는 게 아니다. 자기에게 안 좋은 마음을 먹은 사람은 주변에 그런 이야기를 하고 다닐 것이고,

안 좋은 이미지가 만들어지며, 그러다 보면 자식에게도 해가 갈 수 있다. 행동 하나하나 조심하고, 매사에 신중을 기해야 한다. 반대로 상대에게 베풀면 반드시 좋은 결과로 돌아온다. 바로 자신에게 돌아오지 않더라도 자식에게 돌아간다.

사업을 시작한 지 얼마 되지 않았을 때 일이다. 당시는 주로 큰 아파트 관리 사업을 수주하기 위해 뛰어다녔다. 그러나 신생 회사이다 보니 사업을 수주할 때마다 부족한 경력이 가장 큰 핸디캡이었다. 그래서 큰 아파트 관리 용역 사업 입찰에 참여하면 성공률이 높지 않았다. 그러던 어느 날 한 중견 건설사 회장님이 상가 관리를 의뢰했다. 규모는 작았다. 돈만 생각했으면 크게 좋아할 일이 아니었겠지만, 그러나 감사한 마음으로 성심성의껏 일했다. 일의 규모를 떠나, 나를 생각해준 게 그저 고마웠다. 얼마 지나지 않아서 그 회장님은 자신이 경영하는 전 사업체 관리권을 나에게 주었다. 너무 큰 사업이어서 감동하지 않을 수 없었다.

그 시절에는 뒷일을 바라고 일을 한 적이 없다. 어떤 일을 하던지 일을 준 사람들에게 한없이 고마운 마음을 가졌고 정성을 다해 일했다. 고객이 90퍼센트 수준을 원하면, 100퍼센트를 채워준다는 마음으로 일했다. 어떨 때는 손해가 나더라도 고객 눈높이에 맞춰주었다. 그게 내가 해야 할 일이라고 생각했다. 그 회장님도 이런 나의 마음을 읽고 큰일을 맡긴 것이다. 그 아파트 관리를 맡은 게 계기가 되어서 얼마 지나지 않아 우리 회사는 그 지방에서 가장 규모가 큰 회사로 성장했다.

희생과 헌신이 바탕이 되어야 진정한 기업가 정신이 만들어지고, 지속적으로 성장할 수 있는 무형 자산이 쌓여 간다.

지금 생각해보면, 그 일을 비롯해 내가 받은 모든 일은 '마음 자세'에서 시작되었던 것 같다. '돈과 상관없이 무조건 열심히 일한다' 어쩌면 미련하기까지 한, 이 마음이 계속 좋은 결과를 만들어 주었는지도 모른다.

사사로운 감정 버리기

●

성공한 사람 중에 감정에 휘둘리는 사람 없다.

●

어떤 분야든 성공한 사람들의 이야기를 듣다 보면, '정말 독하다'
는 생각이 들 때가 있다. 심지어 '감정이 없다'는 느낌마저 받는다.
'저 정도로 독해야 성공하는구나!' 생각이 여기까지 미치면 자극이
되는 게 아니라 반감이 생기기도 한다. 그런데 그 사람들이 본래 그
렇게 독했을까?

아니다. 나는 어떤 과정이 있었는지 이해할 수 있다. 사업을 하
면서, 아니면 다른 무슨 일을 하면서, 패배의 쓴맛, 생生까지 포기
하고 싶을 만큼 어려운 순간을 겪으면서 강하게 단련되었을 가능
성이 있다.

언젠가 신문에서 '성공한 사람에게는 다섯 가지 감정이 없다'라

는 칼럼을 읽은 적이 있다. 성공한 사람을 수없이 만나고 인터뷰한 그 칼럼리스트가 이야기한 다섯 가지 감정은 무관심, 질투심, 절망감, 두려움, 욕심이었다. **무관심**이 없다는 것은 관심이 크다는 이야기와 같다. 별로 관심도 없는 일을 하면서 성공을 바라는 것은 '연목구어緣木求魚'(나무에 올라서 물고기를 구함)라고 했다. **질투심**. 한 분야에서 경쟁하는 사이라 해도 성공한 사람이 많이 나와야 그 분야 자체가 성장해서 자신에게 더 많은 기회가 돌아온다고 했다. **절망감**. 이 감정이 가득하면 무엇인가 시도할 의욕이 생기지 않는다고 했다. **두려움**. 앞으로 살아갈 일을 걱정하다 보면 현재 일에 충실하지 못해 결국 실패하게 된다고 했다. **욕심**. 자신을 살찌우는 것은 욕심이 아니라 어떤 세상을 만들고 싶다는 생각이라고 했다.

이 칼럼을 읽고 대부분 수긍했다. 나 역시 평소 주변 사람들에게 성공을 원한다면 이와 비슷한 감정을 버려야 한다고 이야기해왔다. 모두 사사로운 감정들이다. 넓게 보고 크게 생각해야 할 위치에 있는 사람들은 이런 감정에 휘둘려서는 안 된다.

돌이켜보면, 나 역시 사업을 하면서 참아내기 힘들 만큼 마음 상하는 일도 많았다. 그러나 어느 날부터 '**나는 세상에서 가장 천한 사람이다**' '**세상 사람들이 어떤 상처를 주어도 능히 극복할 것이다**' **이렇게 스스로 마음을 다스리기 시작했다.** 이런 노력이 많은 난관을 넘어서게 해주었다.

한 분야에서 일가를 이룬 사람들은 분에 넘칠 만큼 좋은 일이 있어도 겸손을 유지하지 교만하지 않는다. 질투심, 절망감, 두려움, 욕심이 생기지 않는 게 아니라 마음을 다스려 표현하지 않는 것이다. 그 사사로운 감정을 표현해봐야 일만 더 혼란스러워진다는 것을 알기 때문에 그렇게 하는 것이다.

지나간 일에는 미련을 두지 말자. 아쉬움이 많이 남겠지만 지나간 것은 지나간 일일 뿐이다. 일이 잘 풀리건 그렇지 않건 간에 개구리가 멀리 뛰기 위해 움츠리는 것처럼 낮은 자세로 일에만 매진할 줄 알아야 한다. 설사 평생 일궈온 사업체가 한순간에 무너졌다 하더라도, 설사 아주 소중한 것을 잃었다 할지라도.

나에게도 사업을 하다가 큰 손실을 입었을 때가 여러 번 있었다. 그 순간은 말할 수 없이 고통스러웠다. 그러나 그 고통을 다른 사람에게 이야기하지는 않았다. 어차피 벌어진 일이라 생각하고 결과를 겸허하게 받아들였다. 대신, 작은 것부터 챙기기 시작했다. 큰 것을 잃었다고 넋을 놓고 있다가 나중에 더 큰 피해를 입을 수 있다고 생각했기 때문이다.

혹시 하는 일에서 실패했다면 더 의연해야 한다. 주위 소리에 일일이 대응하지 말고 묵묵하게 움직여야 한다. 일일이 대응하다 보면 이리저리 흔들리게 되고 시간만 낭비한다. 상황이 더 안 좋아진다. 사실 주위 시선도 신경 쓸 것 없다. 그 시간을 견디는 게 힘들 수도 있지만, 하던 일을 마무리하고 결과로 평가받으면 된다.

고생이 심하다고 처절한 마음을 갖거나 스스로 불쌍하다는 생각을 가져서도 안 된다. 본인에 대한 측은지심도 버려야 한다. 그럴수록 더 힘들어지고 실패에 가까워질 뿐이라는 사실을 명심하자. 불필요한 감정 때문에 에너지를 소비하지 말고, 자신을 자제, 절제, 통제하면서 일하다 보면 자신도 모르는 사이에 조금씩 마음이 강해진다. 일에 매진할 수 있는 힘이 생긴다.

　세상은 냉정하고 동시에 간사하다. 실패를 딛고 일어나서 어느 정도 궤도에 오르면 언제 그랬냐는 듯이 떠났던 사람들이 몰려온다. 안 좋았던 소문은 일순간에 사라지고 훈훈한 이야기만 들린다. 그때가 되면 만감이 교차하면서 '세상 참 재미있구나!' 이런 생각이 들게 된다.

　아무것도 이루지 못했던 과거에는 어떤 사람도 나를 선망하지 않았다. 외모도 변변치 않았고, 부잣집 아들도 아니었다. 거기에 계산이 빠르지도 않아 늘 손해를 보며 살았다. 다른 사람 눈에는 내가 '평균보다 못한 사람'으로 보였을 것 같다. 그러나 열심히 노력하고 발전해나가면서 많은 것이 달라졌다. 주변에 좋은 사람들이 생겼고, 나에게 많은 에너지와 용기를 주었다.

　어느 정도 성과를 이룬 이후에도 주변 사람들의 흔들기가 계속될 수 있다. 시기猜忌하는 사람들이 생기는 것이다. 그 부류들은 '별로 특별한 점도 없는데 운이 좋아서 성공했다'고 생각하면서 공격한다. 생각해보면, 그들이 불쌍하다. 성공한 사람 중에 특별한 노력을 기울이지 않은 사람은 없다. 결국에는 수긍하고 말 것을 참 오랫동안 시기심 속에 갇혀 산다. 나에게도 그런 경험이 있었다. 대체로 내 성장 과정을 옆에서 본 사람들이 그랬다. 이들은 내가 지지부진하던 예전으로 돌아가길 바라는지 사사건건 상처를 많이 주었다.

　오래전 동창 모임에서 있었던 일이다. 맛있게 먹고 재밌게 놀았다. 자리를 마무리할 때가 되었을 때, 참석한 동기들 중에 내가 그나마 경제적으로 여유가 있는 것 같아서 계산을 하려고 했다. 그런데 한 친구가 "왜 네가 계산하려고 해? 회비로 처리하면 되잖아!" 하고 따졌다. 그 친구 말 속에는 '돈 좀 벌었다고 자랑하지 말라'는 의미가 들어 있었다. 무안했다. 하지만 친구가 계산하는 게 무슨 잘 못인가? 그 친구가 나서서 문제 삼은 것일 수도 있지만, 내가 아니어도 말이 안 된다. 그 일 이후로 한동안 동창 모임에 나가지 않았다. 지금은 당시 나도 어렸고 철없이 행동한 것 같다는 생각을 하기도 하지만 말이다.

조직에서도 이런 일은 빈번하다. 회사 업무는 기본적으로 자기에게 주어진 일부터 열심히 하면 된다. 그런데, 자기 일은 뒷전이고 일 잘하는 동료를 시기하는 사람들이 있다. 부정적인 여론을 만들어서 그 동료를 흔들어댄다. 바람직하지 못한 일이다. 일 잘하면 칭찬해주고 함께 성장할 생각을 하는 게 맞지, 없는 말까지 만들어서 공격하고 나오는 건 무슨 행동인가? 가관이라고밖에 표현할 말이 없다.

모든 게 시기심에서 비롯된다. 실제로 많은 사람들이 성과를 일군 가족이나 친구를 시기하고 안 되길 바란다. 배려를 계산하고 행동하는 '선심'으로 받아들인다. 안타깝다. 이런 마음이 가장 쓸데 없다. 차라리 그 에너지를 발전의 동력으로 삼으면 얼마나 좋을까? 상대가 잘하면 박수 쳐주고, 스스로 더 열심히 일해야겠다고 다짐할 줄 알아야 성공을 기대할 수 있다.

성공한 사람들을 보면서 '감정이 없다'고 비난하거나, 선행을 베풀 때 '돈 자랑한다'는 식으로 비난하지 말자. 차라리 박수 쳐주고 하나라도 배우려고 하자. 얼마나 절박하게 노력했으면 그 수준까지 이르렀을지 생각하자. 단언컨대, 성공한 사람 중에 노력이 부족한 사람 없고, 존경할 만한 구석을 가지지 않은 사람 없다.

사람은 무엇으로 달라지는가?

●

누구를 만나느냐,

인생에서 이것만큼 중요한 것은 없다.

●

어느 휴일, 평소보다 잠자리에서 늦게 일어나는 날이었다. 문득 지나온 과거와 현재를 떠올리게 되었고 더할 나위 없이 행복하게 살고 있다는 생각이 들었다. 옆에 있는 아내에게 "내가 이렇게 살아갈 수 있는 것은 많은 사람들의 도움이 컸기 때문"이라고 말했다. 누구누구 몇 분은 직접 거명도 했다. 아내가 "전화라도 좀 드리세요"라고 했다. 정말 그렇다. 나도 나이가 드는 것인지 자주 과거를 돌아보게 된다. 내가 이렇게 살아갈 수 있는 것은 모두 주변 도움 덕분이라고 생각한다.

사람은 일생을 살면서 어떤 환경에서 어떤 사람을 만나느냐에 따라 전혀 다른 삶을 살게 되는 것 같다. 특히 사회생활에서 좋은 리더를 만나면 자신도 그 영향을 받아 좋은 사람으로 성장하는 경우를 많이 봐왔다. 물론 단서가 있다. 본인 자신이 좋은 리더를 만날 준비를 하고 있어야 한다.

2년 전 추석, 명절 연휴에 있었던 일이다. 집에만 있기 그래서 아이들과 바람도 쉴 겸 청평으로 드라이브를 나갔다. 북한강을 내려다보니 수상스키어들이 보였다. 아이들이 멋있게 보인다고 하기도 하고, 나도 한번 타보고 싶기도 해서 즉흥적으로 수상스키장으로 갔다.

수상스키가 아주 어려운 것이라고 생각했는데, 케어맨으로부터 기본적인 교육만 받고 그가 하라는 대로 했더니 놀랍게도 이내 수상스키를 탈 수 있었다. '수상스키가 이렇게 쉬운 거였어?' 이런 생각이 들 정도로 이내 몸에 익었다. 속으로 '꾸준히 운동한 게 이런데에서도 효과를 보는구나' 이런 생각까지 했다. 그 짧은 시간에 수상스키에 맛이 들었다.

주변에서 간단히 식사를 하고 아이들과 다시 한 번 타러 왔다. 두 번째 케어맨은 다른 사람이었다. 이번에도 처음 그랬던 것처럼 케어맨이 하라는 대로 했는데 수상스키를 탈 수가 없었다. 여러 번 도전해보았지만 얼마 가지 않아 수면 아래로 계속 가라앉았다. 두 번째 케어맨은 "힘드실 것 같은데요?" 말하며 나를 물가로 데리고 나갔다. 참 이상했다. 불과 몇 시간 전에는 탈 수 있었는데 말이다.

생각해보니 첫 번째 케어맨은 나를 처음 타는 수준에 맞게 정성 껏 유도했다. 내가 수상스키를 처음 타는 걸 알고 이것저것 세심하게 신경을 많이 써준 것이다. 그러나 두 번째 케어맨은 내가 초보라고 알렸음에도 아무런 관심이 없었다. 나를 케어하면서도 계속 누군가와 계속 전화 통화만 했다. 그의 성의 없는 태도를 발견한 순간부터 내 몸은 이미 실패라고 받아들이고 있었는지도 모른다.

나는 수상스키를 처음 접한 사람이다. 기본적으로 인도해주는 사람의 세심한 관심이 필요하다. 첫 번째 케어맨은 그것을 알고 실천에 옮겼고, 두 번째 케어맨은 알고도 세심하게 지도를 하지 않았다. 처음 수상스키를 탈 때 두 번째 케어맨을 먼저 만났다면 어땠을까? 결과는 뻔하다. 수상스키를 타지 못한다는 자격지심에 아예 포기하고 이후로도 평생 멀리하며 살았을 것이다.

이처럼 사람은 어떤 리더를 만나느냐에 따라 인생이 바뀐다. 사람 마음은 다 마찬가지다. 자신을 진심으로 대하는 리더의 지시라면 자연스럽게 따르고 싶은 마음이 들 수밖에 없다. 마음이 움직이니 열심히 하게 되고, 성과로도 자연스럽게 이어진다. 본인 인생이 좋은 방향으로 흘러갈 것이다. 반대로, 자신에게 아무런 관심도 없고 일방적으로 일하는 리더를 만난다면, 그저 기계 부속품처럼 일하다 조직을 떠나고 말 것이다. 그렇게 된다면 그 조직에서 일한 시간은 남는 것 없이 인생을 소비한 것이나 다름없다.

예전에 관리자 몇 명에게 조직을 효율적으로 개편하라고 지시를 내린 적이 있었다. 수차례 이야기했지만 그때마다 관리자들은 이런저런 변명만 늘어놓고 일을 진행하지 않았다. 그렇게 7개월이 흘렀다. 하도 답답해서 중간에 있는 임원들을 제외시키고 그 일을 받은 담당 팀장을 불러서 "할 수 없는 것입니까, 안 하는 것입니까?" 다그쳐 물었다. 만일 그 팀장이 "할 수 없습니다" 말하면 팀장

300 ——▶ 일의 정도

을 교체해서라도 반드시 진행할 마음을 가지고 있었다. 미팅을 시작했고 5분도 되지 않아 그 팀장은 "네, 하겠습니다"라고 말했다. 그것도 "7일 안으로 업무를 마무리 짓겠습니다" 말하는 것이다.

7개월 동안 진행되지 않은 일을 7일 만에 해낼 수 있다고 하니 그 말이 더 이상했다. 그러나 실제로 그 일은 7일 만에 마무리되었다. 그 팀장을 통해 일이 진척되지 않은 이유를 알게 되었다. 임원들이 기존 형태를 유지하고 싶어서 아예 움직이지 않았던 것이다. 시간만 지나가면 유야무야 없던 일이 될 것이라 생각했던 것이다. 참 한심했다. 그리고 그 팀장이 더 걱정되었다. 일을 할 줄 아는 사람인데, 그런 수동적인 관리자 밑에서 무엇을 배울 수 있을지 참으로 걱정이 되었다.

조직의 리더가 해야 할 가장 중요한 일은 '인재 양성'이다. 1년, 2년 하다가 문 닫을 회사도 아니고, 장기적인 안목을 갖고 사람을 키워야겠다는 마음을 기본적으로 가져야 한다. 조직이라는 게 히스토리도 있고 문화라는 게 있어서, 어떤 분야 전문가가 필요하다고 외부에서 수혈한다고 이내 우리 조직 사람이 되는 게 아니다. 싹이 보이는 인재를 키우고 키워서 큰 인물로 만들어내야 한다.

기본적으로 리더는 직원을 다듬어지지 않은 원석으로 보아야 한다. 세심하게 관찰해 장점을 찾아내고 거기에 맞는 일을 주고, 성취감을 느끼게 해주고, 독립적으로 판단할 수 있는 능력까지 키워주어야 한다.

그러나 현실에서는 이런 리더가 많지 않다. 애초에 직원들을 세심하게 보려고 하지 않는다. 기계적으로 업무를 주고, 결과만 따진다. 그러니 직원들도 일에 대해 의견을 내지 않고 그저 질책당하지 않으려고 원하는 대로 일한다. 〈싸움의 기술〉이라는 영화를 보면 이런 장면이 나온다.

> 백윤식: 너, 자세히 보니 참 예쁘다.
> 최여진: 자세히 안 보면요? 안 예뻐요?
> 백윤식: 자세히 안 보면? 안 보이지! 모든 게 자세히 봐야 보이는 거야.

영화의 한 대목이긴 하지만 마음에 많이 와 닿았다. 사람과 관계를 맺을 때도, 일을 할 때도 세심하게 관심을 갖고 임하는 것과 형식적으로 임할 때 결과가 확연히 다르다. 당연히 관심을 기울일 때 결과가 좋다. 하물며 오랫동안 본인이 데리고 있어야 하는 직원이다. 그런 사람에게 관심을 기울이는 건 당연히 해야 할 일이다.

사람은 누구를 만나느냐에 따라 운명이 달라진다. 아주 잘될 수도 있고, 평범하게 살 수도 있고, 인생이 아주 안 좋아질 수도 있다. 본인이 열심히 사는 것과는 다른 문제다. 어느 조직에 가도 말단 직원부터 시작해야 하고, 높이 올라가기 위해서는 과정이 필요하다. 누군가에게서 배워야 한다.

내가 생각하는 좋은 조직이란, 좋은 학벌, 좋은 경력, 좋은 자격증을 보유한 사람들이 모여 경연 대회 하는 곳이 아니다. 조직의 생리를 알고, 동료를 살필 줄 알고, 함께 성장하겠다는 마음을 가진 사람들이 모여서 만드는 생태계다. 서로에게 무한 신뢰를 보낼 줄 아는 사람들이 행복하게 일하는 곳이 진짜 조직이다.

과연 이런 곳이 존재하는가? 존재한다. 내가 경험해봤다. 이런 분위기가 만들어졌을 때 정말 행복했다. 어떤가? 이런 분위기를 만들고 싶지 않은가? 지금 그렇지 않다면 두 번째 케어맨처럼 조직원을 리드하지 않았는지 돌이켜보라. 인생이라는 수상스키에 맛을 들일 수 있게 초보자를 성심성의껏 리드하는 사람이 되어보면 어떨까.

어떻게 하면 성공하는지,
그 이야기를 해야 하나요?

주변 많은 사람들이 종종 '성공의 방법'을 물어옵니다. 내가 수십 년 동안 꾸준히 사업을 성장으로 이끌다 보니 특별한 방법이 있을 거라고 생각하는 모양입니다. 그러나 내가 말할 수 있는 것은 변하지 않는 마음가짐, 삶에 대한 확실한 기준을 세우고 바로 앞에 주어진 일부터 묵묵히 또 열심히 처리했다는 사실뿐입니다.

성공으로 가는 여정은 산 정상에 오르는 과정과 유사한 것 같습니다. 산을 오를 때 정상까지 무리 없이 가기 위해서는 바로 앞 10미터만 보고 한 발 한 발 걸어야 합니다. 정상을 보며 걷다 보면 과정이 너무 힘들게 느껴집니다. 다가올 듯 다가오지 않는 현실이 힘들어 중도에 포기할 수도 있습니다. 돌부리에 걸려 넘어질 수도 있습니다.

정상이 가까워졌다고 경거망동해서도 안 됩니다. 바로 앞이 고

지라고 속도를 내다가는 사고당할 일이 생깁니다. 사고 없이 정상에 오르기 위해서는 한 발 한 발 내딛는 방법밖에 없습니다.

나는 사회생활을 시작한 이후부터 '한 발 한 발' 정신으로 일했습니다. 성공의 길에 지름길은 없다고 생각했습니다. 그렇게 지금까지 고개 숙인 채 바로 앞 10미터만 바라보고 걸어가고 있습니다. 아무리 잘나가도, 좋은 일이 있어도, 늘 겸손한 마음으로 살려고 노력했습니다.

거대한 목표를 세우고 일은 하지 않았습니다. 아주 작은 일이라도 바로 앞에 주어진 일에 감사하며 열심히 일했습니다. 그렇게 하나씩 마무리 짓다 보니 어느새 커다란 결과물이 생겼습니다. 지금 가지고 있는 내 사업은 모두 하나씩 실천하는 과정에서 생긴 결과물이라고 생각합니다.

'한 발 한 발' 실천해 나아가는 삶에는 장점만 있습니다. 한 번 실천하면 그다음 일은 굳이 찾지 않아도 됩니다. 해야 할 일이 저절로 떠오르기 때문입니다. 첫 번째 실천을 마무리하면 조금 더 높은 목표를 세우게 되고, 그걸 마무리하면 또 조금 더 높은 목표를 세우고 실천하게 됩니다. 이렇게 한 발 한 발 나아가는 게 바로 성공으로 가는 길 아닐까요?

주변에 단번에 성공하려는 사람들이 있습니다. 나에게 찾아와서 거창한 사업 계획을 이야기합니다. 그 열정만큼은 높이 사지만 사업이라는 게 이내 만들어지지 않습니다. 빨리 달리다 보면 그만큼 놓치는 것도 많이 생깁니다. 해결책을 준비하지 못한 문제 앞에서는 휘청거릴 수밖에 없고, 사업이 계획대로 진척돼 나아가지 않으면 중간에 포기할 가능성이 높습니다.

한 발 한 발 나아가는 근면한 실천은 자신의 현실을 볼 줄 아는 겸손한 마음에서 시작됩니다. 스스로 부족한 존재라는 사실을 인정하고, 그걸 채우려고 끊임없이 노력하고, 조금씩 단련시켜 나아가는 삶의 자세 말입니다. 살아가면서 중요한 것은 무엇일까요? 결국 한 계단 한 계단 목표를 향해 나아가는 과정 아닐까요?

이 책에 적혀 있는 50가지 콘텐츠는 내가 살아오면서 고비의 순간마다 고민하고 실천에 옮겨 풀어낸 이야기입니다. 대부분 내 가치관으로 정한 기준을 실천하며 하나씩 문제를 풀어낸 실천의 이야기입니다. 다른 시선으로 바라보면 부족하다고 지적받을 내용도 있을 것입니다. 하지만 온전히 내가 던진 질문과 내가 찾은 답이라는 사실은 인정받을 만한 것이라고 생각합니다.

『일의 정도』는 나의 두 번째 책입니다. 내가 인생에서 얻은 지혜를 적은 두 번째 글이라는 이야기도 됩니다. 책에서 털어놓은 이런 저런 고민이 많은 분에게 공감이 되고, 그로부터 격려를 얻을 수 있다면 더할 나위 없겠습니다.

2018년 겨울의 초입,
서 정 락

KI신서 7885

일의 정도

1판 1쇄 발행 2018년 11월 25일
1판 3쇄 발행 2018년 12월 17일

지은이 서정락
펴낸이 김영곤 박선영　**펴낸곳** (주)북이십일 21세기북스

콘텐츠개발1팀 이남경 김은찬 김선영
마케팅본부장 이은정
마케팅1팀 최성환 나은경 송치헌
마케팅2팀 배상현 신혜진 김윤희
마케팅3팀 한충희 김수현 최명열
마케팅4팀 왕인정 여새하
표지 본문 디자인 P.E.N.
홍보팀장 이혜연　**제작팀장** 이영민

출판등록 2000년 5월 6일 제406-2003-061호
주소 (우 10881) 경기도 파주시 회동길 201 (문발동)
대표전화 031-955-2100　**팩스** 031-955-2151　**이메일** book21@book21.co.kr

(주)북이십일 경계를 허무는 콘텐츠 리더

21세기북스 채널에서 도서 정보와 다양한 영상자료, 이벤트를 만나세요!
페이스북 facebook.com/21cbooks　　　　블로그 b.book21.com
인스타그램 instagram.com/book_twentyone　홈페이지 www.book21.com
서울대 가지 않아도 들을 수 있는 명강의! 〈서가명강〉
네이버 오디오클립, 팟빵, 팟캐스트에서 '서가명강'을 검색해보세요!

ⓒ 서정락 2018
ISBN 978-89-509-7832-7 03320